장애인 의사소통 및 교육 시리즈 4

농인과 함께하는 한국수어

남기현 · 김태욱 지음

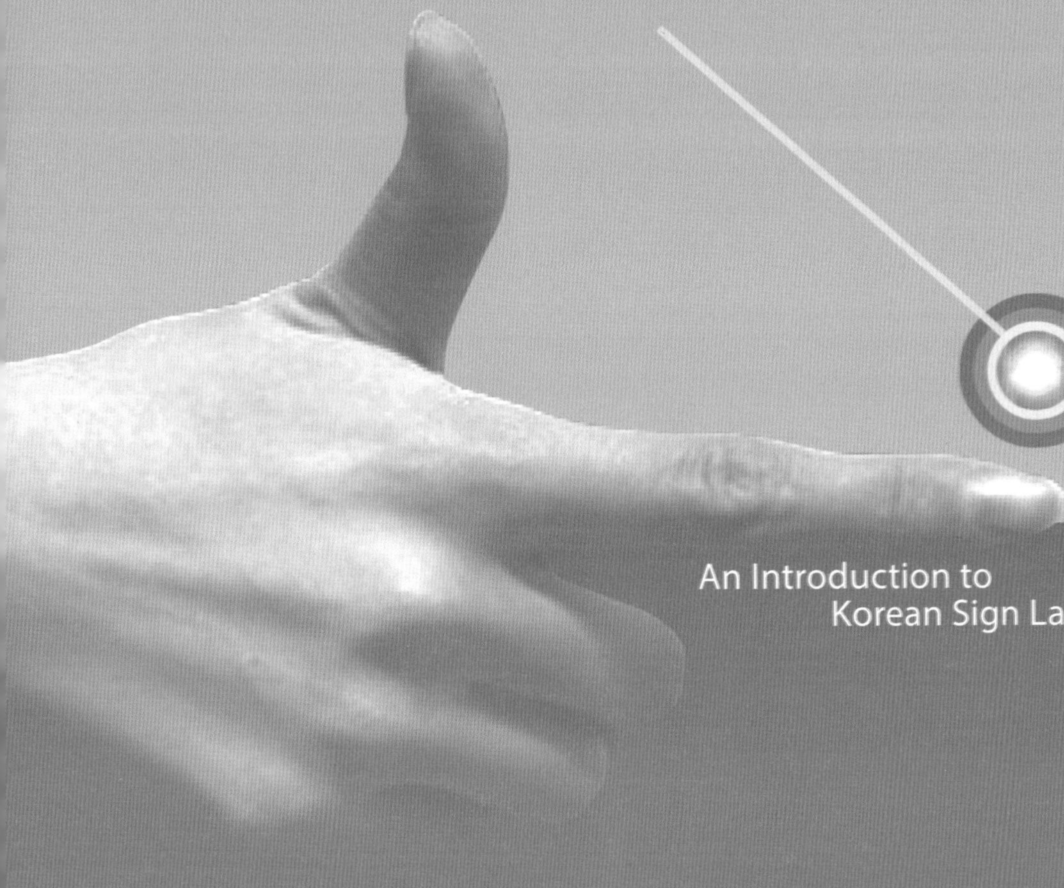

An Introduction to
Korean Sign Language

KYOWOOSA 教友社

서 문

지금까지 기초 과정의 수어책들은 수없이 많이 쏟아져 나왔습니다. 이 책 또한 그 책들 중의 하나일 것입니다. 아이러니하게도 한국수어의 원어민 화자라 할 수 있는 농인들이 만든 책은 찾아보기 힘듭니다. 우리 두 저자는 이점을 깊이 공감하고 농인과 청인으로서 각자가 가진 재능을 한껏 발휘하여 한국수어를 처음 배우려는 분들이 쉽게 다가갈 수 있는 책을 만들어보고자 힘을 모으게 되었습니다.

농인 저자의 입장에서 볼 때 지금의 수어 교육은 '수어 학습이 곧 단어 학습'이라는 고정적인 관점에 매여 어휘 학습 위주로 진행되고 있습니다. 저자는 이러한 수어 교육 현실을 바라보면서 늘 안타까운 마음이 있었습니다. 수어는 수어자의 두 손과 몸을 움직여 메시지를 전달하는 시각적이고 역동적인 언어입니다. 농인으로서 저자는 시각적 수용 능력의 향상을 강조하고 싶습니다. 청인들은 태어나서부터 지금까지 소리 언어로 소통해왔습니다. 그러나 농인은 시각을 통해 정보를 수용하고 시각적인 방식으로 메시지를 전달합니다. 농인들의 언어인 수어는 시각-수지적인 언어입니다. 귀로 듣는 것이 아니라 눈으로 봐야 합니다. 수어를 하기 위해 기본적인 요건이라 할 수 있는 시각적 정보를 수용하는 능력을 향상시켜야 합니다.

청인의 입장에서 저자는 수어를 제대로 배울 수 있는 기회를 제공하고자 합니다. 수어는 농인들의 언어로서 문법과 관용적 표현이 존재합니다. 수어 표현 하나하나에 담긴 문법에 대한 설명을 제시하여 효과적인 수어 학습이 되기를 바랍니다. 또한 지금까지 수어 교육에서 만연해왔던 표현 언어 중심의 교육이 아닌 표현 언어와 수용 언어를 고루 학습할 수 있는 기회가 되기를 바랍니다. 이렇게 하기 위해서 청인 학습자들은 자신의 말을 수어로 표현하려는 노력과 함께 농인의 수어를 보고 이해하려는 자세가 필요합니다.

수어를 배우는 사람이 무엇보다도 궁금한 것은 수어를 잘할 수 있는 비법일 것입니다. 이때마다 농인들의 대답은 똑같습니다. 수어를 잘 하려면 책으로 혼자 배우지 말고 농인들을 자주 만나서 교제를 나누어야 한다는 것입니다. 농인들은 수어를 학습을 통해 배운 것이 아니라 농인 부모님을 포함한 주변 농인 어른들과 선배들이 사용하는 수어 환경에 노출되어 자연스럽게 습득했다는 사실을 생각한다면 수어 학습의 왕도의 길은 자명합니다. 수어는 책 속에 묶여 있는 수동적인 언어가 아닙니다. 농인들의 삶 속에서 살아서 움직이는 역동적인 언어입니다.

끝으로, 두 저자들의 한계로 선명하게 드러내지 못했던 한국수어의 문법에 대해 세심하고 명료하게 조언해주시고 따뜻한 격려까지 아낌없이 해 주신 영락농인교회의 엄미숙 사모님께 깊은 감사의 말씀을 드립니다.

2014년 2월

저자들

차 례

일러두기

이 책의 특징

(1) 한국수어를 처음 배우는 초급자를 위한 책입니다.

이 책은 한국수어(Korean Sign Language)를 처음 배우고자 하는 학습자를 대상으로 합니다. 시간, 나이, 위치 표현, 지문자와 지숫자 쓰고 읽기, 의문문, 평서문, 부정문, 조건문과 같은 여러 문형 표현하기 등 농인과 수어로 대화를 나눌 때 알아두어야 할 기본적인 표현들로 구성하였습니다.

(2) 대화문으로 구성하였습니다.

자기 소개하기, 가족 소개하기, 나이 물어보기, 길 물어보기, 직업 물어보기 등 농인을 처음 만났을 때 나눌 수 있는 일상적인 대화 내용으로 구성하였습니다. A와 B의 대화로 구성되어 있으니 두 사람씩 짝을 이루어 연습하면 효과적입니다.

(3) 한국수어의 문법을 쉽게 설명하였습니다.

한국수어 문법에 익숙하지 않은 초보자들이 학습할 때 쉽게 익힐 수 있도록 대화문에서 다루고 있는 중요한 표현과 문법을 예문을 추가하여 설명하였습니다.

용어 정리

한국수어에 익숙하지 않은 분들을 위해 이 책에서 사용하는 몇 가지 용어들을 정리하였습니다.

(1) 시각-수지적 언어(visual-manual language)

수어는 수어자(signer)의 두 손과 신체로 이루어지는 시각-수지적인 언어입니다.

(2) 수어 공간(signing space)

수어는 음성언어처럼 성대와 입을 통해 말소리가 만들어지는 것이 아니라 자신의 앞 공간에서 두 손으로 이루어집니다. 이 공간을 '수어 공간'이라고 합니다.

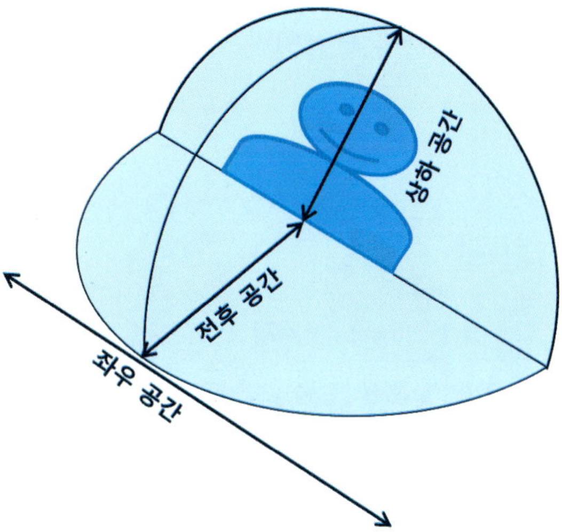

(3) 수어자(signer)

대화문에서 말하는 사람(화자)에 대응하는 말로 '수어자'라는 말을 사용합니다. 듣는 사람(청자)에 대응하는 말로 '대화 상대자(방)'라고 합니다.

(4) 우세손(dominant hand)과 비우세손(non-dominant hand)

단어를 산출할 때 양손 모두 움직일 수도 있고 혹은 한손은 정지하고 다른 한손만 움직일 수도 있습니다. 후자의 경우에 정지하는 손을 비우세손(non-dominant hand)이라 하고 움직이는 손을 우세손(dominant hand)이라 합니다. 수어자가 수어할 때 대부분 오른손이 우세손의 역할을 합니다.

(5) 단어 표기

수어의 단어는 괄호 안에 넣어 〈A〉처럼 표기합니다. 단어와 단어의 결합으로 이루어진 문장은 〈A+B〉로 표기합니다.

(6) 손가락 번호

엄지, 검지, 중지, 약지, 소지를 각각 5, 1, 2, 3, 4지로 표기합니다. 손가락 관절은 손바닥과 가까운 쪽을 첫 번째 관절이라 하고 손끝에 가까운 쪽을 세 번째 관절이라 합니다.

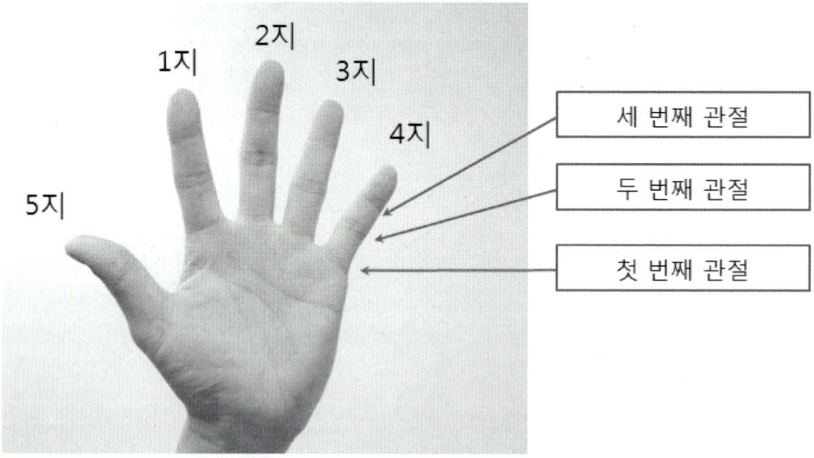

(7) 비수지 신호(Non-Manual Signals: NMSs)

비수지 신호는 손이 아닌 신체의 다른 부분으로 표현되는 신호입니다. 눈썹 올리기, 눈 가늘게 뜨기, 눈 크게 뜨기, 볼 부풀리기, 얼굴을 앞으로 내밀기, 얼굴을 옆으로 기울이기, 미간을 찡그리기 등 여러 가지 얼굴 표정과 상체 자세를 포함합니다.

수어할 때 주의점

(1) 수어를 할 때 양팔을 적당하게 벌려 동작이 잘 보이도록 합니다.

(2) 대화를 나누는 상대방이나 사물과 적당한 거리를 두어 수어를 하는데 방해가 없도록 합니다.

(3) 수어에서 중요한 것이 얼굴 표정입니다. 놀람, 화남, 기쁨, 슬픔 등의 감정 상태가 표정에서 묻어나오도록 연습하세요.

<table>
<tr><th>놀람</th><th>화남</th></tr>
<tr><td>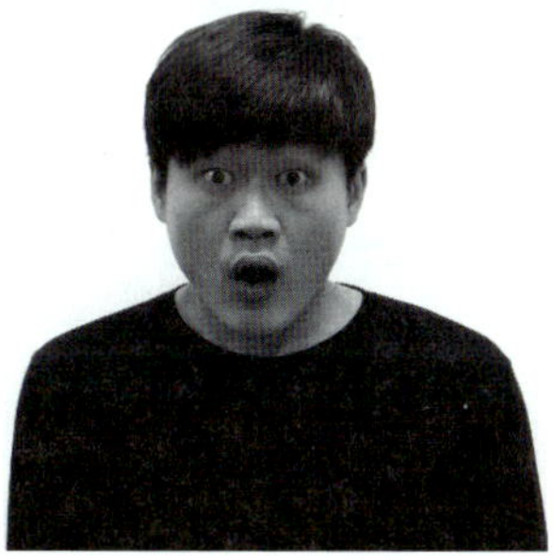</td><td></td></tr>
<tr><td>눈을 크게 뜨고 입을 벌립니다.</td><td>눈을 크게 뜨고 인상을 씁니다.</td></tr>
<tr><th>기쁨</th><th>슬픔</th></tr>
<tr><td>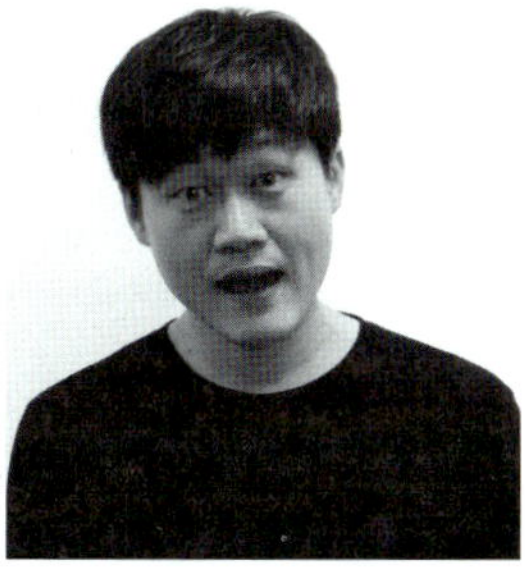</td><td></td></tr>
<tr><td>눈을 크게 뜨고 입을 벌립니다.</td><td>입 꼬리를 아래로 내리고
인상을 찌푸립니다.</td></tr>
</table>

짜증	졸림

미간을 찡그립니다.	눈을 가늘게 뜹니다.
긍정	**부정**

고개를 상하로 끄덕입니다.	고개를 좌우로 흔듭니다.

제 1 강

처음 뵙겠습니다

제1강

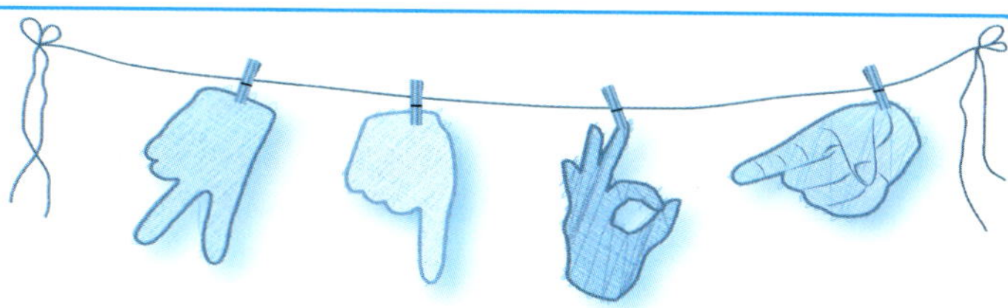

처음 뵙겠습니다

처음 만난 사람과 수어로 인사를 나눌 때 사용할 수 있는 기본적인 표현입니다. 소리로 전달되는 음성언어가 아닌 눈으로 전달되는 시각언어의 세계로 들어가 볼까요?

Step 1 오늘의 단어

안녕하세요	처음	
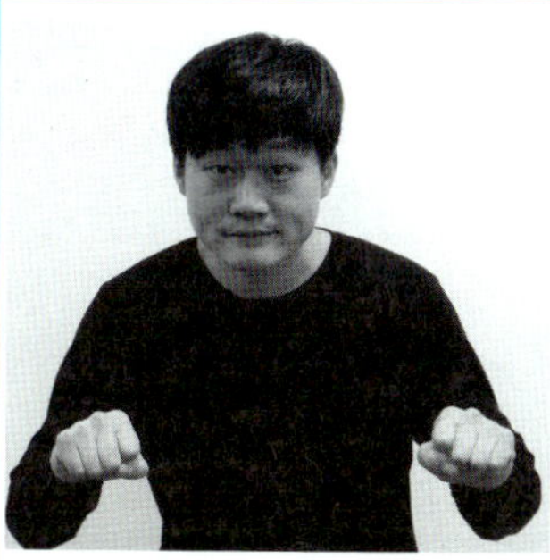		

나	만나다	
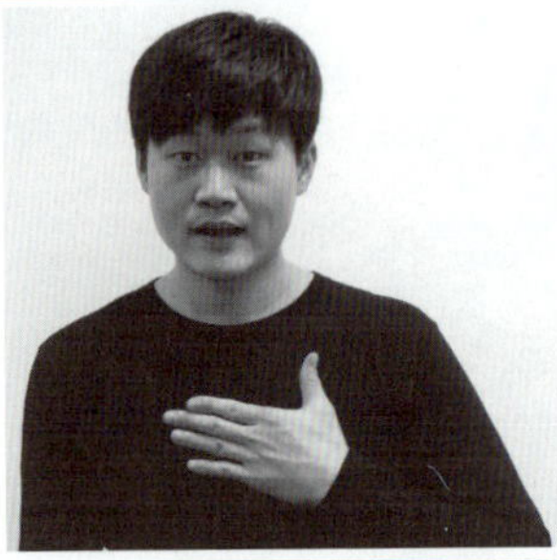	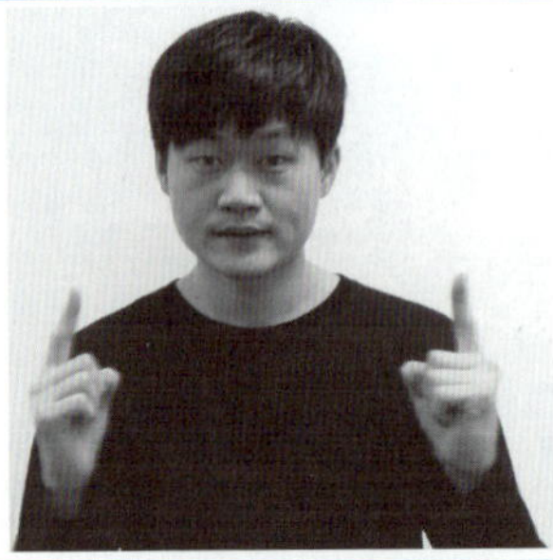	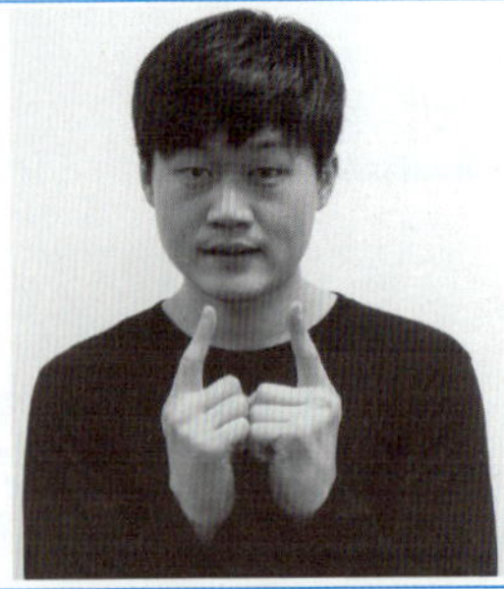
이름	반갑다	
	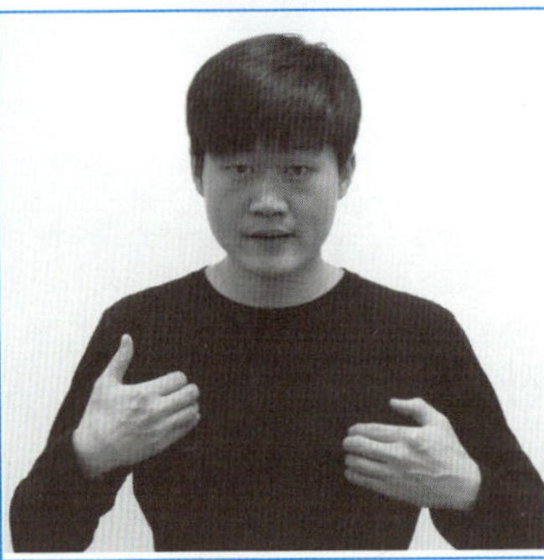	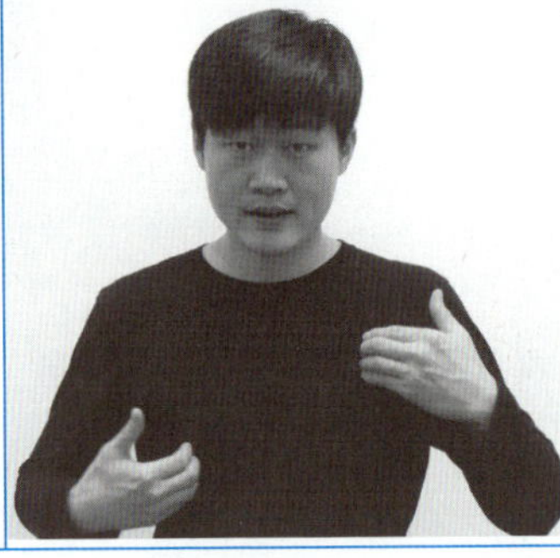
무엇(어느)	다음	
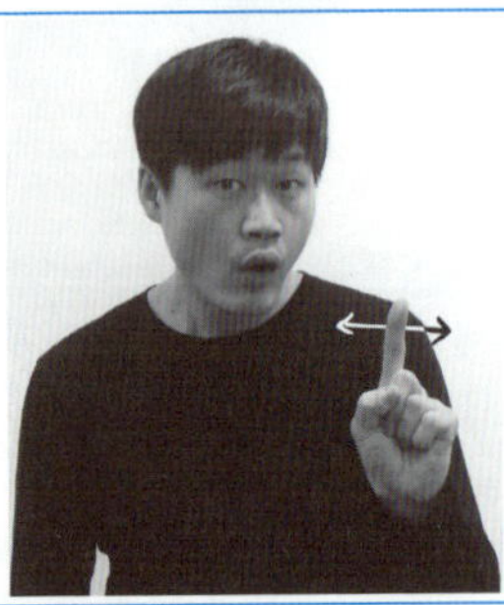		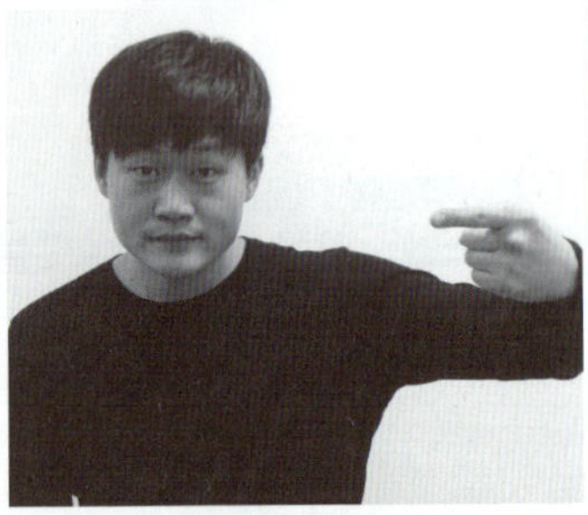
좋다	다시	
	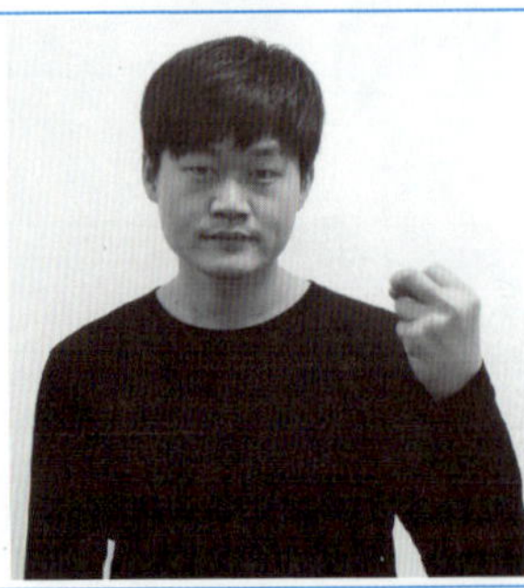	

정말	친구	
	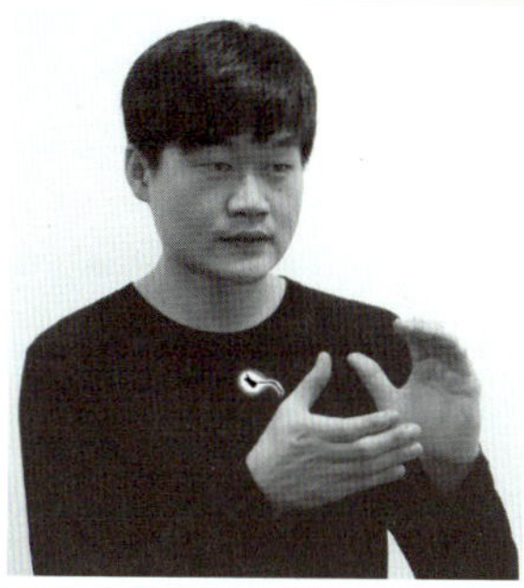	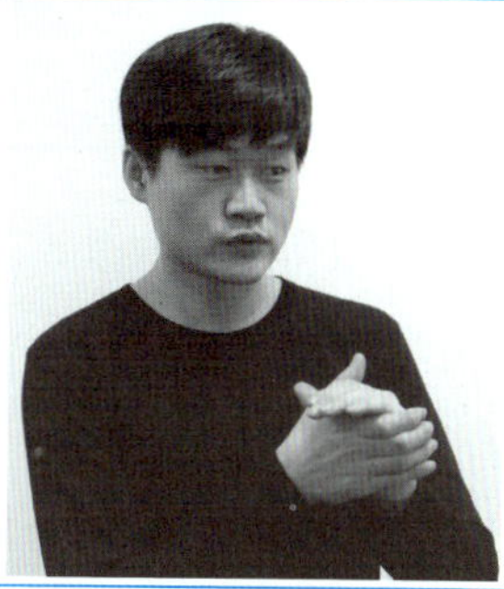
신기하다	같다	
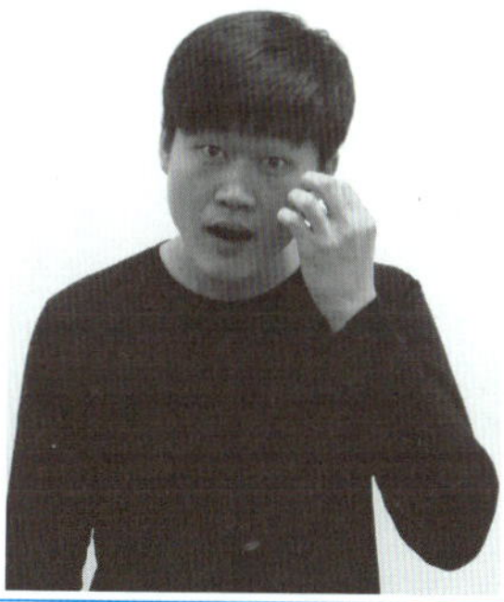	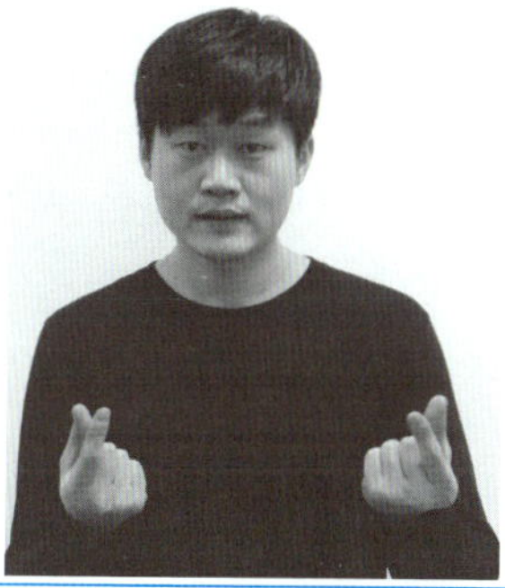	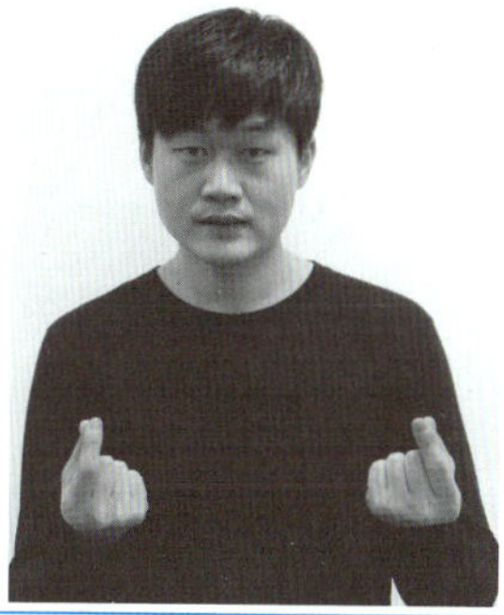
보다	친하다	
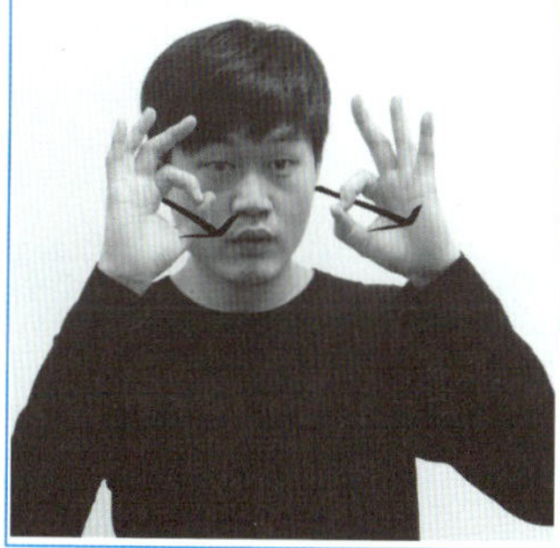		

Step 2 대화 연습

A: 안녕하세요. 처음 뵙겠습니다.
B: 안녕하세요. 처음 뵙겠습니다.
A: 이름이 어떻게 되세요?
B: 제 이름은 김태욱입니다.
A: 어머, 제 친구 이름과 같네요.
B: 정말요? 제 이름과 같아요? 처음 보네요.
A: 제 친한 친구예요.
B: 이름이 같다니 신기하네요. 당신의 이름은 뭐예요?
A: 제 이름은 남기현입니다. 만나서 반가워요.
B: 다시 만나면 좋겠어요.
A: 저도 좋아요. 다음에 다시 만나요. 안녕히 가세요.
B: 안녕히 가세요.

Step 3 문법&표현

1. 인사말

(1) 만날 때 인사 표현

〈안녕하세요〉는 '잘 계시다'라는 뜻입니다. '안녕', '안녕하세요', '안녕하십니까' 등의 다양한 한국어 표현에 대응하는 한국수어 인사말입니다. 친근감 있게 표현하기 위해서 〈잘〉을 생략할 수 있습니다.

(2) 헤어질 때 인사 표현

헤어질 때도 〈안녕하세요〉라고 하지만 의미는 '안녕히 가세요', '안녕히 계세요'가 됩니다.

(3) 한국수어는 존칭어를 따로 표현하지 않습니다.

친구나 손윗사람에게 〈안녕하세요〉라는 표현을 사용하지만 태도로 구별합니다. 손윗사람에게 공손한 태도로 인사를 하면 '안녕하세요'가 됩니다. 친구와 아랫사람에게는 다정하게 인사를 하면 '안녕'이 됩니다.

2. 이름 묻고 답하기

처음 만난 사람의 이름을 물을 때는 〈이름+무엇〉이라고 하면 됩니다. '이름이 어떻게 되세요?'라는 한국어 문장에 맞추어 〈이름+어떻게+되다〉라고 하지 않습니다. 〈이름+무엇〉에서 〈무엇〉을 할 때 상체를 약간 앞으로 내밀고 눈을 크게 뜨면서 상대를 바라보면 의문문을 나타내는 표정이 됩니다. 자신의 이름을 말할 때는 〈나+이름+○○○〉이라고 합니다.

이름이 어떻게 되세요?

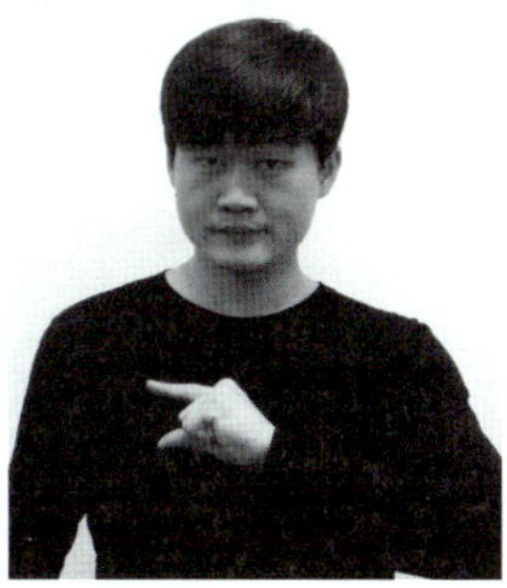

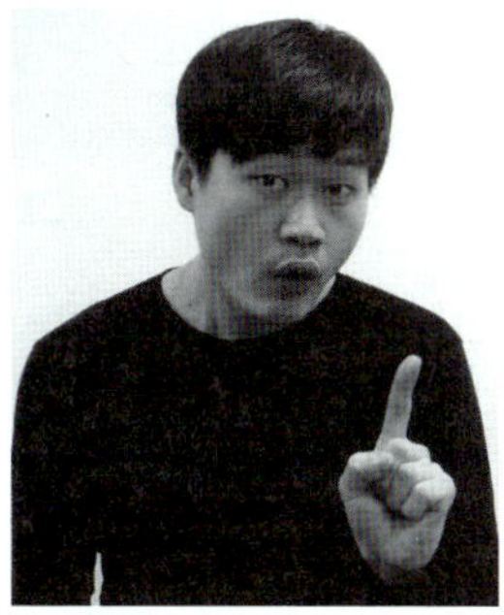

3. 인칭대명사

한국수어에는 1인칭, 2인칭, 3인칭 표현이 있습니다.

(1) 1인칭과 2인칭

1인칭 〈나〉는 오른손의 손가락을 모두 펴서 손바닥을 자신의 가슴에 댑니다. 1인칭 〈저〉는 1지만 편 오른손 1지 손끝을 가슴에 댑니다. 2인칭 〈너〉는 1지만 편 오른손의 1지 손끝을 대화를 나누고 있는 상대방을 향하게 합니다. 2인칭 〈당신〉은 오른손의 손가락을 모두 펴서 손끝을 상대를 향합니다.

(2) 3인칭

'그는 내 친구입니다'라고 한다면 1지만 편 오른손의 1지 손끝으로 '그'로 지시되는 사람을 직접 가리킵니다. '그녀는 내 친구입니다'라고 할 때도 마찬가지입니다. 또한 〈그2〉는 왼손 5지를 오른손 1지로 가리킵니다. 〈그녀2〉는 왼손 4지를 오른손 1지로 가리킵니다. 한국수어에서 5지와 4지는 각각 '남자'와 '여자'를 지시합니다.

나	저	너
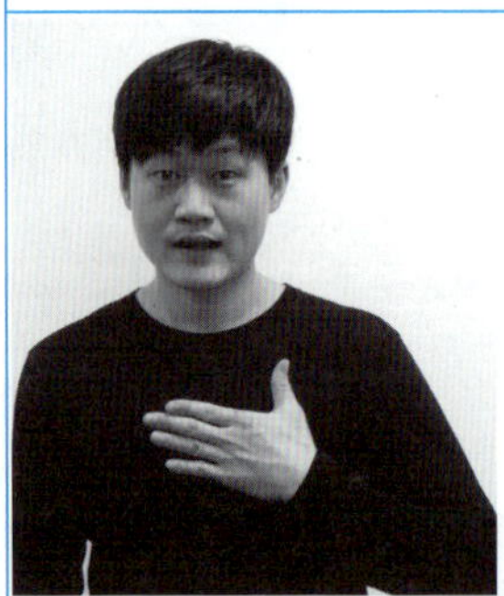		
당신	**그1, 그녀1**	**그2**
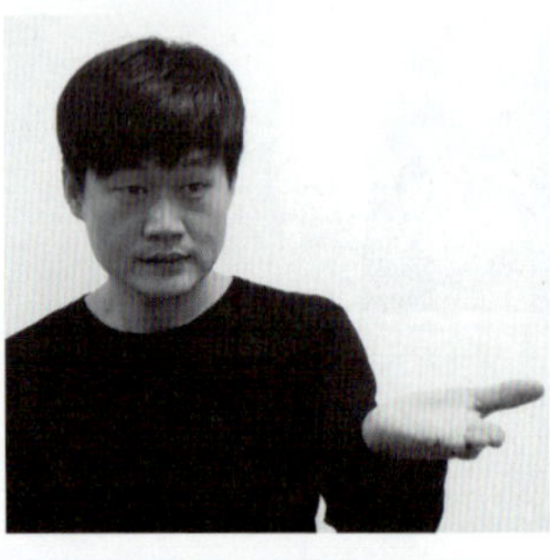		

그녀2

4. 얼굴 이름

(1) 농인은 이름이 두 개입니다.

우리는 한 사회의 구성원이 태어날 때 인생의 중요한 통과의례로 이름을 지어 줍니다. 태어난 아기는 주변의 사랑과 커다란 기대 속에서 저마다의 깊은 뜻이 담긴 소중한 이름을 받게 됩니다. 농인들은 태어날 때 부모님 혹은 주변 친지들께서 지어주신 이름과 함께, 농공동체의 일원이 될 때 또 하나의 이름을 갖게 됩니다. 그 이름을 '얼굴 이름'이라고 합니다. 수어로 〈얼굴+이름〉이라고 합니다. 농인들은 자신을 소개할 때 이름 다음에 얼굴 이름을 말합니다. 청인도 농인에게 자신을 소개할 때 얼굴 이름을 말합니다.

얼굴	이름
	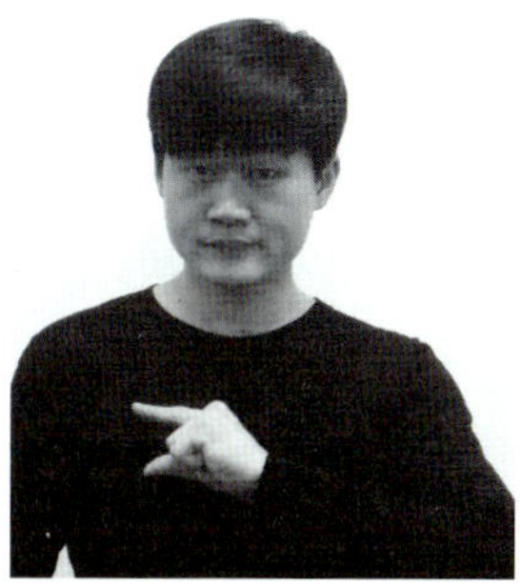

(2) 얼굴 이름은 누가 짓나요?

대부분의 농인들은 청인 부모님 슬하에서 태어나 수어를 제1언어로 사용하지 못합니다. 보통은 10%정도만이 농인 부모의 농인 자녀로 태어난다고 합니다. 90% 농인은 농학교에 입학하면서부터 수어에 노출되고 농인들과 교류를 하게 됩니다. 이때 얼굴 이름을 짓게 되는데 수어를 아는 농인 선배나 친구, 선생님이 얼굴 이름을 지어줍니다. 본인이 짓는 경우는 없습니다. 얼굴 이름을 갖게 될 때 비로소 농사회의 일원이 됩니다.

(3) 얼굴 이름은 어떻게 짓나요?

얼굴 이름은 얼굴에 난 점, 쌍꺼풀, 안경, 미소와 같은 그 사람의 얼굴 특징과 잠자다, 사진 찍다, 머리를 커트하다와 같은 생활방식 혹은 취미를 이용하기도 합니다. 얼굴 이름의 위치는 눈에 잘 보이는 얼굴 주변입니다. 5지와 4지를 추가하여 남자와 여자를 구별합니다. 가급적 한 공동체에 동명이인이 없도록 만듭니다. 혹시라도 동명이인이 있을 때는 그 중 한 사람이 얼굴 이름을 다른 것으로 바꾸기도 합니다. 그러나 한번 정해진 이름을 쉽게 바꾸지 않습니다.

(4) 얼굴 이름의 예를 살펴볼까요?

개인뿐만 아니라 세계적으로 유명한 위인, 대통령들도 얼굴 이름이 있습니다. 또한 모세, 마리아, 바울과 같은 성경의 인물들도 얼굴 이름이 있습니다. 〈링컨〉 대통령은 앞으로 나온 턱의 모양을 따서 얼굴 이름이 만들어졌습니다. 한국의 대표적인 농인 화가인 운보 〈김기창〉 화백은 오른손 엄지와 모든 손가락을 알파벳 C처럼 구부려서 코앞에서 상하로 작게 움직입니다. 〈헬렌 켈러〉가 시·청각 장애를 가진 것은 익히 알려진 사실입니다. 그녀의 얼굴 이름에는 이 특징이 담겨 있습니다. 오른손 1지, 4지, 5지를 펴서 1지는 눈 옆에, 4지는 입 옆에 위치하도록 합니다. 손가락은 시각 장애, 언어 장애, 청각 장애를 지시합니다.

<table>
<tr><th>링컨</th><th>헬렌 켈러</th></tr>
<tr><td></td><td>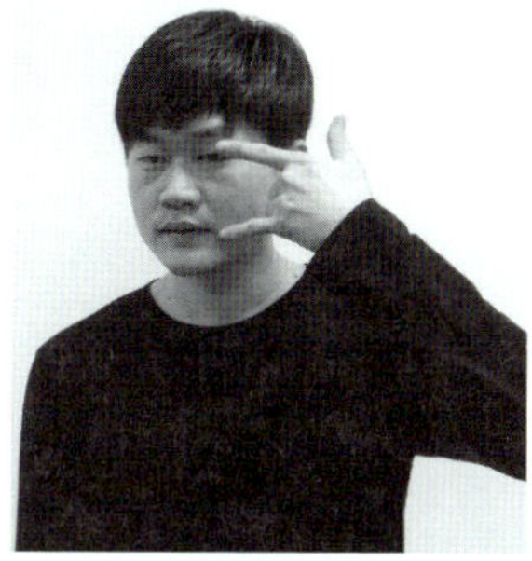</td></tr>
<tr><th colspan="2">김기창</th></tr>
<tr><td></td><td></td></tr>
</table>

제 2 강

지문자와 지숫자

제2강

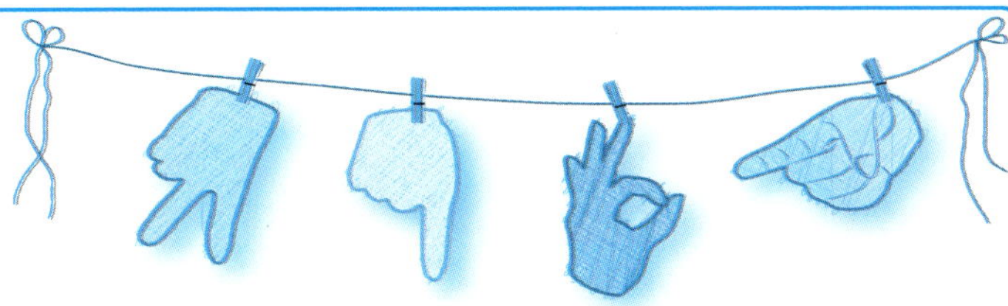

지문자와 지숫자

한글 지문자는 한글을 손으로 표현한 손 글씨입니다. 지문자를 '지화'라고도 합니다. 한글 지문자는 1947년, 지금의 서울농학교의 전신인 국립맹아학교의 교장이셨던 윤백원 선생님께서 농인과 함께 숙식하시면서 6개월간 연구한 끝에 만들어 내신 열정과 땀의 결실입니다.

Step 1 지문자 연습

세계 여러 나라의 지문자는 각국의 문자에 기초해서 만들어집니다. 한글 지문자도 그러합니다. 한글의 자음 14개와 모음 10개의 모양을 닮은 손 기호가 있습니다. 한글 자음 모음과 한글 지문자가 얼마나 비슷한지 비교하면서 익혀 볼까요?

1. 한글 지문자: 자음과 쌍자음

자음			
ㄱ	ㄴ	ㄷ	ㄹ
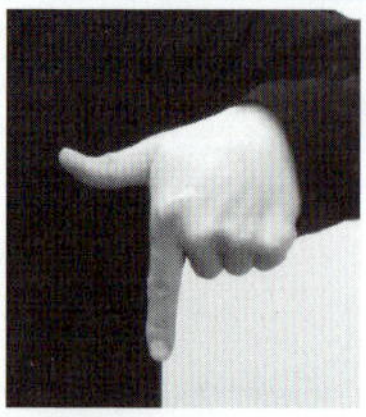			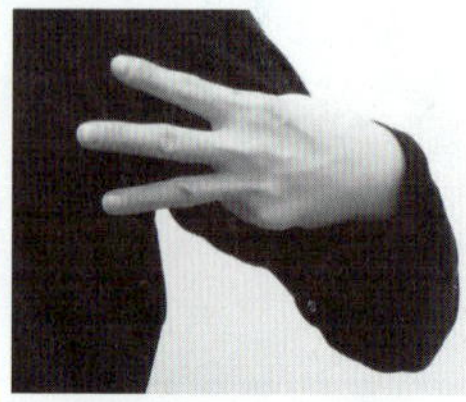
ㅁ	ㅂ	ㅅ	ㅇ
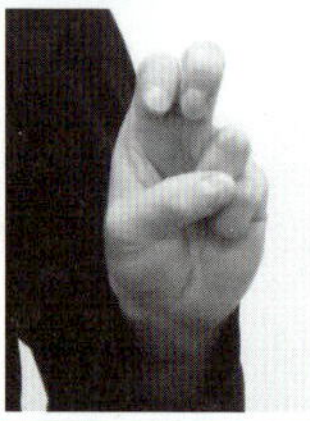	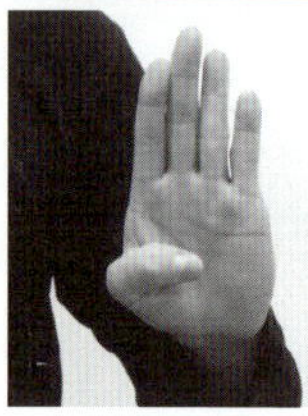		
ㅈ	ㅊ	ㅋ	ㅌ
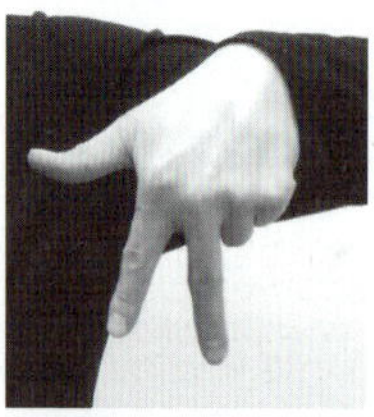	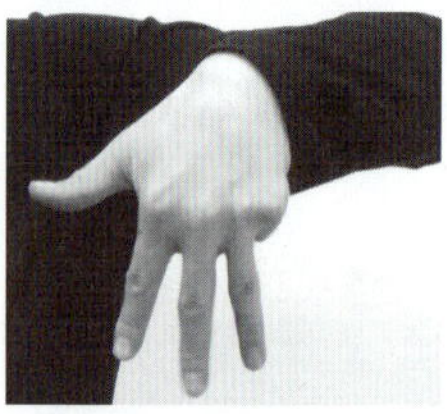	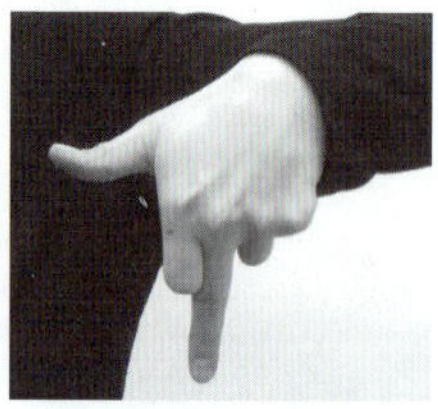	
ㅍ	ㅎ	쌍자음	ㄲ
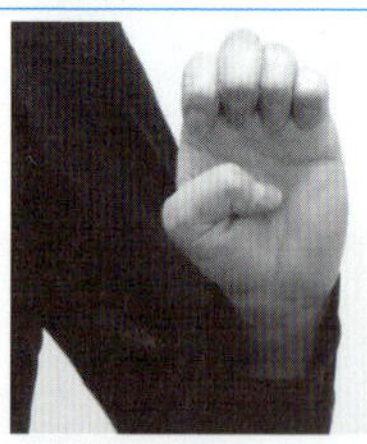			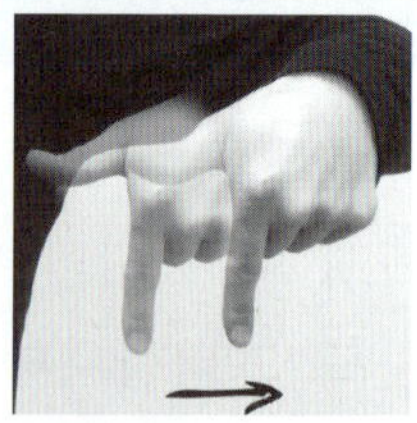
ㄸ	ㅃ	ㅆ	ㅉ
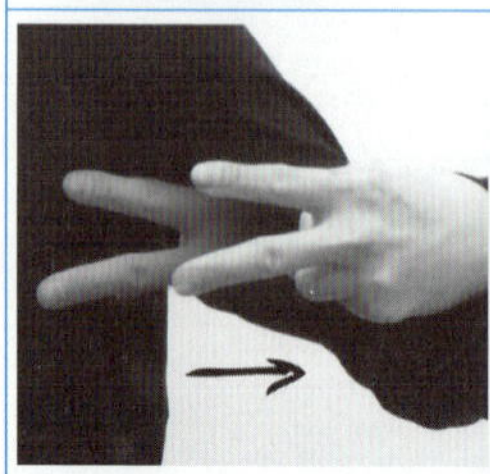	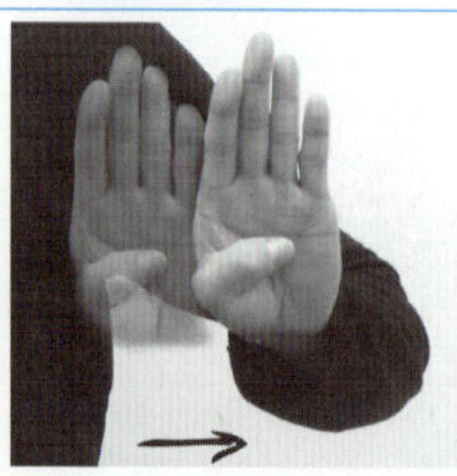	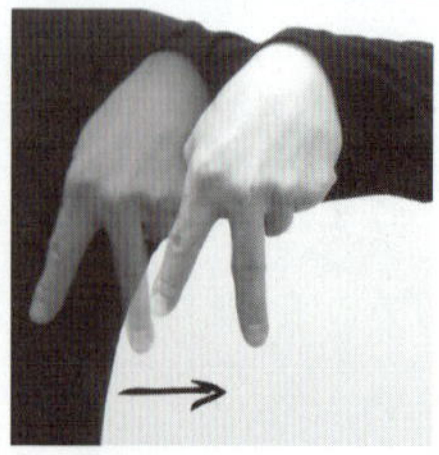	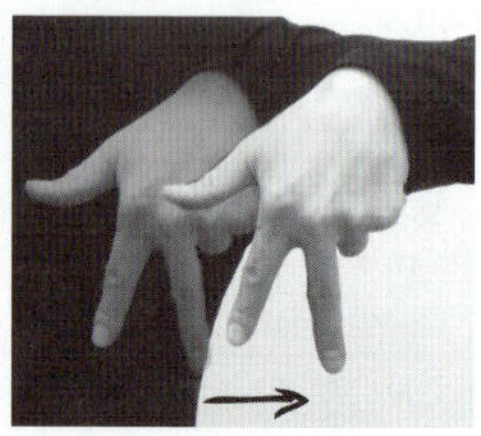

2. 한글 지문자: 모음과 합성 모음

모음			
ㅏ	ㅑ	ㅓ	ㅕ
	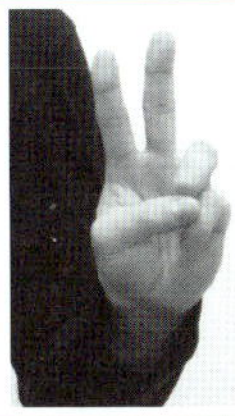		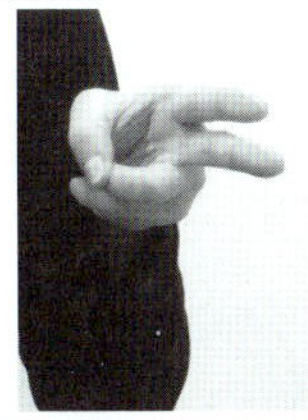
ㅗ	ㅛ	ㅜ	ㅠ
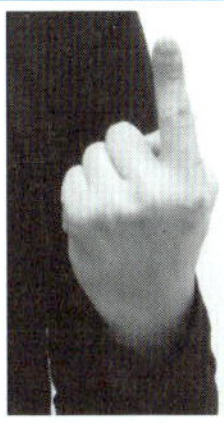			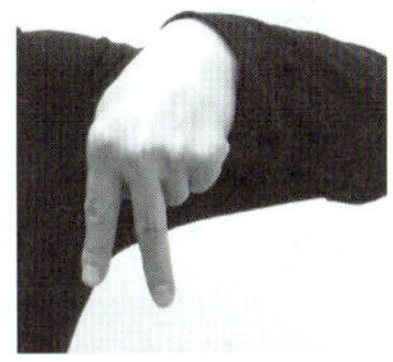
ㅡ	ㅣ	합성모음	ㅐ
	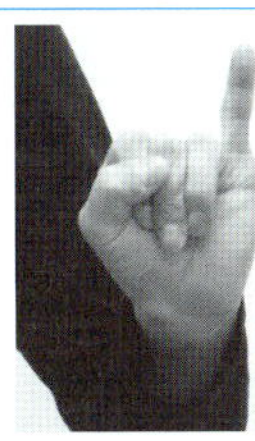		
ㅒ	ㅔ	ㅖ	ㅘ
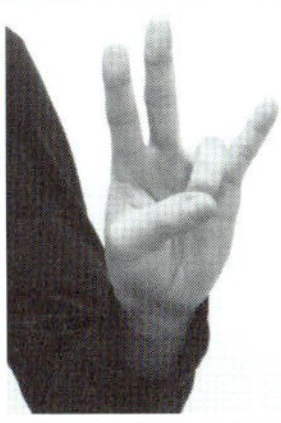	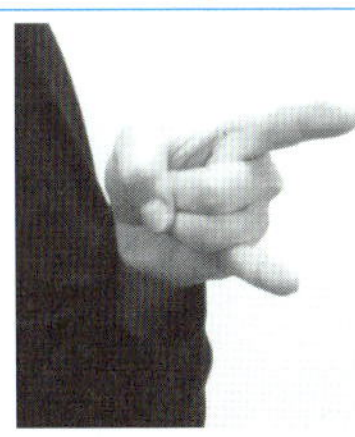	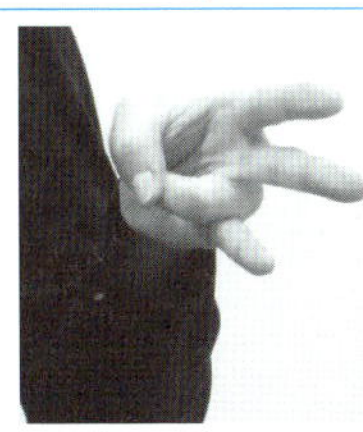	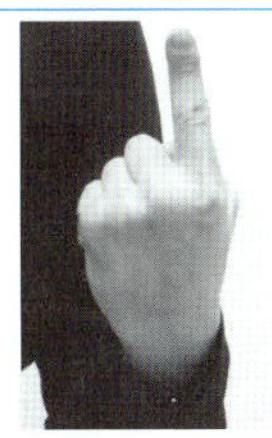
	ㅙ		ㅚ
	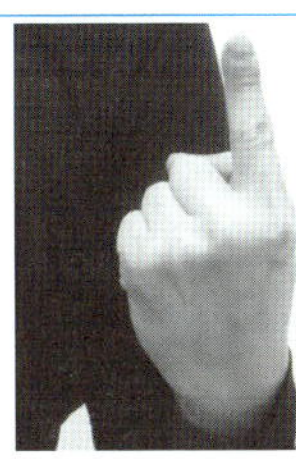		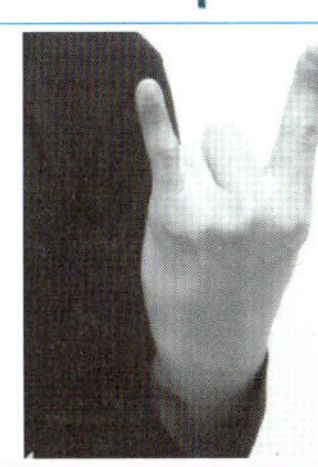

<table>
<tr><th colspan="2">ㅝ</th><th colspan="2">ㅞ</th></tr>
<tr><td>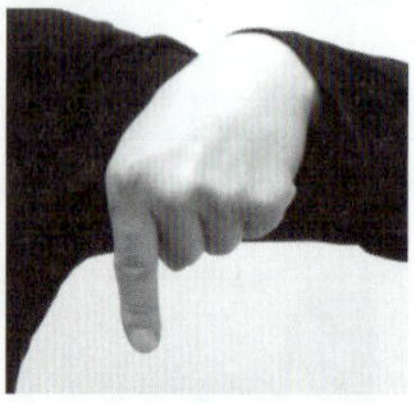</td><td>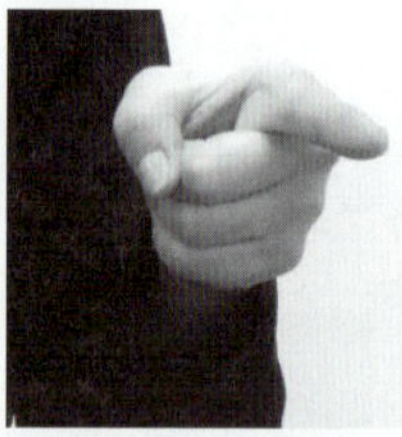</td><td></td><td>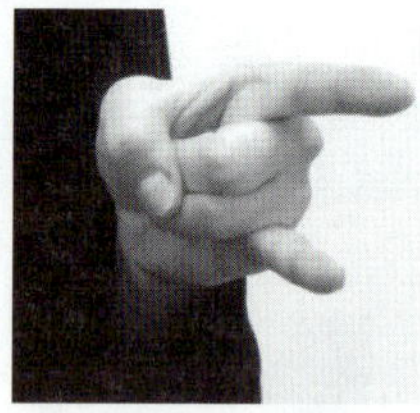</td></tr>
<tr><th>ㅟ</th><th>ㅢ</th><th></th><th></th></tr>
<tr><td>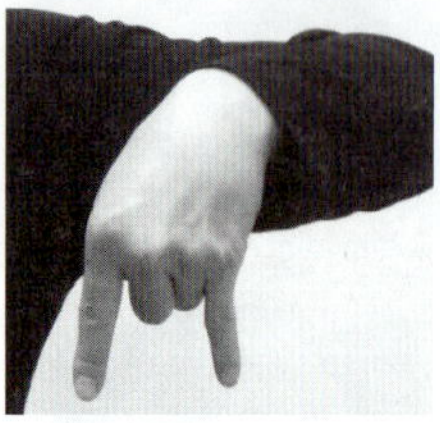</td><td>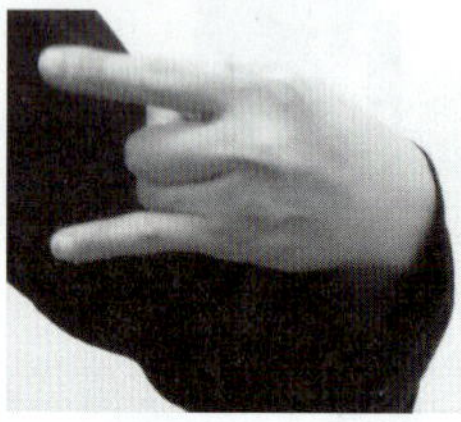</td><td></td><td></td></tr>
</table>

Step 2 문법&표현

한글 지문자는 수어를 배울 때 일찍 접하게 되고 한글 자모음의 모양을 따온 것이라 쉽다고 생각하지만 수어에 입문한 초보자뿐만 아니라 수어에 능숙한 사람들도 지문자를 쓰거나 보는 것에 어려움을 호소합니다.

1. 지문자를 어떻게 쓸까요?

(1) 우리가 글씨를 한손으로 쓰는 것처럼 한글 지문자도 한손으로 씁니다. 그러나 글씨를 종이에 쓰는 것과 달리 한글 지문자는 다른 사람들이 볼 수 있도록 한손으로 자신의 몸 앞 허공에 씁니다.

(2) 한글의 초성, 중성, 종성에 맞게 각 위치에서 쓴 후에 다음 글자는 바로 옆에 이어서 씁니다. 오른손 사용자가 글씨를 쓸 때 왼쪽에서 오른쪽으로 써 나가듯이 오른손 수어자는 오른쪽 방향으로 이동하면서 씁니다.

(3) 빠르게 쓸 때는 한 글자 한 글자 이동하지 않고 같은 자리에 겹쳐 씁니다.

(4) 쌍자음은 두 기호를 바로 옆에 연이어 씁니다. ㄲ: ㄱ ㄱ

(5) 복합 모음은 한손으로 모음 2개를 합쳐 동시에 씁니다. ㅐ: ㅏ + ㅣ

(6) 상대방이 읽을 수 있도록 또박 또박 천천히 씁니다.

(7) 지문자를 들쑥날쑥 쓰지 않도록 높이에 신경 쓰세요.

적당한 위치에서 오른쪽으로 이동하면서 한 글자씩 정확하게 씁니다. ○

너무 아래에서 지문자를 쓰면 보는 상대방의 시선이 분산됩니다. ×

2. 지문자를 어떻게 읽을까요?

(1) 상대방의 지문자를 읽을 때 손만 보지 말고 시야를 넓혀 전체를 보세요. 농인들은 지문자를 볼 때 속도가 빠를 때도 사람의 전체를 봅니다. 우리가 대화를 나누면서 어느 특정 소리에 집중하여 듣지 않듯이 농인들도 대화의 흐름에서 자연스럽게 손에만 시선을 주지는 않습니다.

(2) 지문자가 너무 빨라서 읽지 못했다면 상대방에게 천천히 써달라고 요청하세요.

시야를 넓혀 전체를 봅니다.○

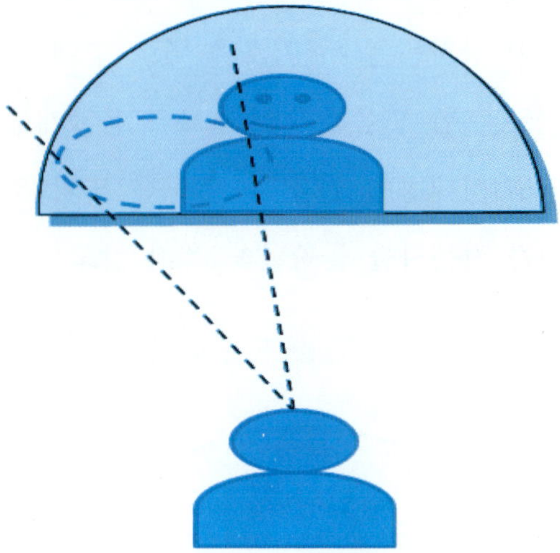

손만 보지 않습니다. ×

Step 2 지숫자 연습

1. 1~10까지의 수

지숫자는 손가락으로 숫자를 표현하는 것입니다. 우리가 하나, 둘, 셋, 넷, 다섯을 셀 때 검지, 중지, 약지, 소지, 엄지를 순서대로 폅니다. 그러나 한국수어의 지숫자는 1~4까지는 청인들의 세는 방식과 동일하지만 5부터는 다릅니다. 5는 엄지만, 6은 엄지, 검지, 7은 엄지, 검지, 중지, 8은 엄지, 검지, 중지, 약지, 9는 엄지, 검지, 중지, 약지, 소지를 동시에 폅니다. 어느 손가락을 펴는지 손바닥의 방향은 어디를 향하는지 정확하게 익혀 두세요.

숫자 1-10			
1	2	3	4
		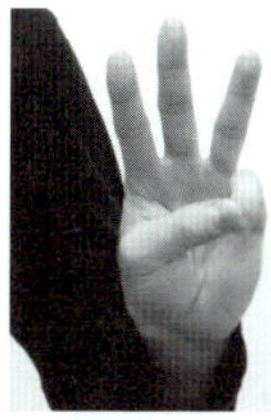	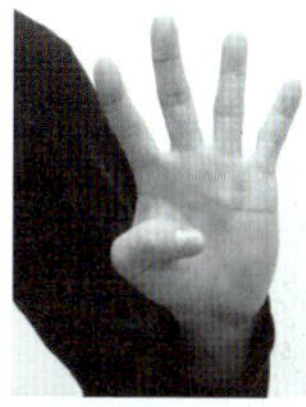
5	6	7	8

9	10		
	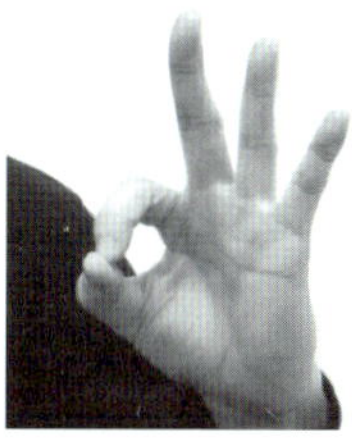		

2. 10의 자리 수

10의 자리의 수는 1을 나타내는 1지의 두 번째, 세 번째 관절을 구부립니다. 20은 2를 나타내는 1, 2지의 두 번째, 세 번째 관절을 구부립니다. 30은 3을 나타내는 1, 2, 3지의 두 번째, 세 번째 관절을 구부립니다. 유추할 수 있듯이 10의 자리는 해당 숫자를 나타내는 손가락의 두 번째, 세 번째 관절을 구부립니다.

10의 자리 수			
10	20	30	40
		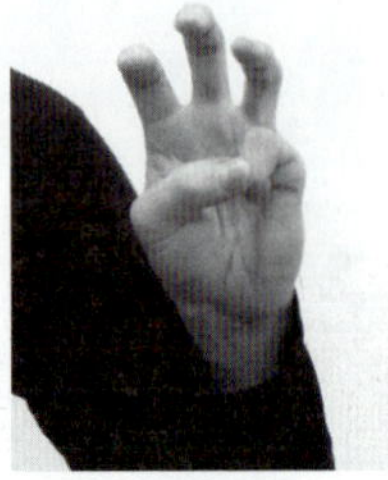	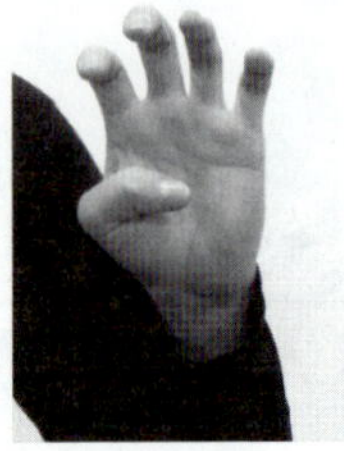
50	60	70	80
	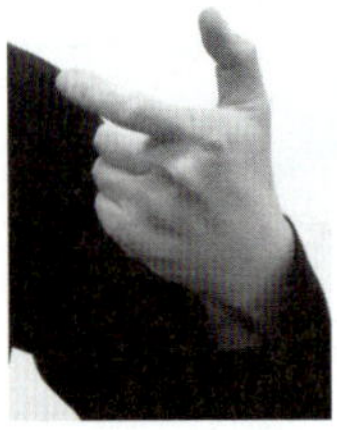		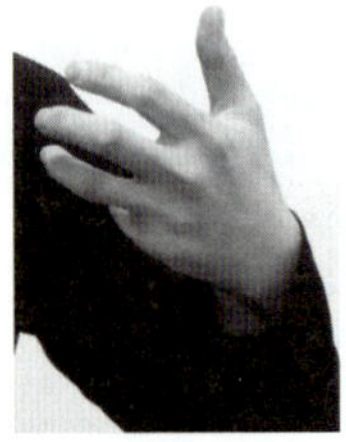
90			

3. 11~19까지의 수

11~19까지의 수 표현은 10의 자리수와 1의 자리수를 동시에 표현합니다. 12는 1지와 2지만 편 손에서 10단위를 위해 1지의 두 번째, 세 번째 관절만 구부리고 2지는 폅니다. 그러나 11은 10과 1의 연속으로 16은 10과 6의 연속으로 표현합니다.

<table>
<tr><th colspan="4">11-19까지의 수</th></tr>
<tr><td colspan="2">11</td><td>12</td><td>13</td></tr>
<tr><td></td><td></td><td></td><td>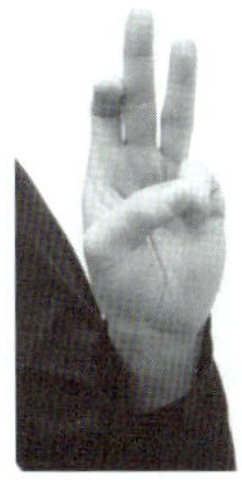</td></tr>
<tr><td>14</td><td>15</td><td colspan="2">16</td></tr>
<tr><td>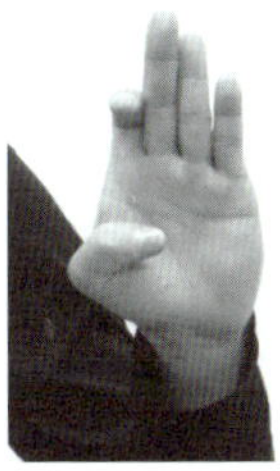</td><td></td><td></td><td></td></tr>
<tr><td>17</td><td>18</td><td>19</td><td></td></tr>
<tr><td></td><td></td><td></td><td></td></tr>
</table>

4. 100~900까지의 수

100~900까지의 수는 각각 1, 2, 3…9까지의 지숫자로 표현합니다. 100단위는 자신의 몸 앞에서 한손의 손목을 바깥쪽에서 안쪽으로 한번 움직입니다. 〈100〉은 1지만 편 한손의 손목을 바깥쪽에서 안쪽으로 한번 움직입니다.

100-900까지의 수			
100		200	

300		400	
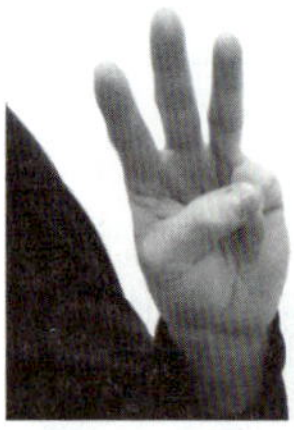		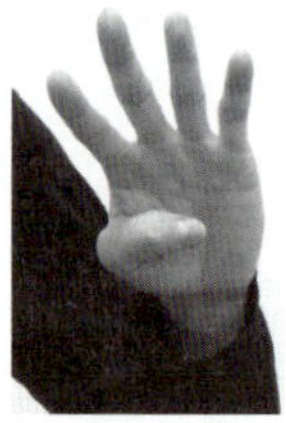	
500		600	

700		800	
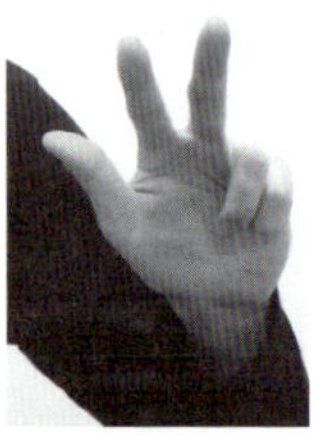		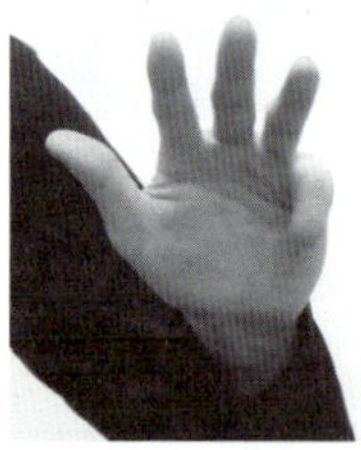	
900			
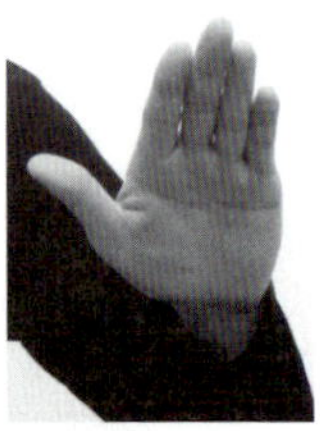	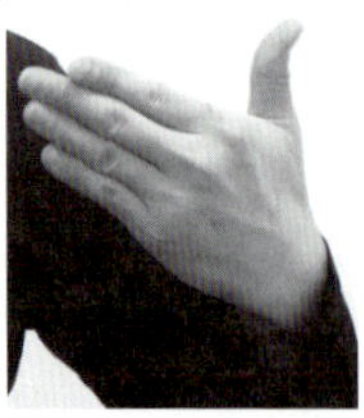		

5. 천 단위의 수

1000~9000까지의 수는 각각 1, 2, 3 … 9까지의 지숫자로 표현합니다. 1000단위는 자신의 몸 앞에서 한손으로 '千'(천)자를 씁니다. 〈1000〉은 1지만 편 한손으로 '千'(천)자를 씁니다.

천 단위의 수			
1000	2000	3000	4000
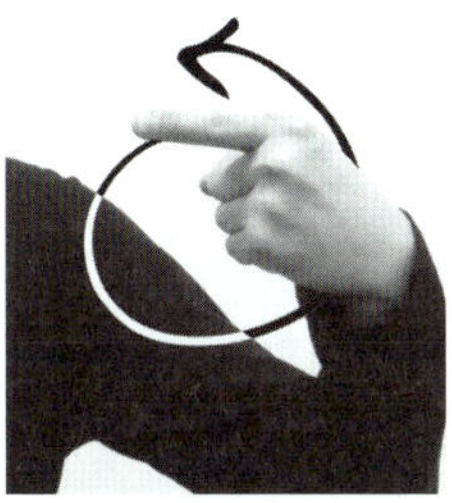	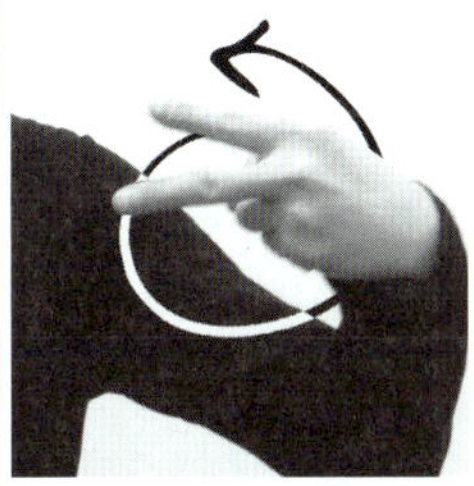		
5000	6000	7000	8000
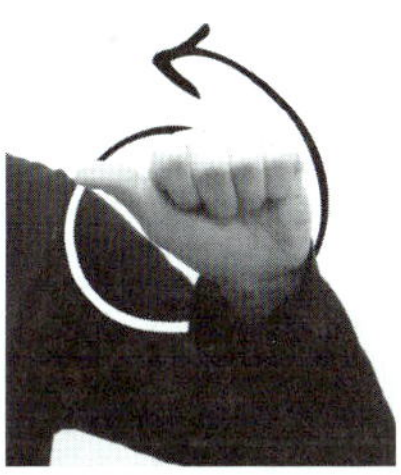			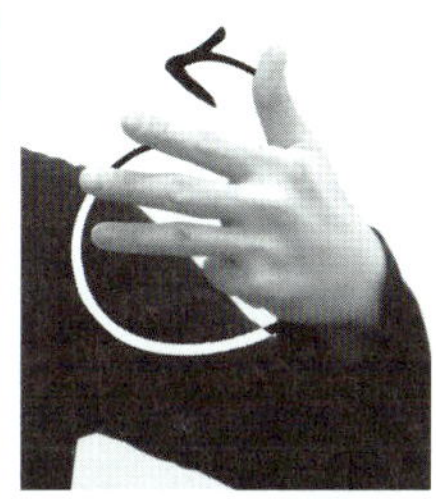
9000			
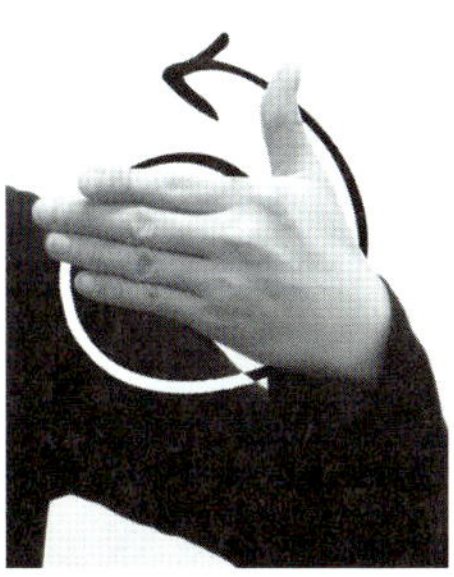			

6. 만 단위의 수

만 단위는 한손 5지와 나머지 손가락의 바닥면을 접촉합니다. 〈10000〉은 한손으로 〈1+만〉으로 표현하지만 더 간단하게는 한손 1지와 5지만 펴서 손끝 바닥면을 접촉합니다. 〈20000〉은 〈2+만〉 혹은 한손 1지, 2지, 5지의 손끝 바닥면을 접촉합니다.

만 단위의 수			
10000		20000	

30000		40000	

50000		60000	

70000		80000	
	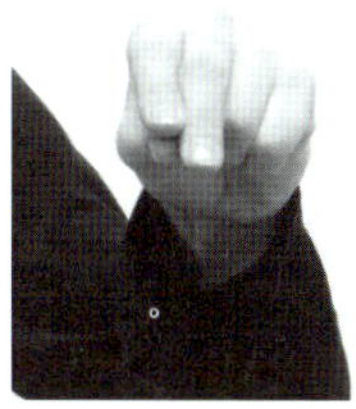		
90000			

제 3 강

제 친구를 소개해 드릴게요

제3강

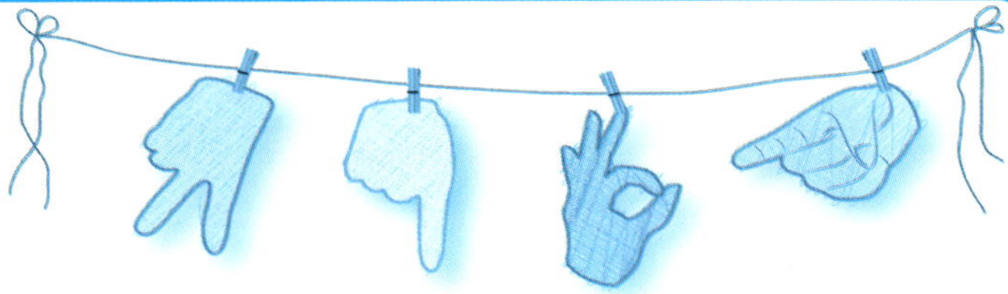

제 친구를 소개해 드릴게요

다른 사람에게 자신의 친구를 소개할 때의 표현법입니다. 농인들이 처음 만났을 때 상대방에게 농인인지 청인인지를 묻는 독특한 문화를 살펴볼까요?

Step 1 오늘의 단어

오래간만		아니다
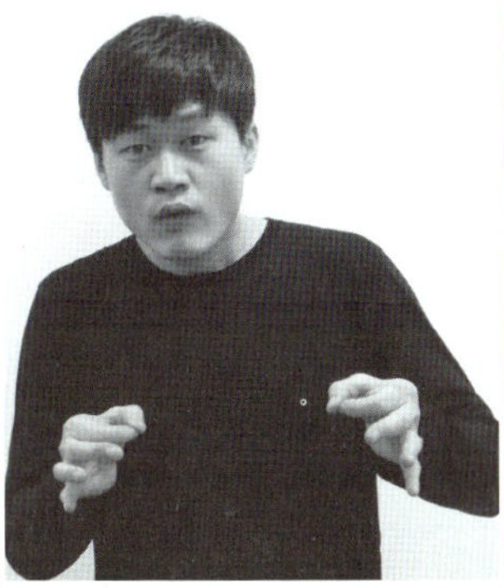		

요즘	카톡
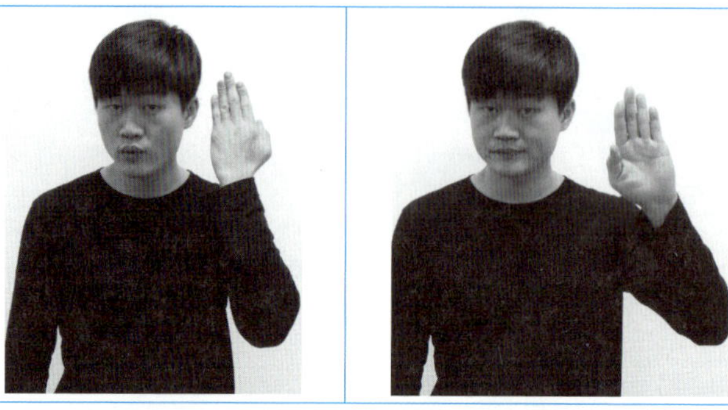	
바쁘다	지내다(살다)
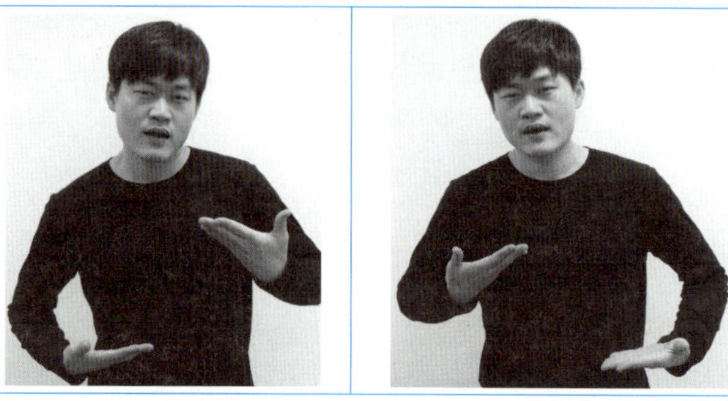	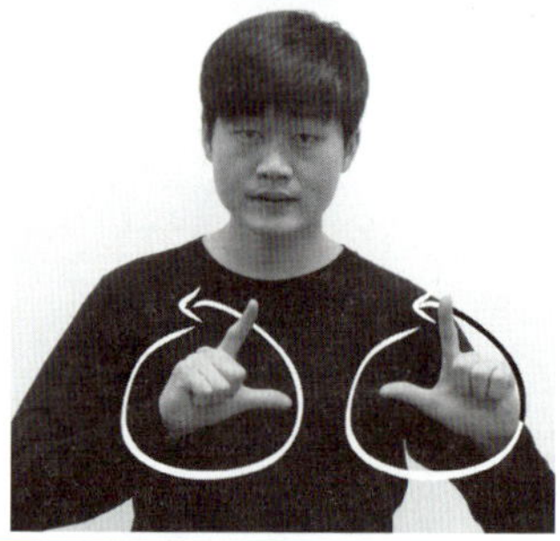
조금	별로(특별히)
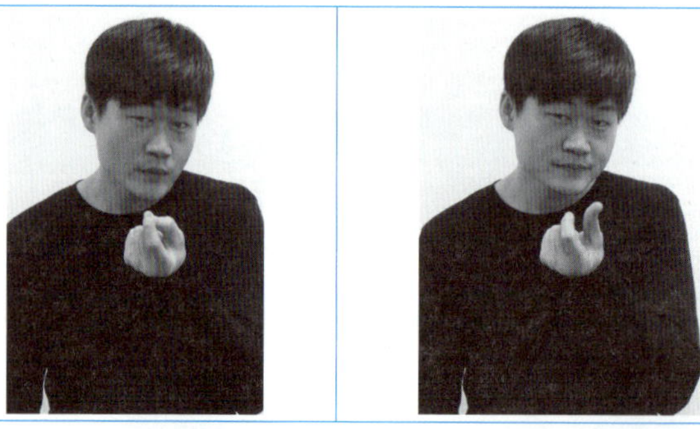	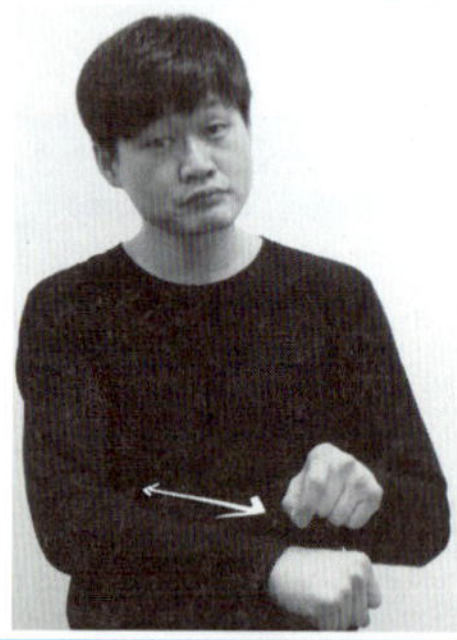
소개	조심
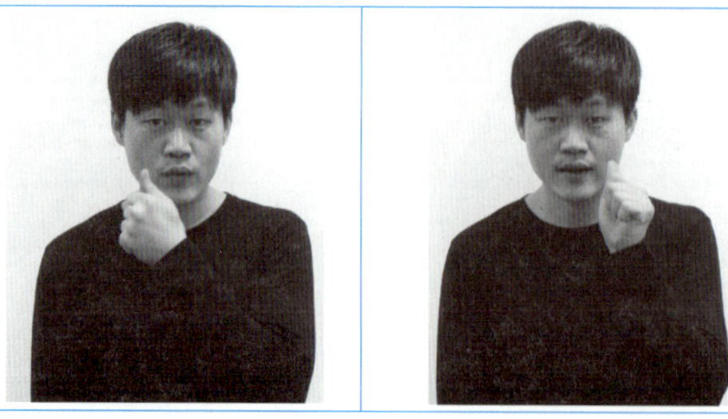	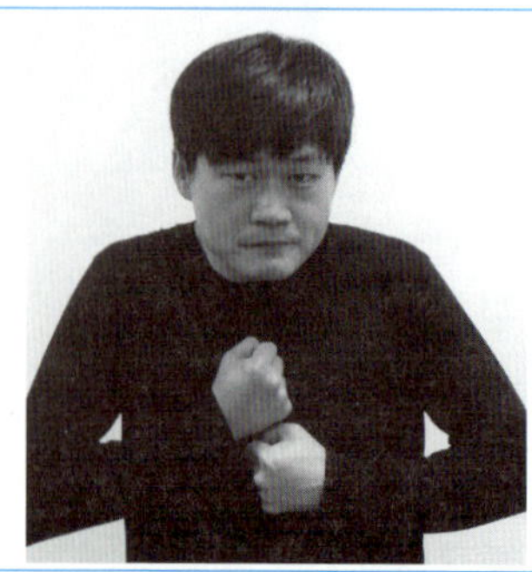

농인		청인
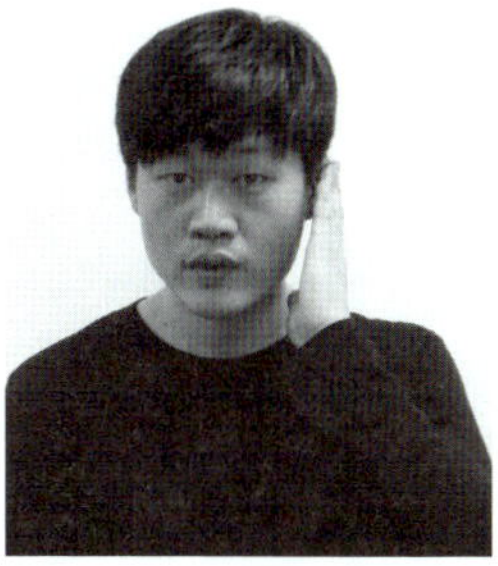		
자주		일하다
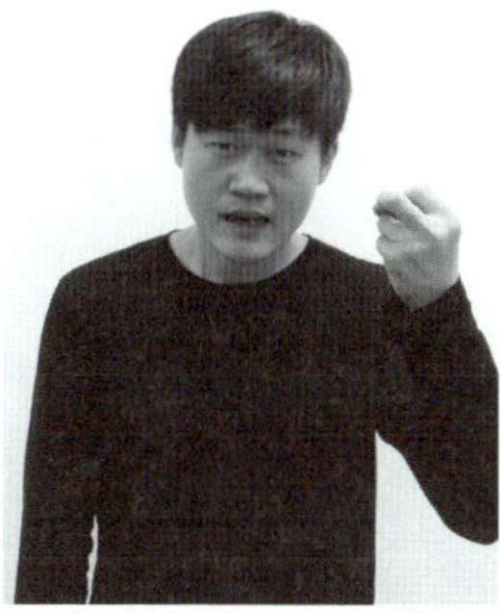		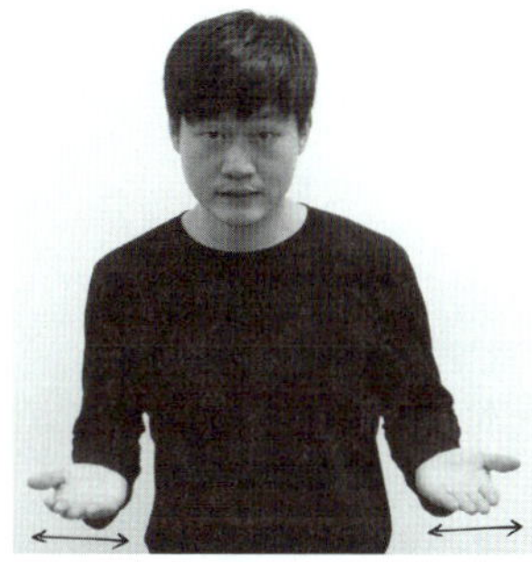
가다		공부하다
	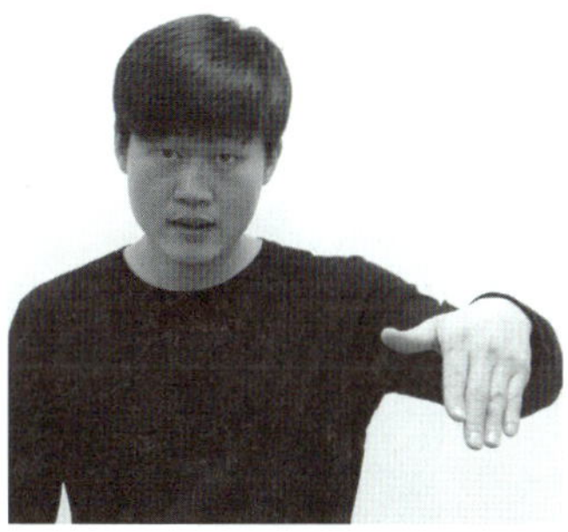	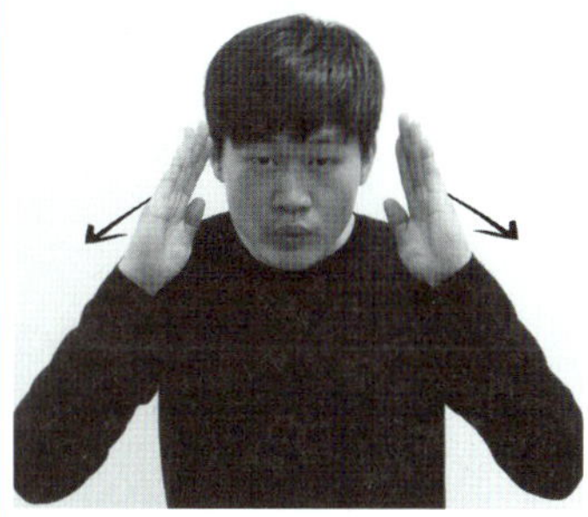
낮		누구
	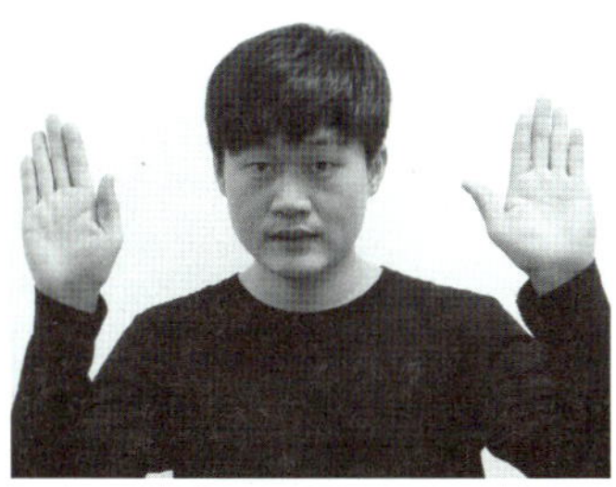	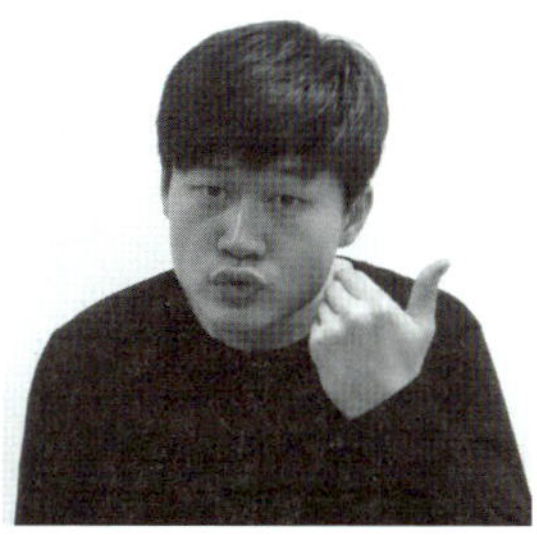

밤		배우다

수어(수화)		알다
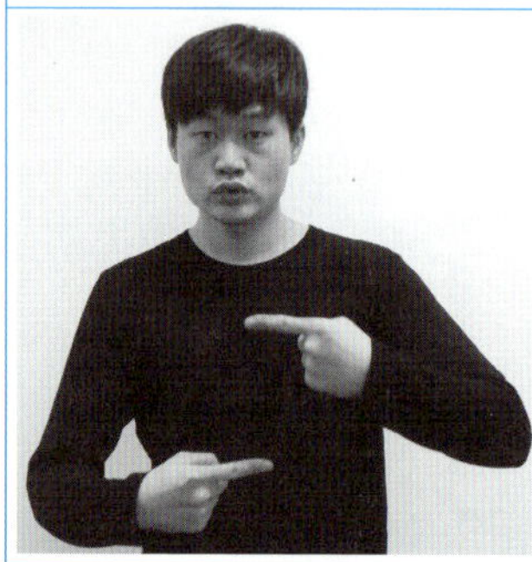		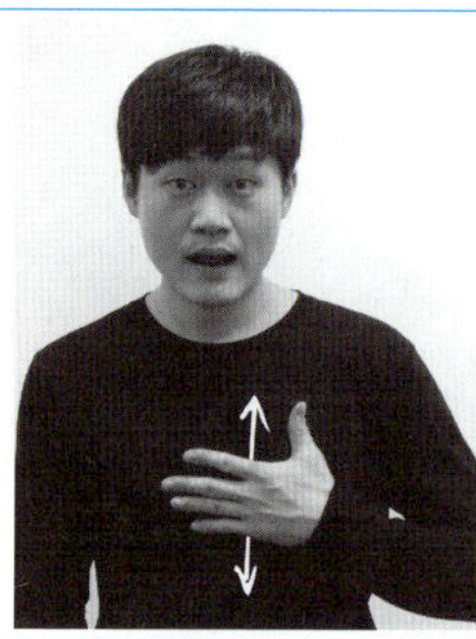
늘(항상)		끝나다(끝)
	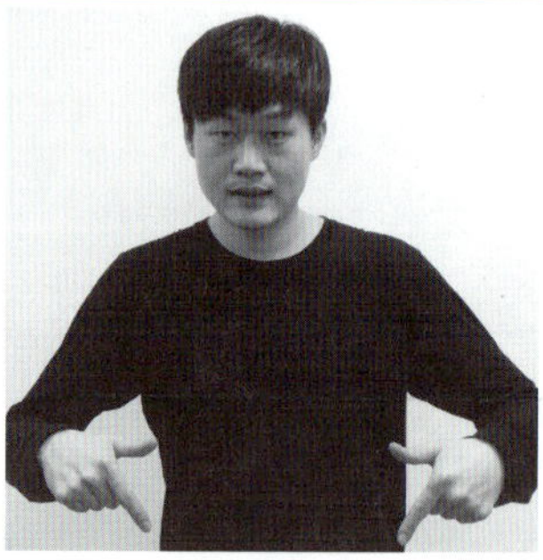	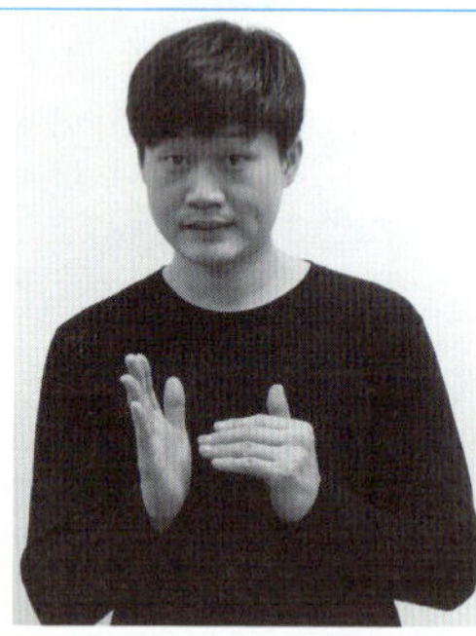
대학원		
	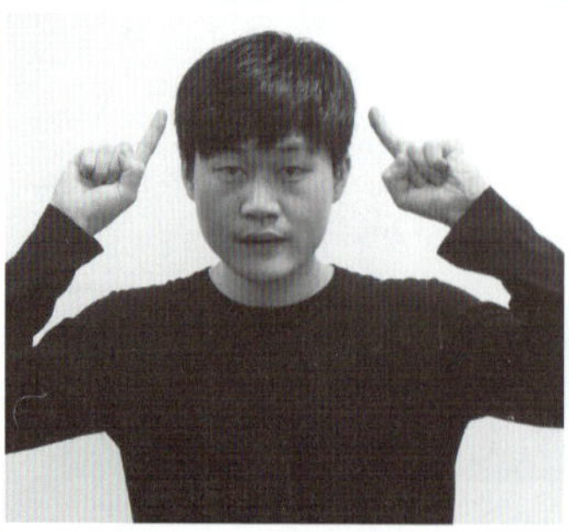	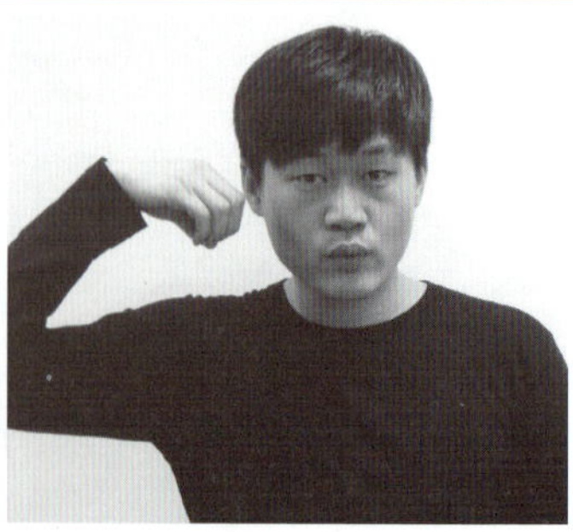

대학원	깜박하다(잊다)	
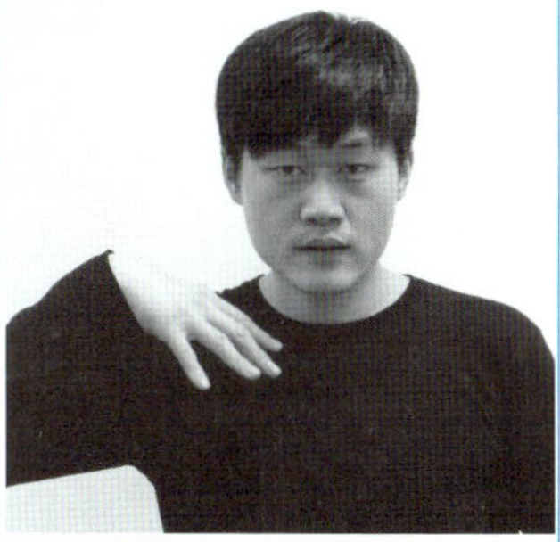		

Step 2 대화 연습

A: 오래간만입니다.
B: 정말 오래간만입니다. 잘 지내셨어요?
A: 예, 잘 지냈어요. 요즘 바쁘세요?
B: 별로 바쁘지 않아요. 당신은요?
A: 조금 바빴어요. 낮에는 일하고 밤에는 대학원 공부를 해요.
B: 늘 바쁘시군요. 저분들은 누구세요?
A: 깜빡했네요. 제 친구를 소개해 드릴게요.
이분은 김태욱씨입니다. 농인이에요.
그리고 이분은 남기현씨입니다. 청인이에요.
B: 안녕하세요. 만나서 반가워요. 농인 처음 만나요.
수어를 배워서 수어를 조금 알아요.
A: 바쁜 일 끝나면 카톡할게요. 자주 만나요.
B: 좋아요. 조심히 가세요.

Step 3 문법&표현

1. 농인! 청인! 그리고 코다!

생소하시죠? 농인(Deaf person)이란 시각언어인 수어를 주된 의사소통 수단으로 사용하는 사람들을 말합니다. 물론 개인차는 있지만 소리를 들을 수 없습니다. 농인들은 수어를 사용할 뿐만 아니라 농공동체(Deaf community)에 속합니다. 청인(hearing person)은 소리를 들을 수 있는 사람들을 말합니다. 우리는 흔히 '일반인'이라는 말을 사용합니다. 농공동체에는 농인만 있는 것이 아니라 청인도 소속되어 있습니다. 그들도 농인의 문화를 존중하고 수어를 할 수 있습니다. 특히 청인 중에는 부모님이 농인인 경우가 있는데 농성인의 아이들(Children Of Deaf Adults)이라는 영어의 앞 철자를 가져와 CODA라고 합니다. 한국어로는 약어 발음 그대로 '코다'라고 합니다.

> 💡 인사할 때 농인, 청인을 밝힙니다.

농인과 인사를 나눌 때 청인은 자신이 청인임을 밝힙니다. 그리고 농인도 상대방에게 농인인지 청인인지 물어봅니다. 이렇게 농인인지 청인인지를 밝히는 것은 농인과 처음 만나는 자리에서 이름을 소개하는 것만큼 자연스러운 순서입니다. 수어를 잘하는 청인은 겉으로 봐서는 농인인지 청인인지 구분이 어렵습니다. 자신이 청인임을 밝힘으로써 오해가 없도록 합니다.

2. 인칭대명사

(1) 우리, 저희

한국수어의 〈우리〉, 〈저희〉와 같은 복수 표현은 오른손을 펴서 자신의 몸 앞에서 원을 그리듯이 움직입니다. 〈너희〉는 오른손의 1지만 펴서 상대의 위치에서 반원을 그리듯이 움직입니다. 〈우리〉, 〈저희〉는 수어자의 앞이고 〈너희〉는 상대의 앞으로 위치가 다릅니다.

(2) 이분, 저분

인칭대명사 〈이분〉, 〈저분〉을 표현할 때 농인들은 대화 상황에 함께 있는 사람을 〈그+사람〉, 〈저+사람〉이라고 하지는 않습니다. 가까이 있는 사람을 '그 사람'이라고 하면 거리감이 느껴집니다. 오른손을 펴서 그 사람을 향해 지시하는 것이 자연스럽습니다. 간혹 귀한 분을 소개하는 상황에서는 두 손을 펴서 그 사람을 향해 지시하기도 합니다.

우리, 저희

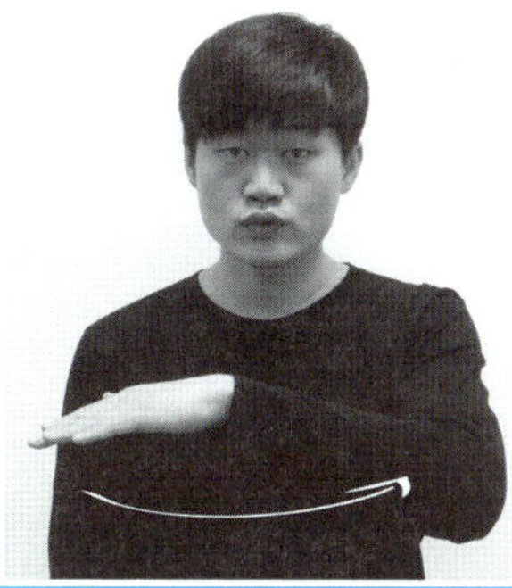

너희

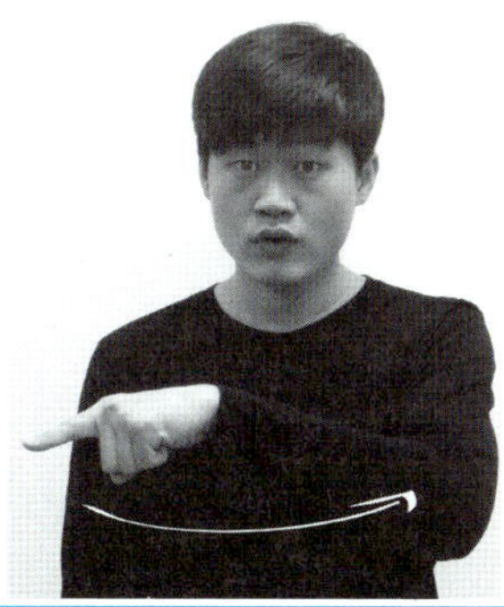

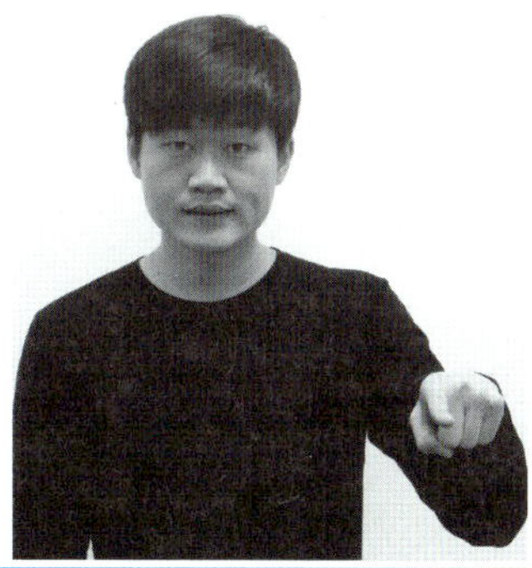

저분	이분
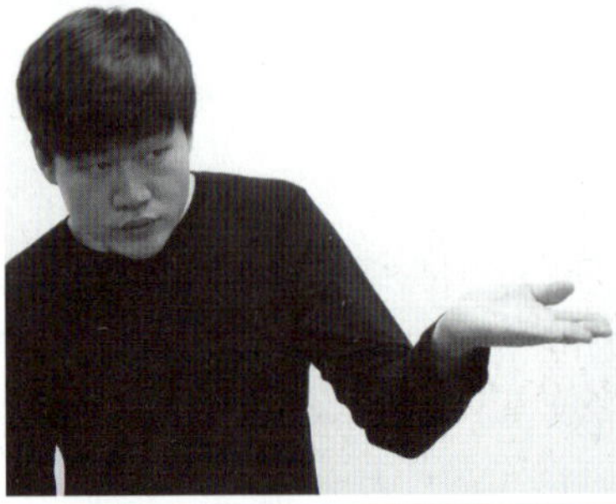	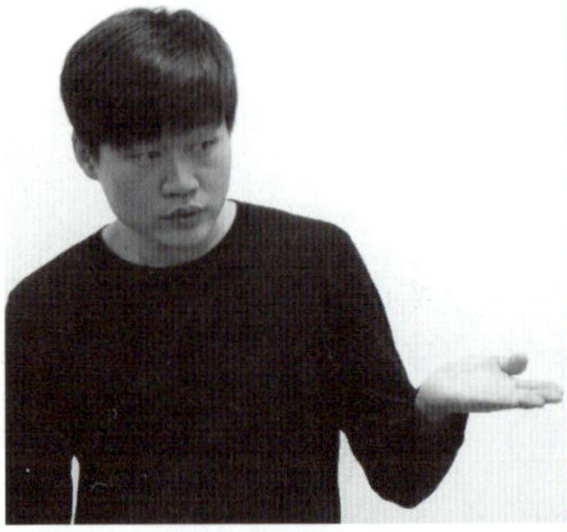

제 4 강

가족이 어떻게 되세요?

제4강

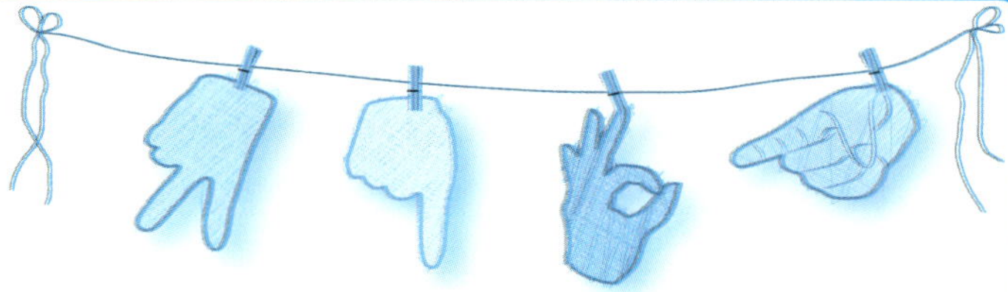

가족이 어떻게 되세요?

가족을 소개하는 방법과 형제, 자매의 순서를 나타내는 표현을 살펴봅시다.

Step 1 오늘의 단어

가족		오빠(형)
	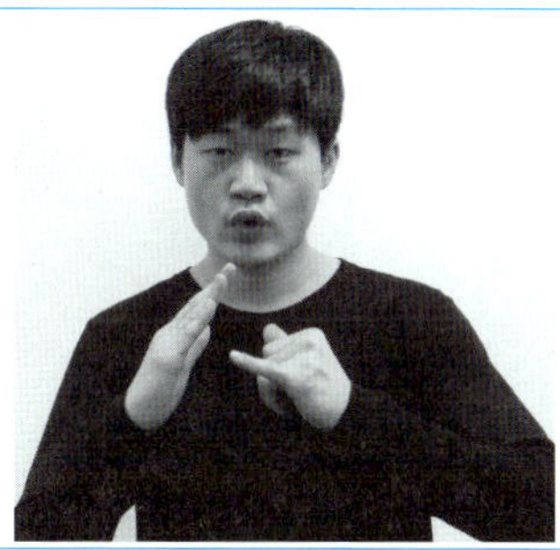	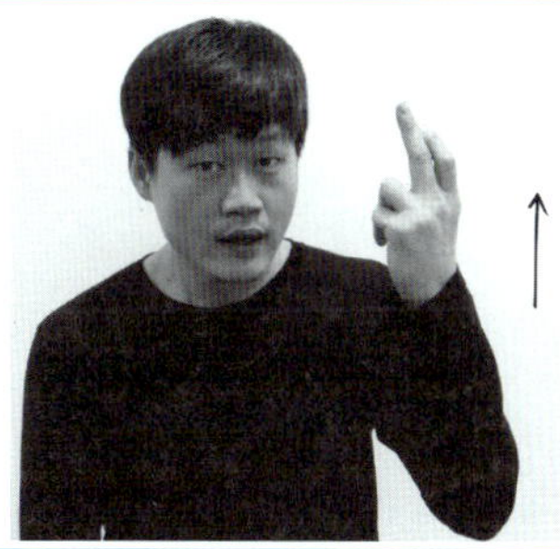
아버지		여동생
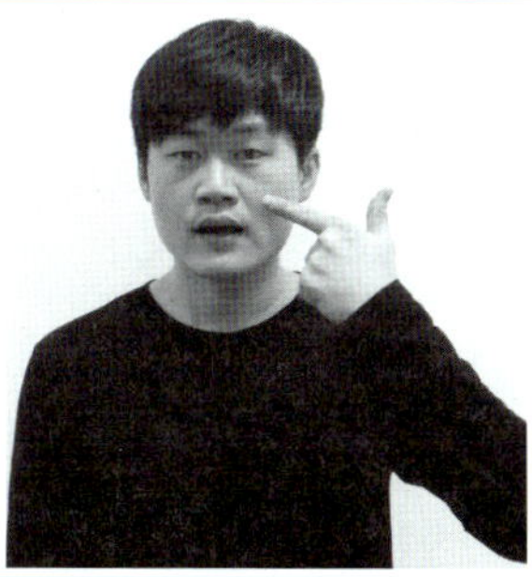	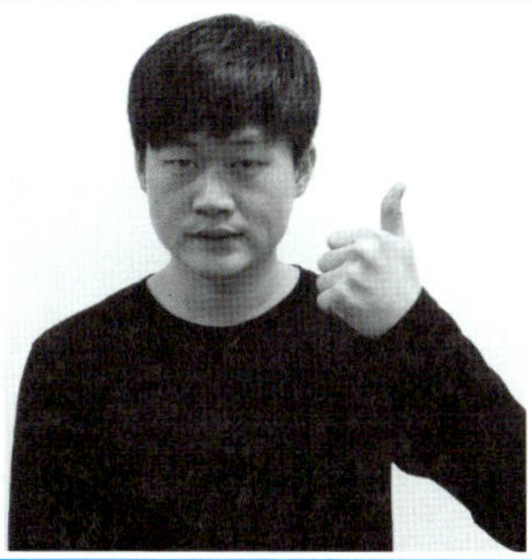	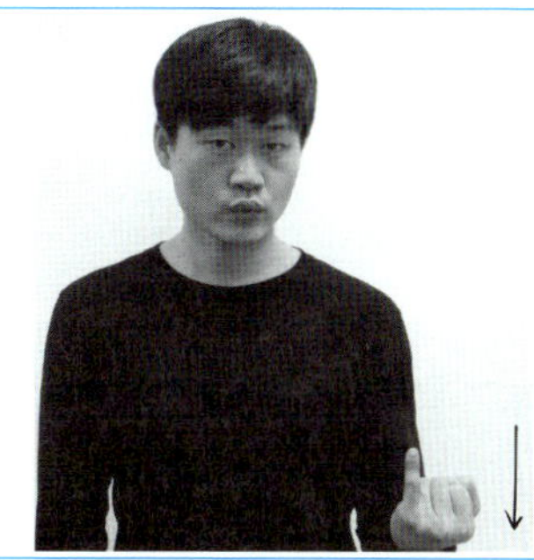

어머니	놀다
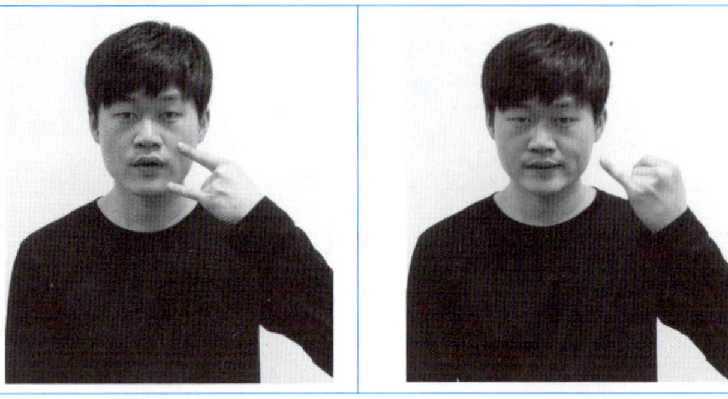	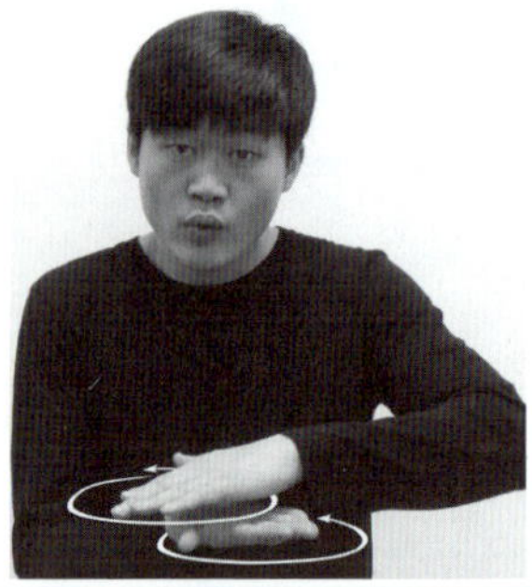
할머니	**있다**
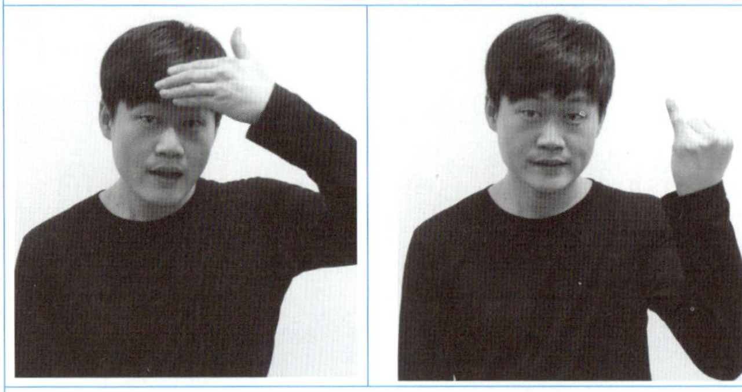	
부모님	**남동생**
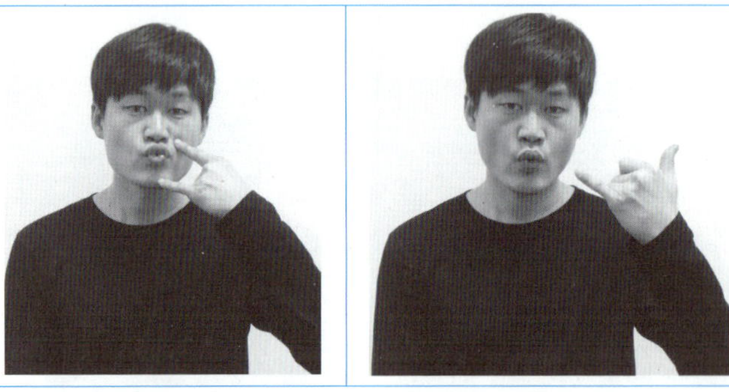	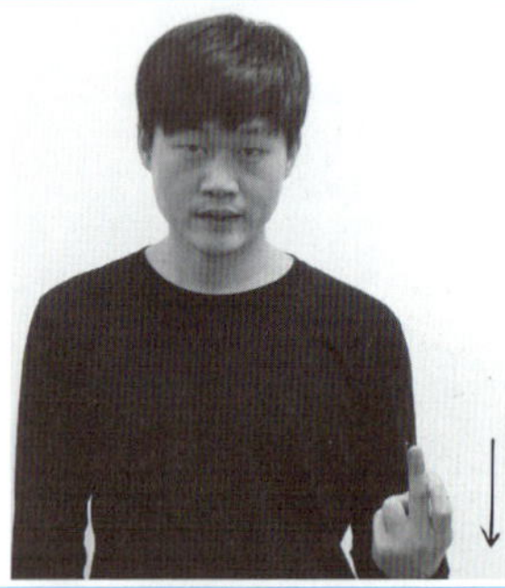
어디	**없다**
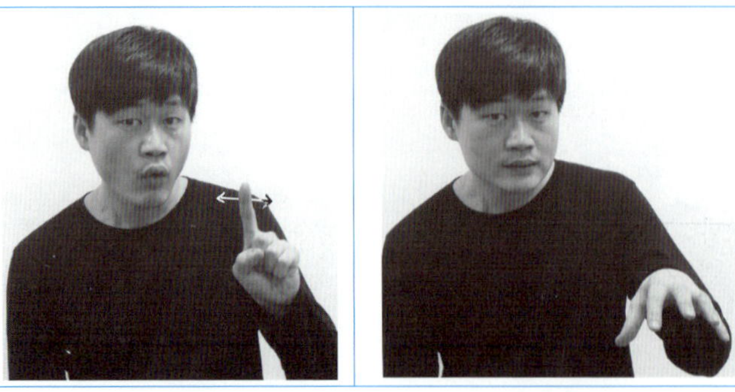	

혼자		함께
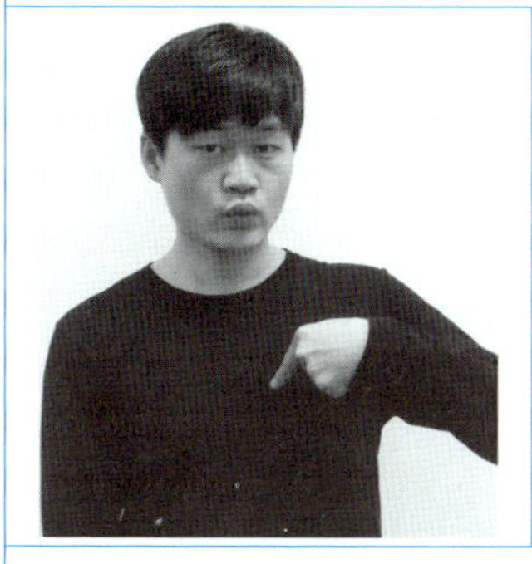		
대화하다		못하다
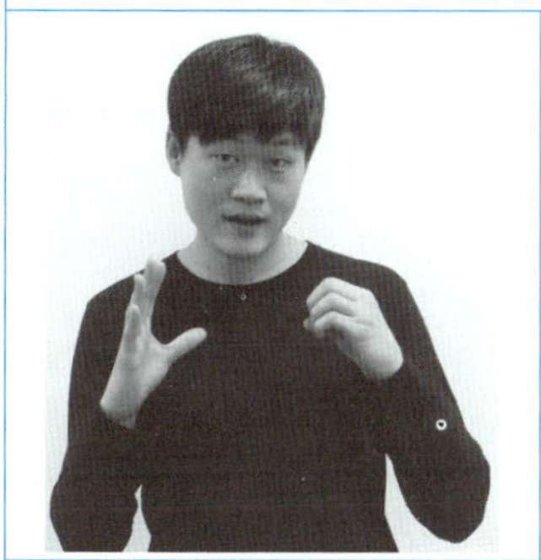	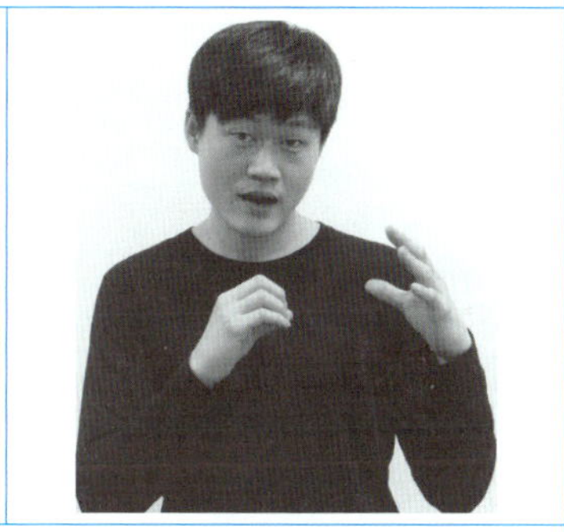	
때문		부럽다
	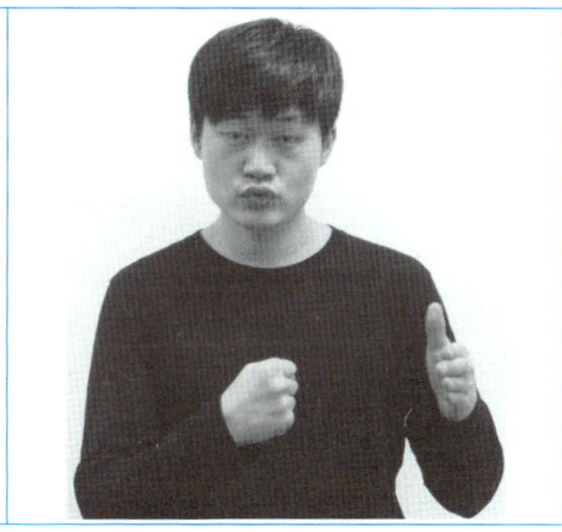	
조카		오다
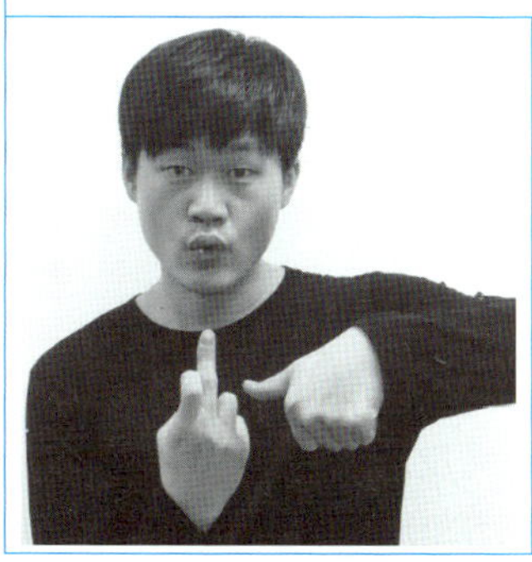	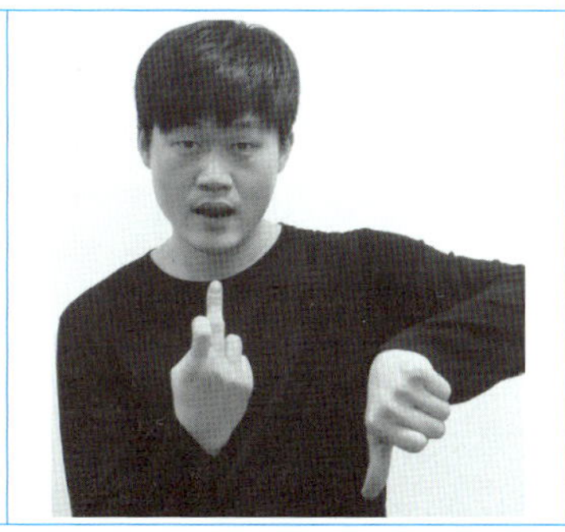	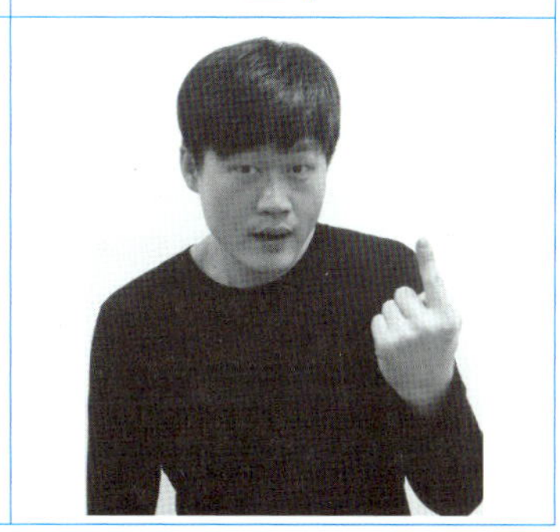

다행

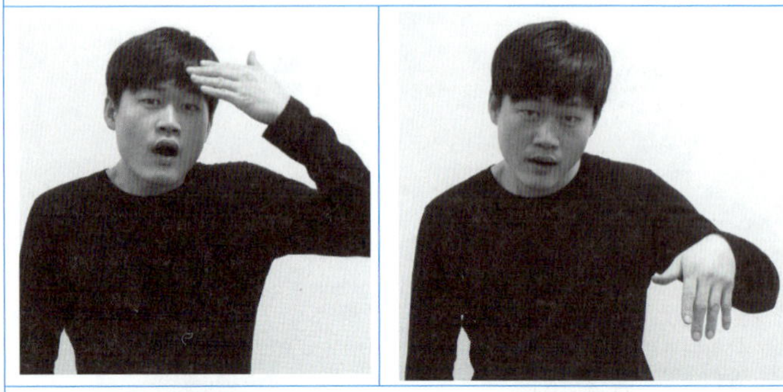

서울

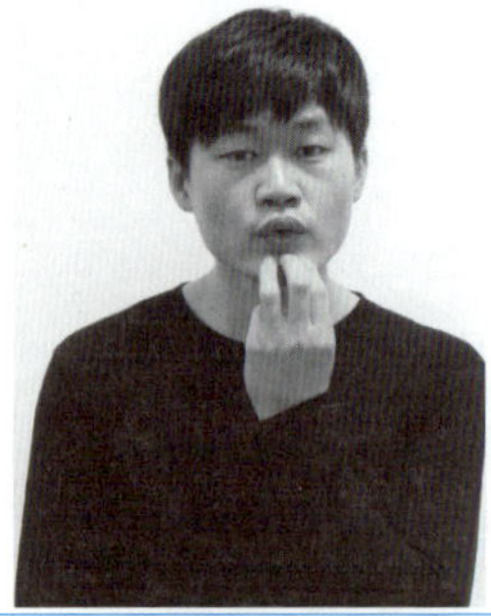

주말

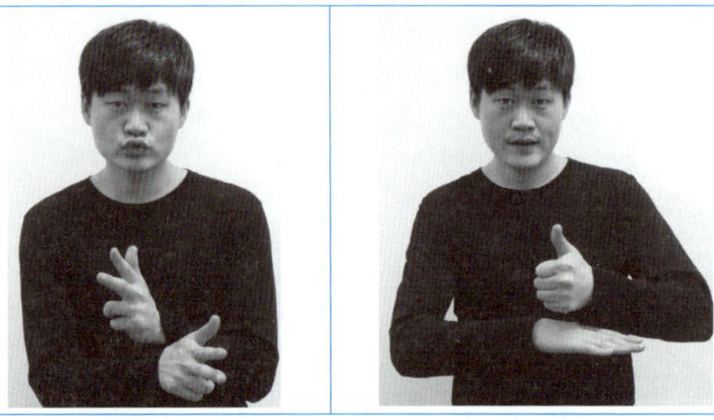

일

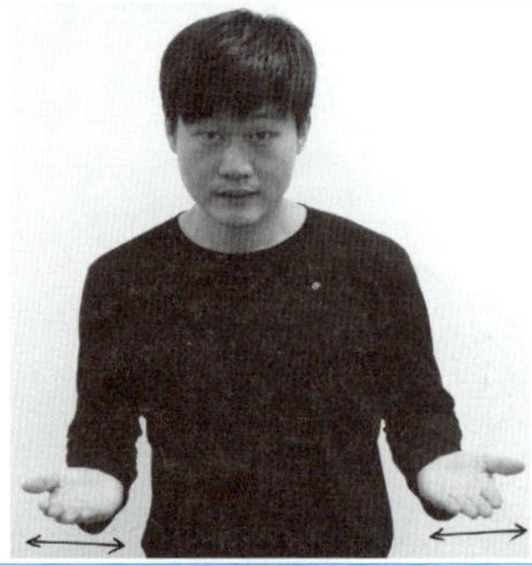

형제

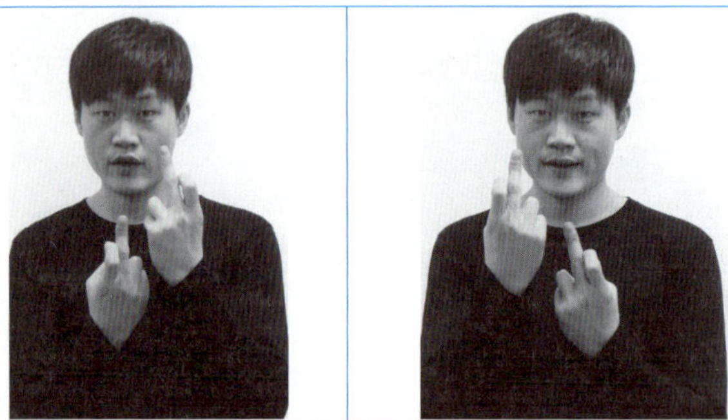

많다

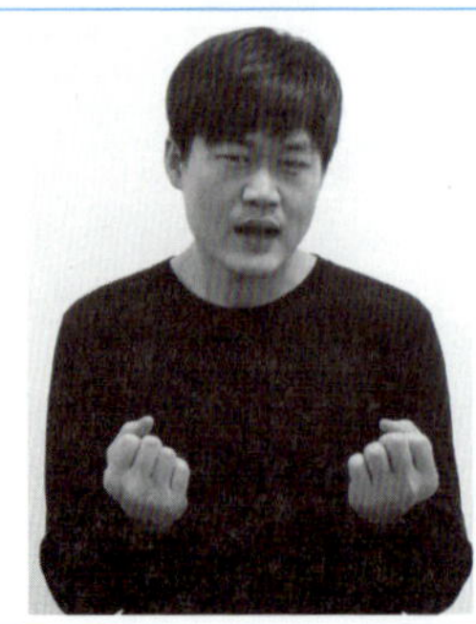

시간

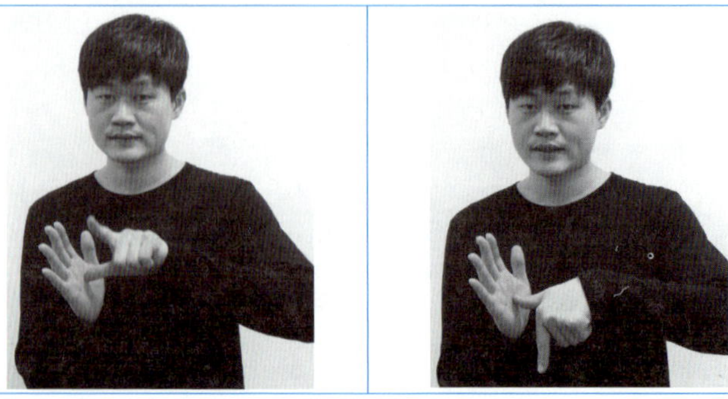

결혼		수원
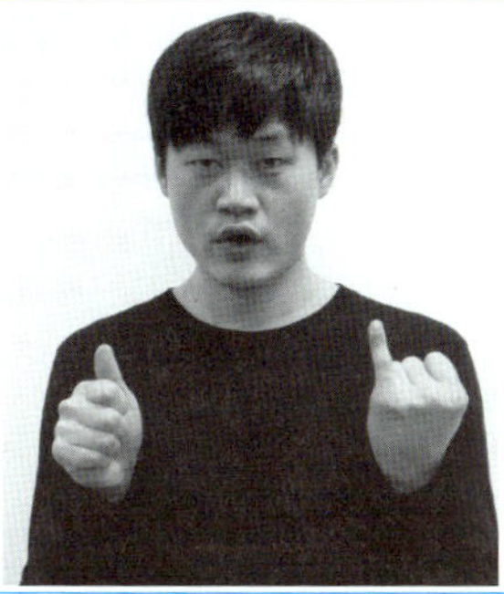	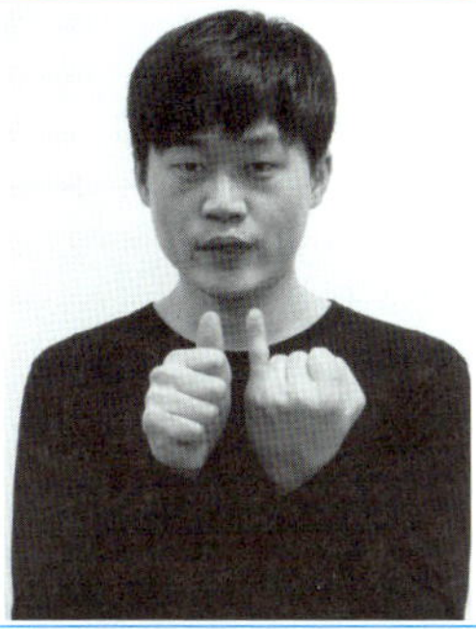	
	딸	
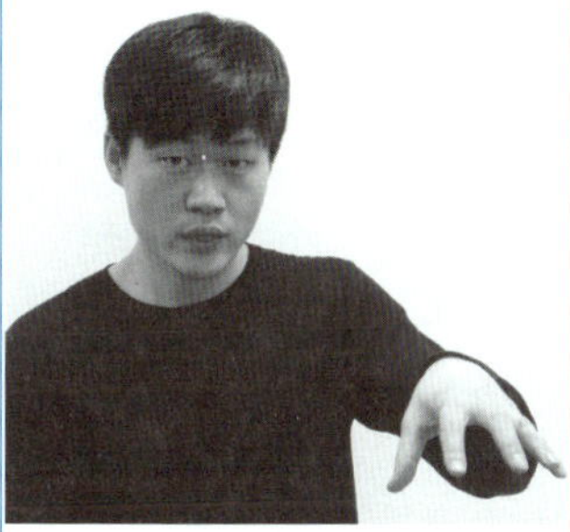	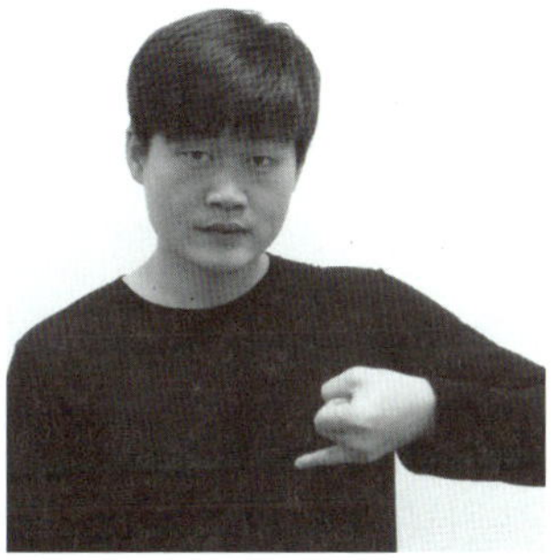	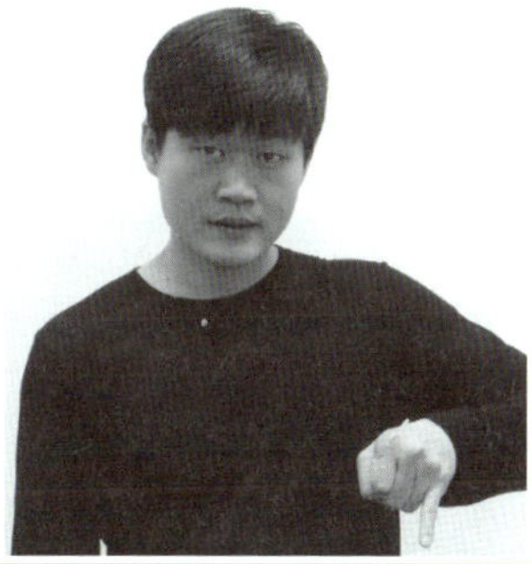
아들		

Step 2 대화 연습

A: 가족이 어떻게 되세요?
B: 저희 가족은 아버지, 어머니, 할머니, 형 그리고 저입니다.
A: 형제시군요. 동생은 없으세요?
B: 예, 동생은 없고 형이 한 명 있어요.
A: 저희는 아버지, 어머니, 오빠, 저, 그리고 여동생입니다.
오빠는 결혼했어요. 아들 하나 딸 하나 있어요.
B: 저희 형도 결혼했어요. 아들 하나에요.
당신은 부모님과 함께 살아요?
A: 아니요. 부모님은 수원에 사시고, 저는 일 때문에 서울에서 혼자 살아요.
B: 저는 부모님과 함께 살아요.
A: 부모님과 함께 산다니 부럽네요.
저는 일이 바빠서 집에 자주 못가요.
B: 저도 바빠서 가족들과 대화할 시간이 많지 않아요.
다행히도 형과 조카가 주말에 자주 놀러 와요.

Step 3 문법&표현

1. 가족을 물어 볼 때

가족의 수를 물어볼 때는 〈가족+무엇〉, 〈가족+수(계산)〉, 〈가족+얼마(몇 명)〉라는 표현을 사용합니다. 〈가족+어떻게+되다〉라고 하지 않습니다.

가족은 어떻게 되세요?

2. 형제 순서 표현법

한국수어에서 형제의 순서는 양손으로 표현합니다. 왼손은 형제의 순서를 나타내고 오른손의 5지와 4지는 각각 '남자'와 '여자'를 나타냅니다.

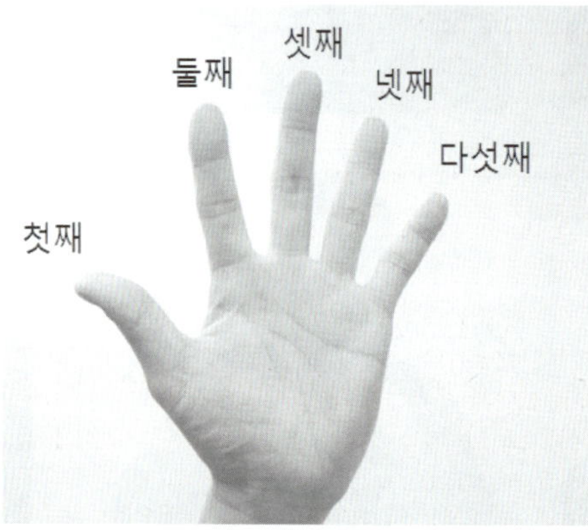

'형제가 어떻게 되세요?'라고 질문을 하려면 〈형제+무엇〉이라고 합니다. 대답으로 '저는 삼형제입니다'라고 말할 경우 오른손 2지로 왼손의 5지-1지-2지 순서로 차례로 접촉합니다. 그리고 나서 오른손을 펴서 왼손 2지와 3지 사이에 넣어 접촉합니다. 이것은 형제가 3명으로 더 이상 없다는 의미입니다. '저는 네 자매입니다'라고 말할 경우에는 오른손을 2지 대신 여자를 나타내는 4지로 합니다.

저는 삼형제입니다.		

저는 네 자매입니다.

3. 단위성 의존명사

한국어의 개, 명, 분, 마리, 근과 같이 사물의 수량이나 분량을 나타내는 단위성 의존명사가 한국수어에도 있을까요?

(1) 〈-명〉, 〈사람〉을 꼭 표현해야 하나요?

'형이 두 명 있어요'라는 문장에서 〈형〉 다음에 〈2〉라는 숫자를 표현합니다. 그러나 〈명〉은 표현하지 않습니다. '형이 두 명, 누나가 한 명 있어요'는 〈형+2+누나+1〉로 합니다.

형이 두 명 있어요.

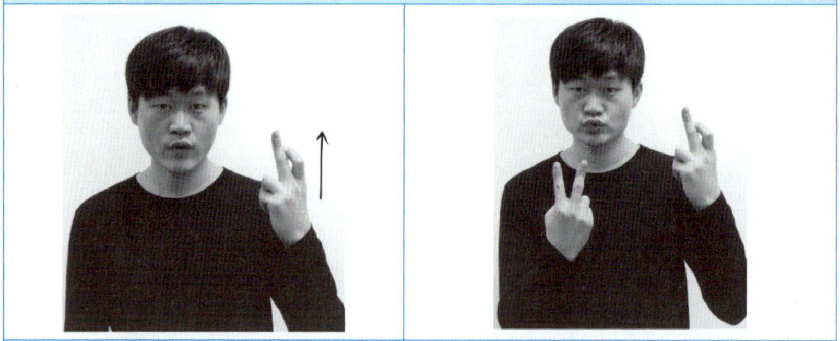

형이 두 명, 누나가 한 명 있어요

(2) 〈사람〉을 사용하기도 합니다.

모임에 참석자 수가 몇 명이냐고 물었을 때 '두 사람입니다'라고 답할 때 〈2/사람〉이라고 대답합니다. 또한 일손이 더 필요하냐고 물어볼 때 '세 사람이 필요합니다'라는 문장에서도 〈3/사람+필요하다〉라고 표현이 가능합니다. 지금은 흔히 사용하지 않지만 예전에는 〈2/명〉으로 〈명〉을 한글 지문자로 쓰기도 하였습니다.

A: 몇 명 참석해요?
B: 두 사람입니다.

A: 일손 몇 명이 더 필요해요?
B: 세 사람이 필요합니다.

제 5 강

어디에 사세요?

제 5 강

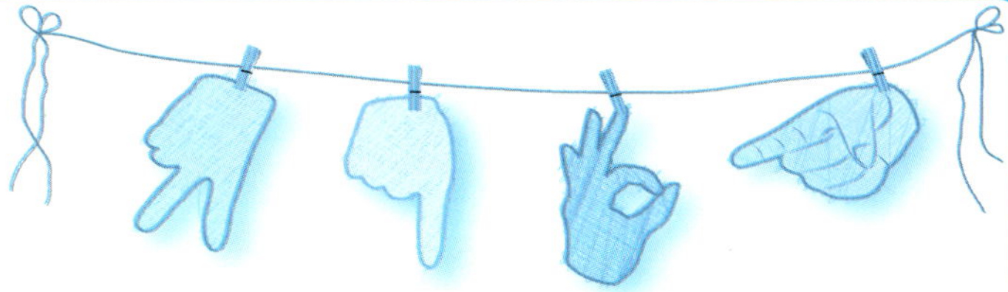

어디에 사세요?

한국수어에는 지명을 위한 단어가 있습니다. 대화를 나눌 때 상대방이 사용하는 지명 단어를 모르면 상대에게 그것이 무엇인지 확인하는 번거로움이 있습니다. 대화가 매끄럽게 이루어지도록 서울 지역의 수어 단어를 잘 기억해 둡시다.

Step 1 오늘의 단어

기숙사		종로
	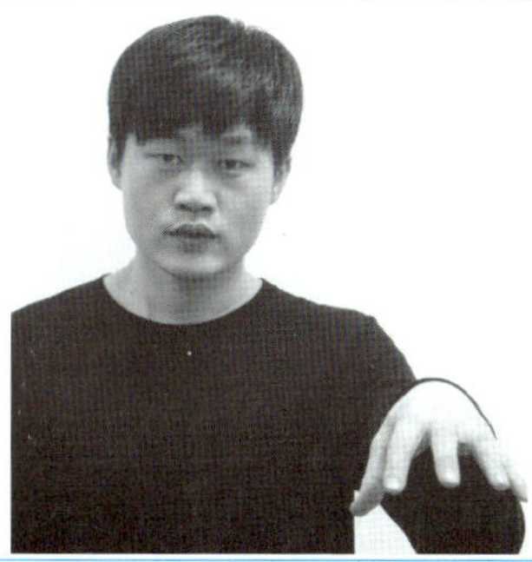	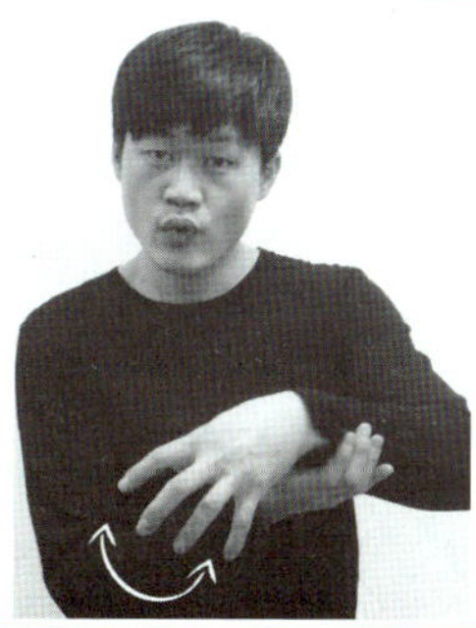

<table>
<tr><th colspan="2">주변</th><th>집</th></tr>
<tr><td>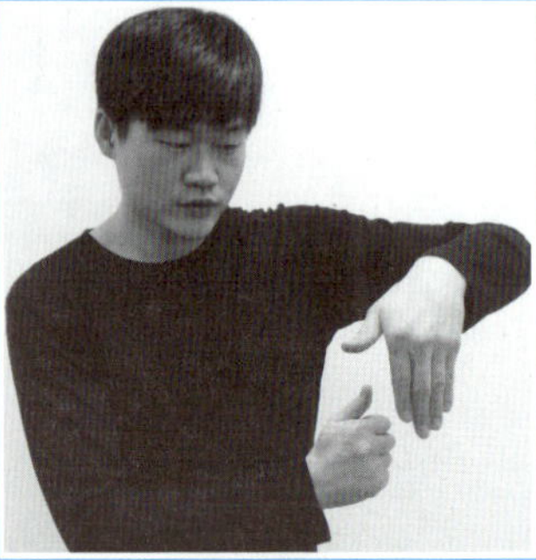</td><td>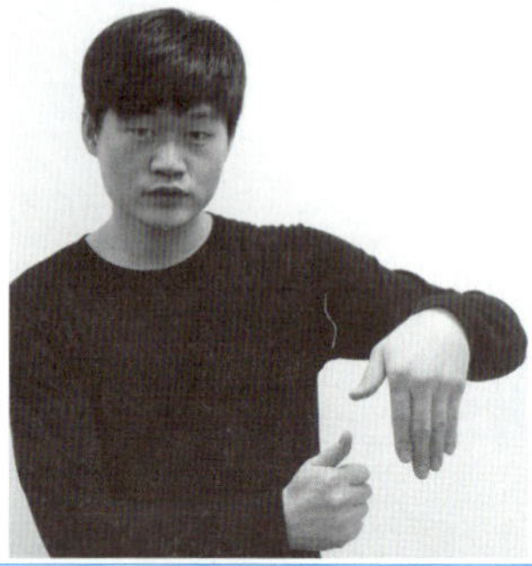</td><td></td></tr>
<tr><th colspan="2">음식점</th><th>예전</th></tr>
<tr><td>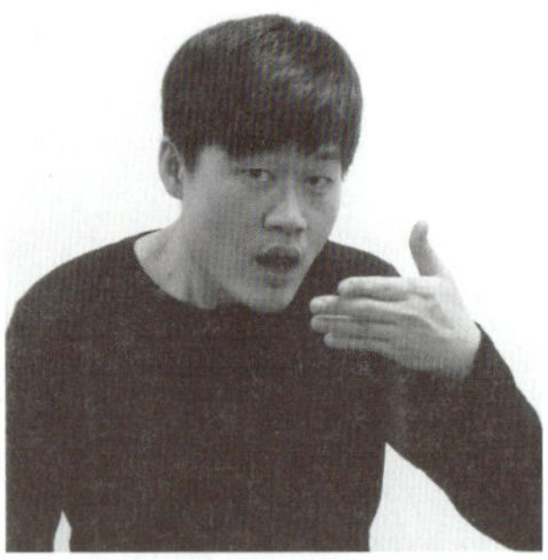</td><td>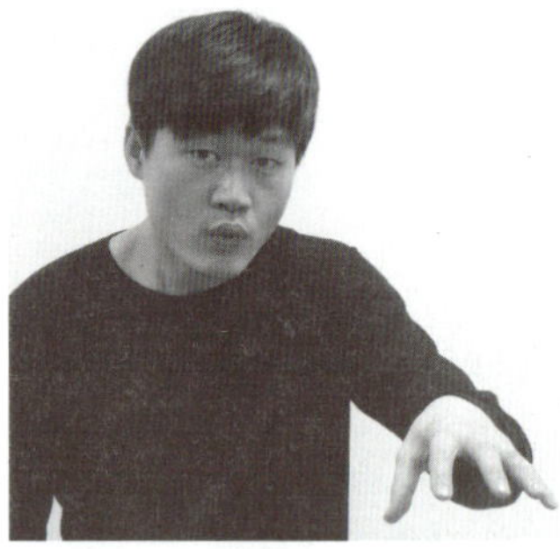</td><td></td></tr>
<tr><th colspan="2">부터</th><th>학교</th></tr>
<tr><td>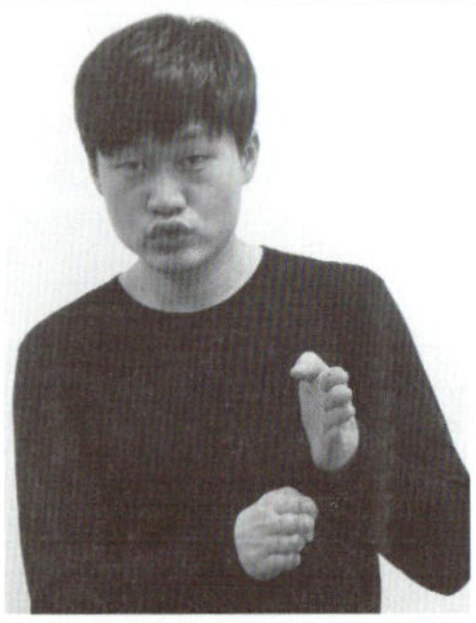</td><td>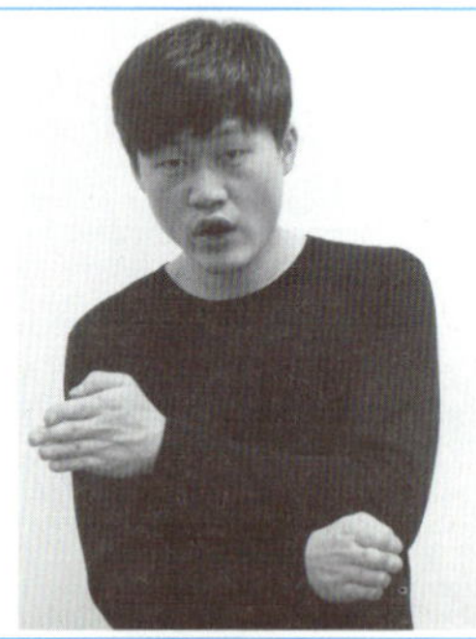</td><td>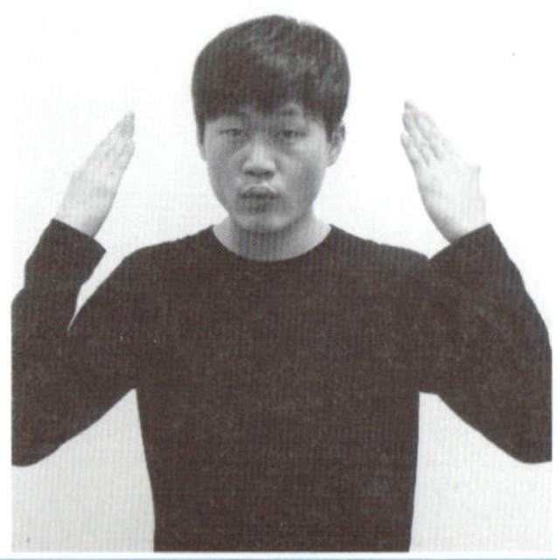</td></tr>
<tr><th colspan="2">인천</th><th>신촌</th></tr>
<tr><td></td><td></td><td>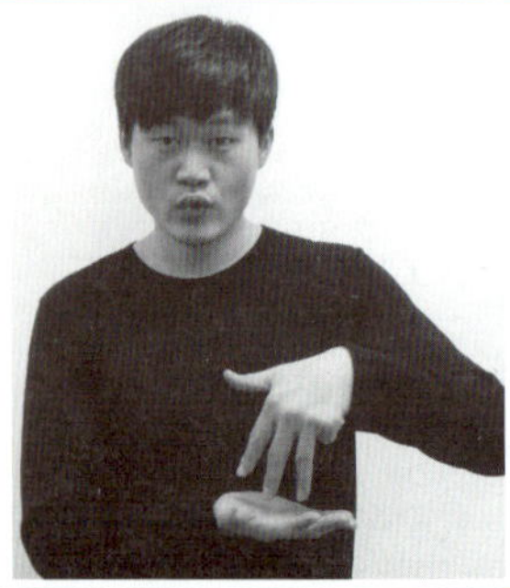</td></tr>
</table>

때	불편
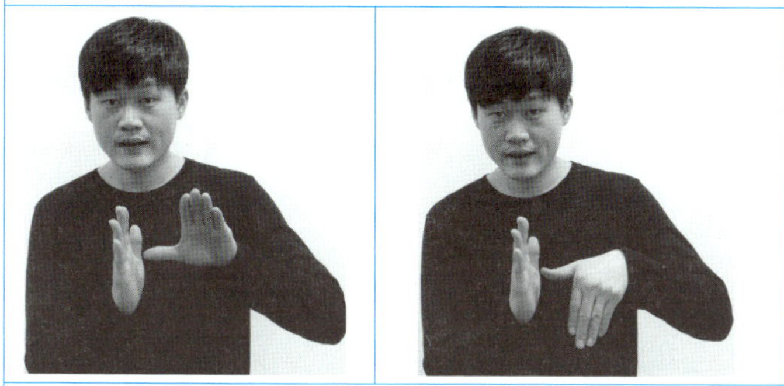	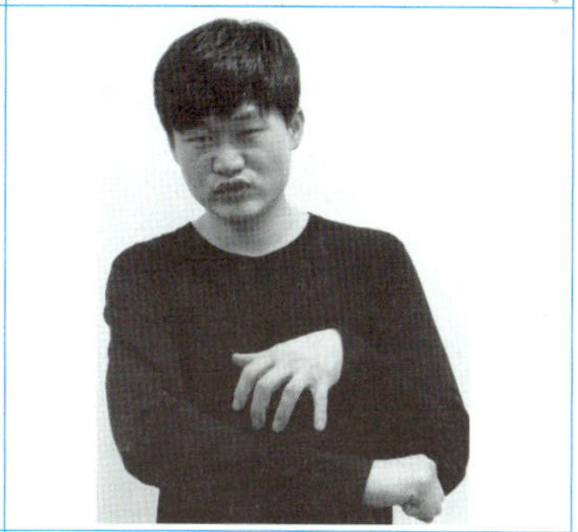
익숙하다	언제
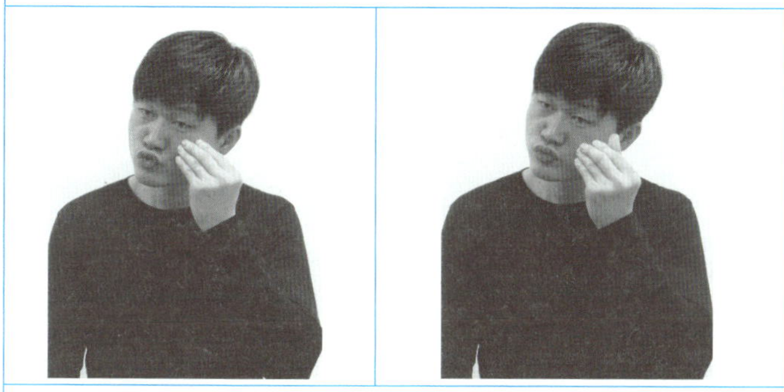	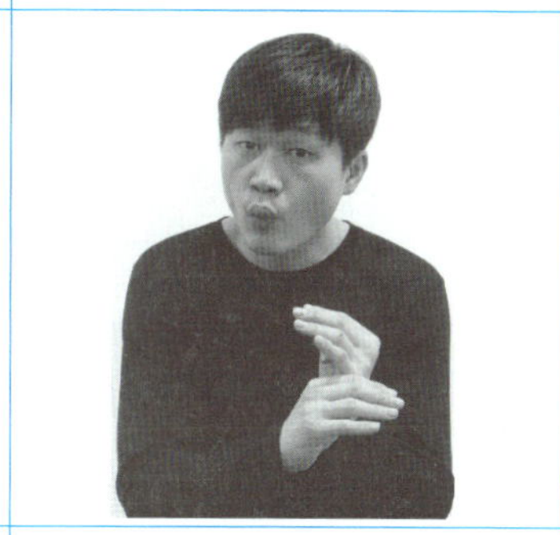
전철역	어리다
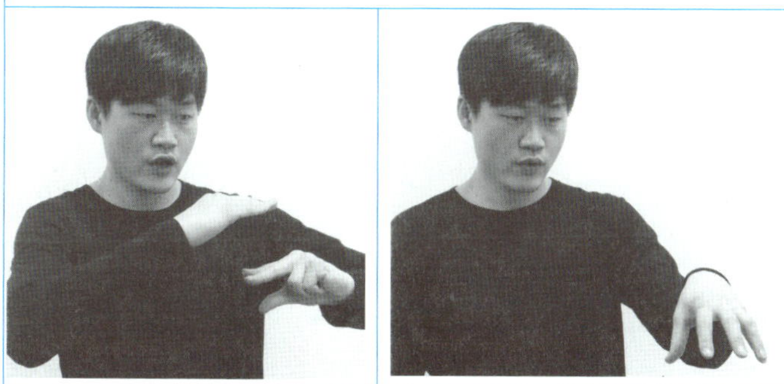	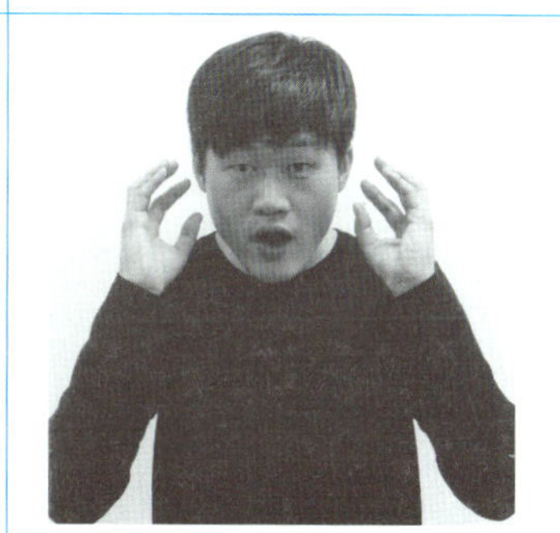

청와대

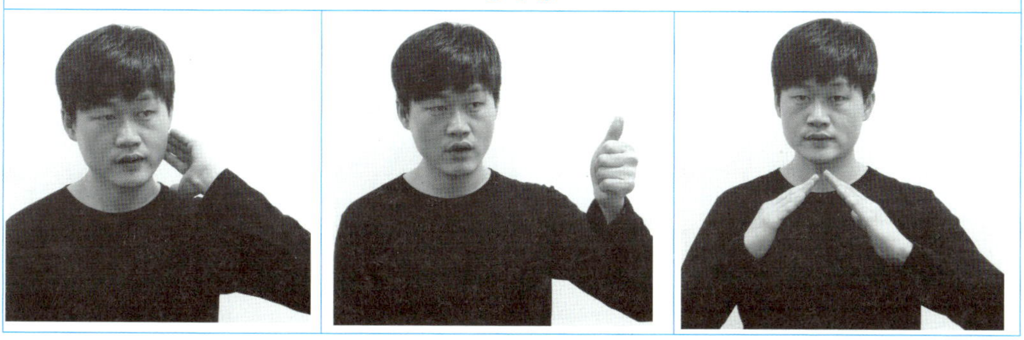

힘들다	중학교(1학년)
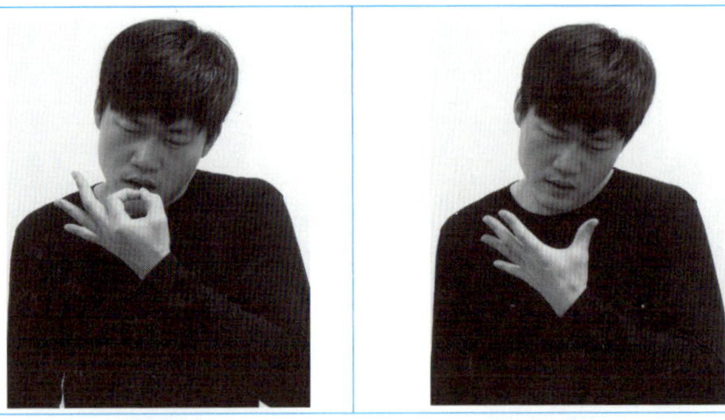	
내리다	가깝다
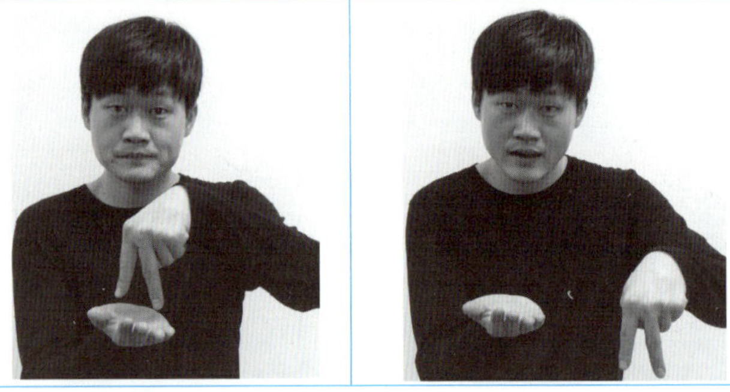	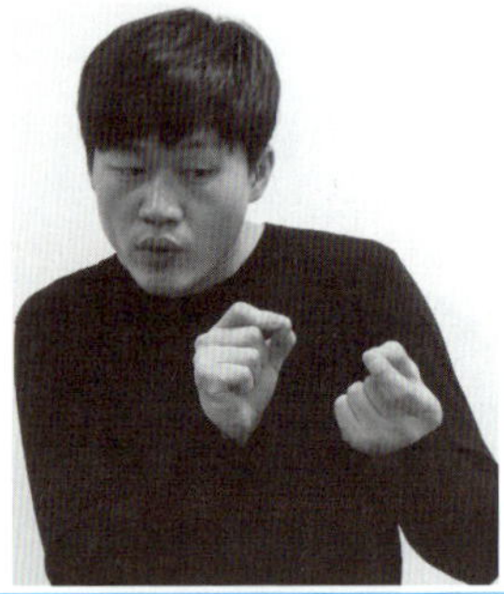
근처	통학
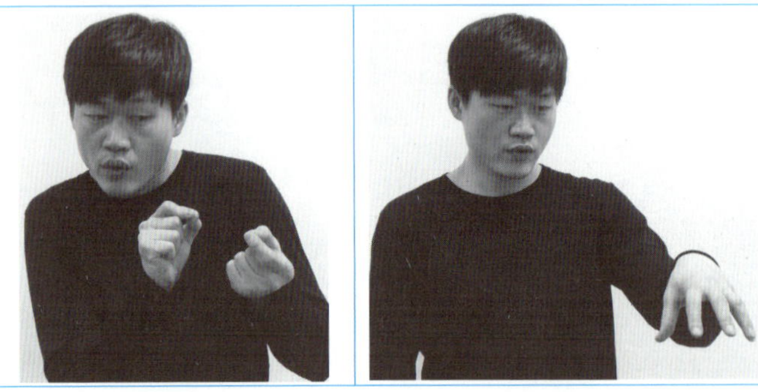	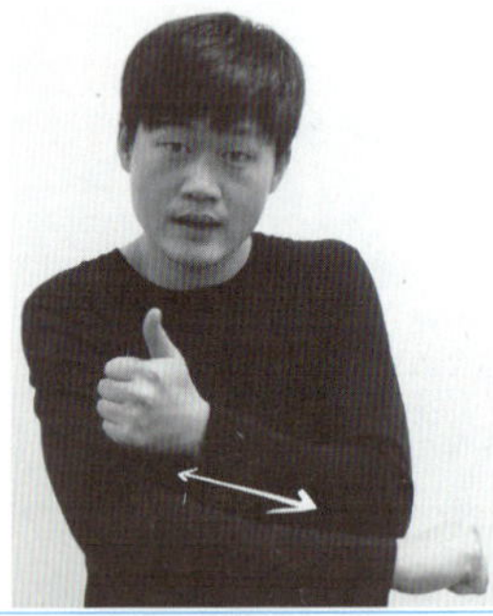
졸업	걷다
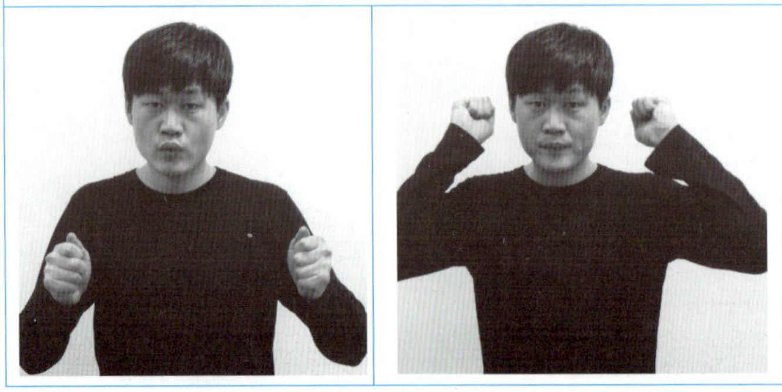	

멀다

상가

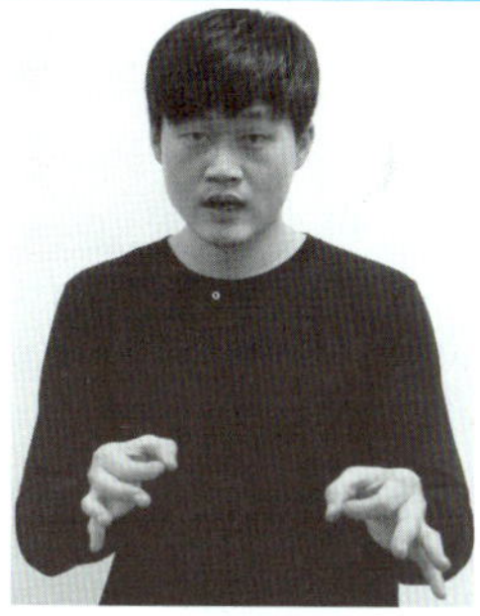

상가

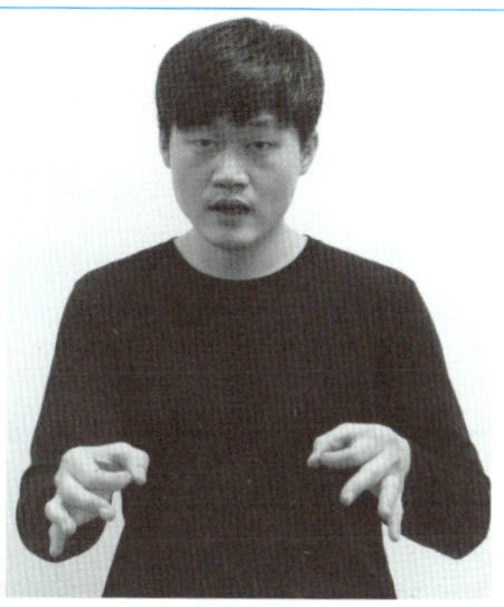

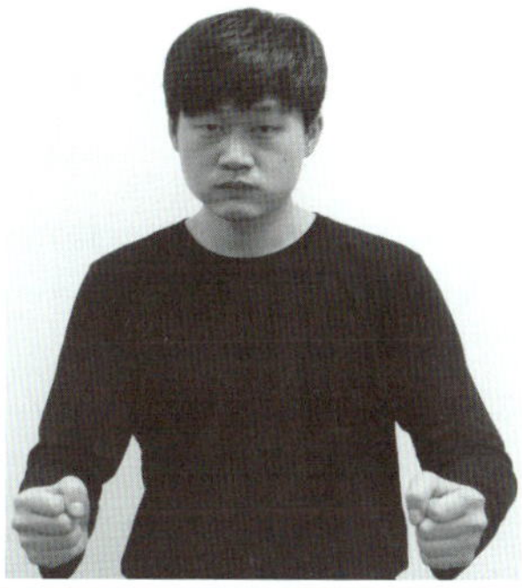

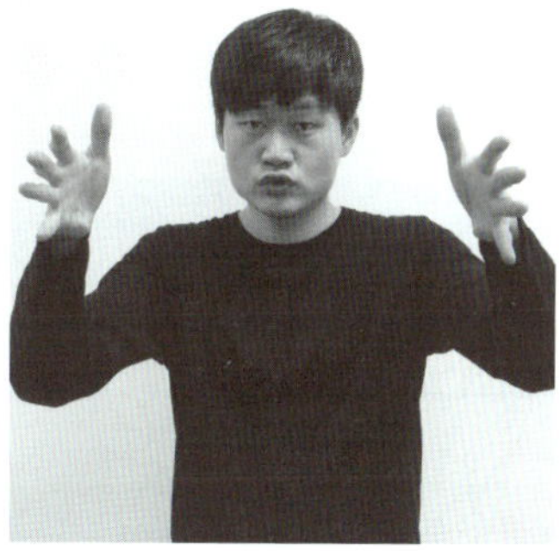

경복궁

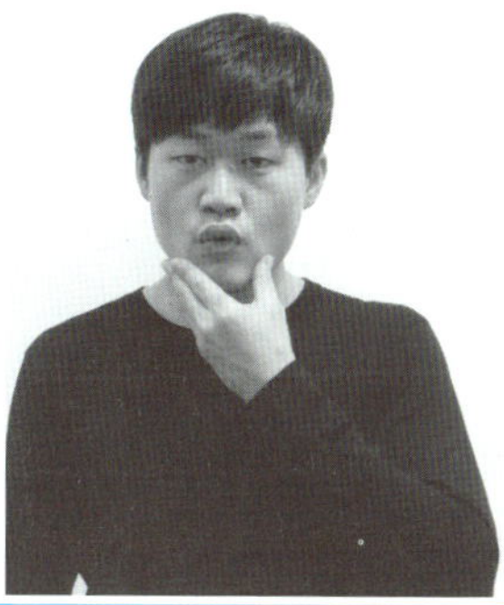

유명

자라왔다

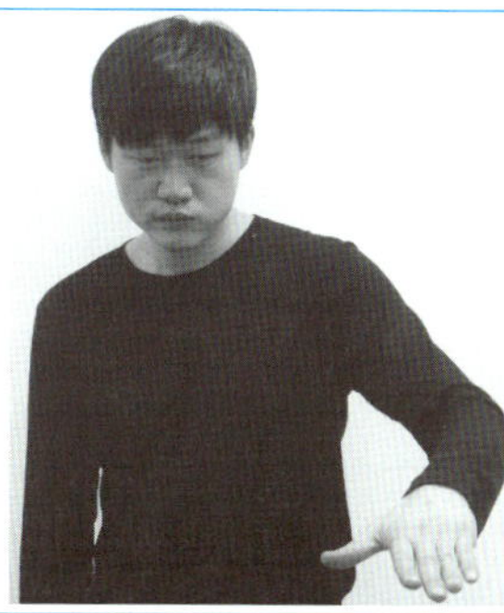

자라왔다	사람	
	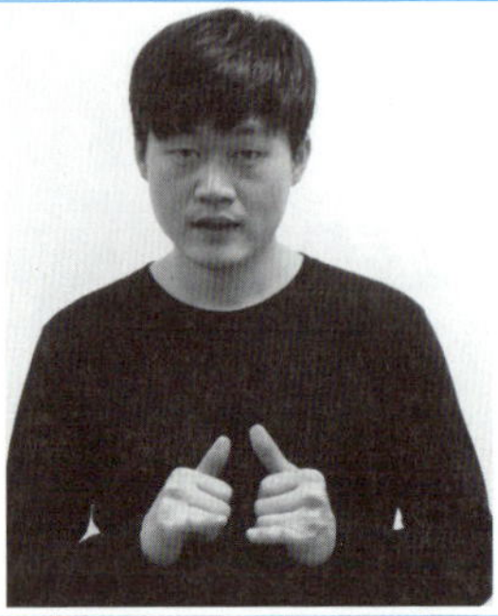	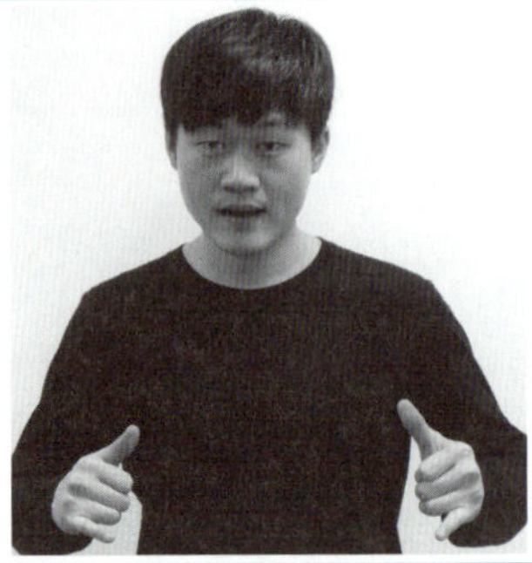

Step 2 대화 연습

A: 집이 어디세요?

B: 저희 집은 옥인동입니다. 종로와 가깝습니다. 어디에 사세요?

A: 저희 집은 신촌입니다. 주변에 음식점, 상가들이 많아요.

B: 예전에 신촌에 가봤는데 사람들도 많더라고요. 불편하지는 않나요?

A: 어렸을 때부터 살아서 익숙해요. 집 주변에 유명한 곳 있나요?

B: 청와대도 있고, 경복궁도 가까워요.

A: 아참, 서울농학교도 근처에 있던 것 같던데요.

B: 예 맞아요. 제가 그 학교 졸업했어요.

A: 언제부터 옥인동에 살았나요?

B: 어렸을 때는 인천에 살았어요. 그래서 통학했어요.
경복궁역에 내려서 한참을 걸어가야 했어요.

A: 그렇군요. 학교가 먼데 통학하느라 힘들었겠네요.

B: 그래서 중학교 1학년 때부터는 기숙사에서 지냈어요.
대학교 때 옥인동으로 왔어요.

Step 3 문법&표현

1. 사는 곳 묻기

상대방에게 어디에 사느냐고 물어볼 때는 〈어느+곳+살다〉보다는 〈집+어느+곳〉이라고 합니다. 〈어느〉와 〈곳〉을 한 단어처럼 빠르게 연이어 합니다. 이때 상대방에게 질문하는 얼굴 표정을 짓습니다.

집이 어디세요?

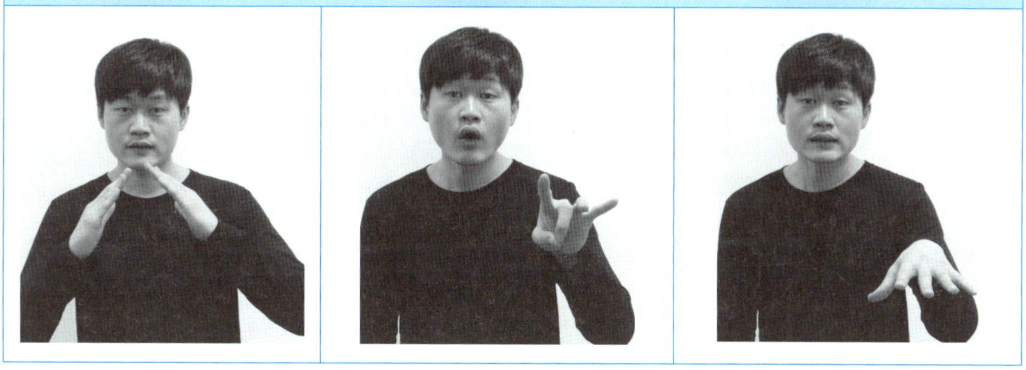

2. 한참을 걸어가다

'한참을 걸어가다'에서 '꽤 오랫동안'이라는 부사를 〈오래+걷다〉로 표현할 수도 있지만 〈걷다〉의 1, 2지를 천천히 그리고 반복적으로 움직여서 오래 걷는 모습을 표현할 수도 있습니다. 수어에서 동작의 반복은 지속되는 상태를 나타냅니다. 〈걷다〉다음에 〈멀다〉를 넣어주면 의미가 더욱 확실해집니다.

한참을 걸어가다.

3. 중학교 1학년 때부터 기숙사에서 지냈어요.

'중학교 1학년 때부터 기숙사에서 지냈어요'는 〈중학교 1학년+부터+기숙사+살다〉 혹은 〈중학교 1학년+부터+기숙사+자라왔다〉로 표현합니다. 〈자라왔다〉는 중학교 1학년 때부터 어느 시점까지 쭉 기숙사에서 자라왔다(지내왔다)는 것을 표현한 것으로, 한손을 펴서 자신의 몸 앞에서 위로 천천히 올립니다. 이때 오랜 시간이라는 의미를 표현하기 위해 양쪽 볼을 부풀리고 동작을 천천히 합니다.

중학교 1학년 때부터 기숙사에서 지냈어요.

4. 서울 지명

서울, 부산, 대구, 속초 등 전국의 각 지명을 위한 단어가 있습니다. 〈종로〉하면 떠오르는 것이 보신각종일 것입니다. 그래서 종로는 '종'으로 표현합니다. 〈경복궁〉은 〈복(행복)+궁〉으로 합니다. 〈신촌〉은 왼손 손바닥 위에 '촌'의 초성 자음 ㅊ을 취한 오른손 손끝을 접촉합니다.

(1) 지명 단어를 모를 때는 어떻게 하나요?

대화를 나눌 때 지명 단어를 모르면 지문자로 쓰면 됩니다. 그러나 지명 단어를 알아두면 지문자를 쓰는 번거로움 없이 훨씬 빠르고 간결하게 대화를 이어갈 수 있습니다.

(2) 농인들은 모두 지명 단어를 아나요?

농인들도 모든 지명 단어를 아는 것은 아닙니다. 물론 서울, 부산, 대구, 대전 등 대도시의 지명이나 예전부터 사용되어 온 지명은 잘 압니다. 그러나 중소도시의 지명, 새로 생겨난 지명, 자신에게 익숙하지 않은 지명을 모두 알지는 못합니다. 농인들은 대화를 나누면서 자신이 몰랐던 지명을 새롭게 알게 되고 이때 중간 역할을 하는 것이 지문자입니다. 대표적인 서울 지명 단어를 살펴볼까요?

(3) 서울 지명 단어

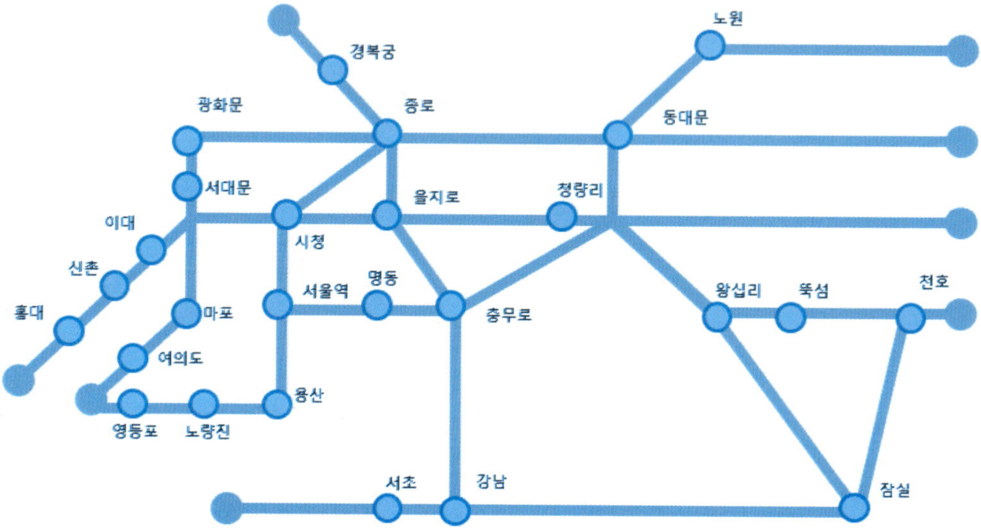

<table>
<tr><th>강남</th><th colspan="2">광화문</th></tr>
<tr><td>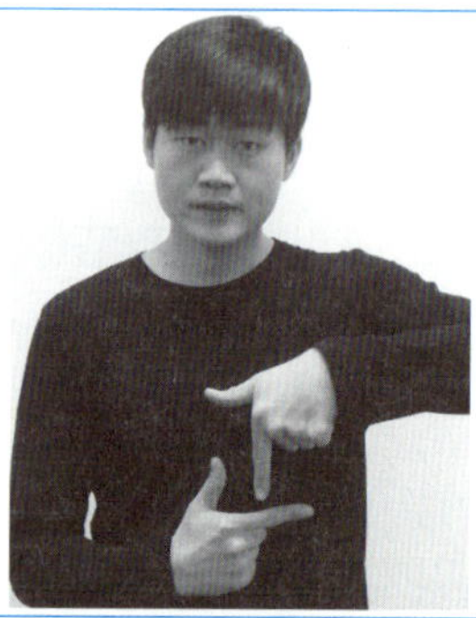</td><td>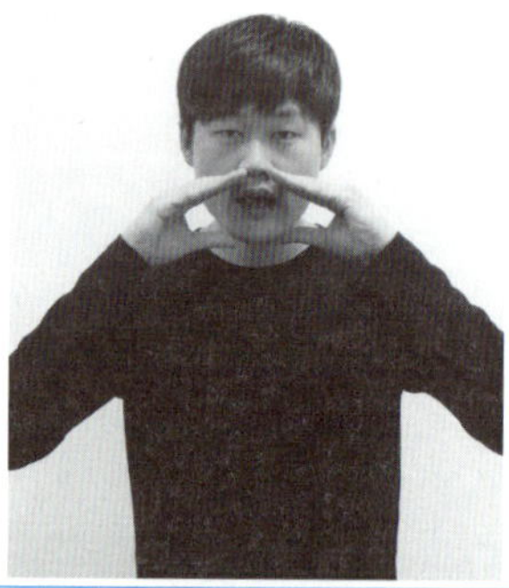</td><td>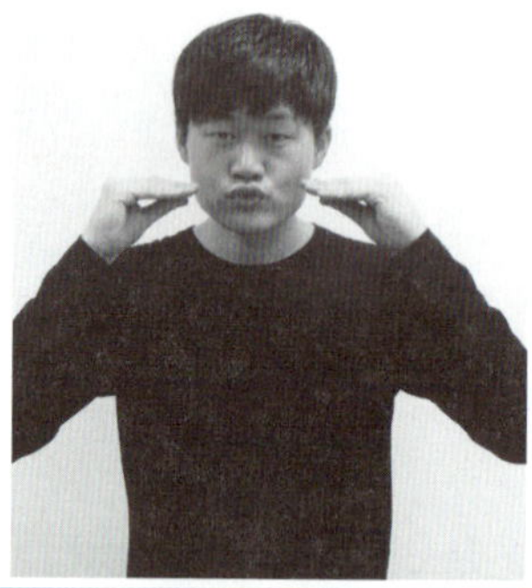</td></tr>
<tr><th colspan="3">노량진</th></tr>
<tr><td>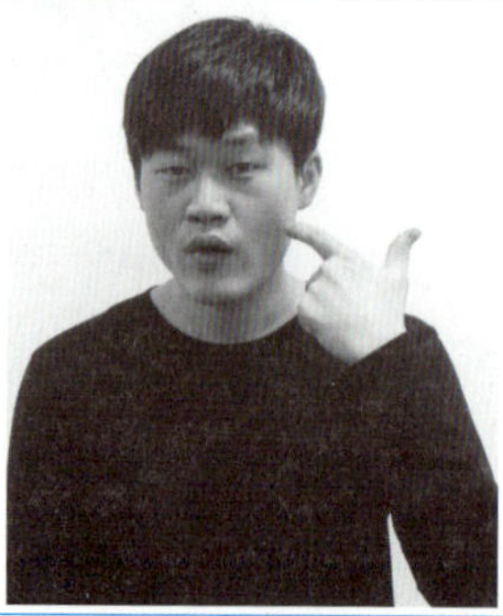</td><td>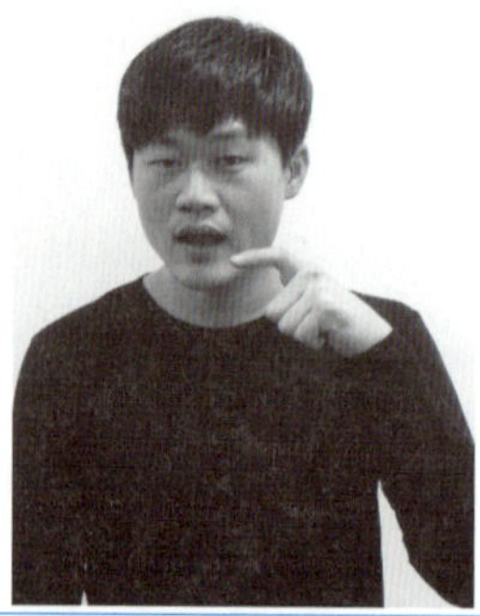</td><td>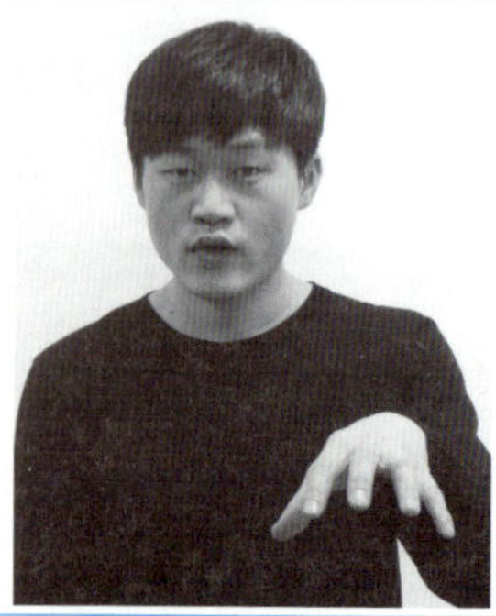</td></tr>
</table>

노원	뚝섬
	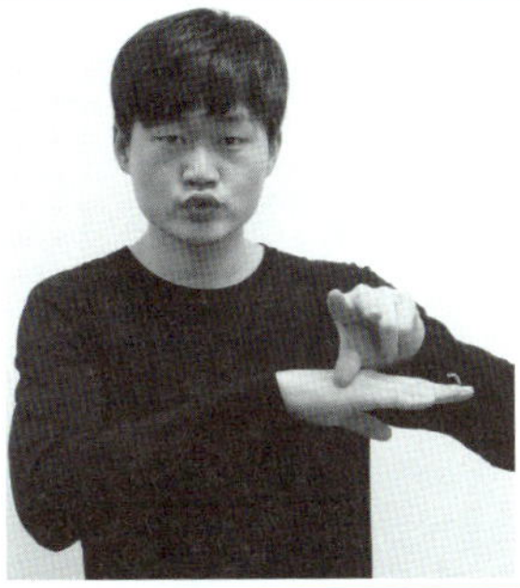

동대문

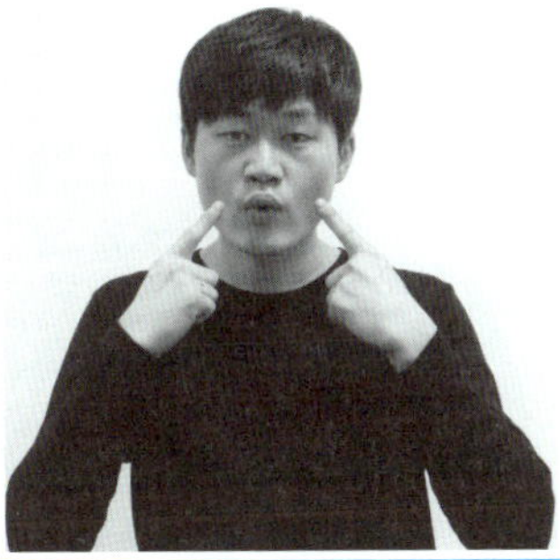
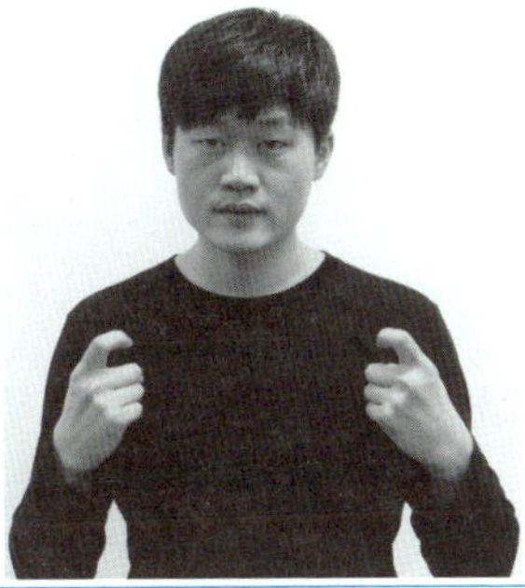

마포

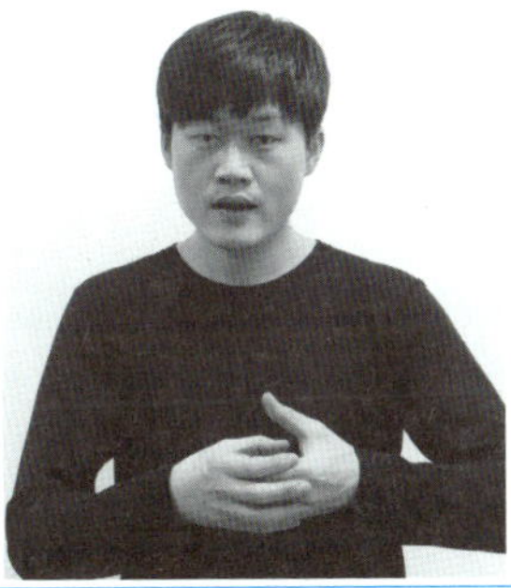
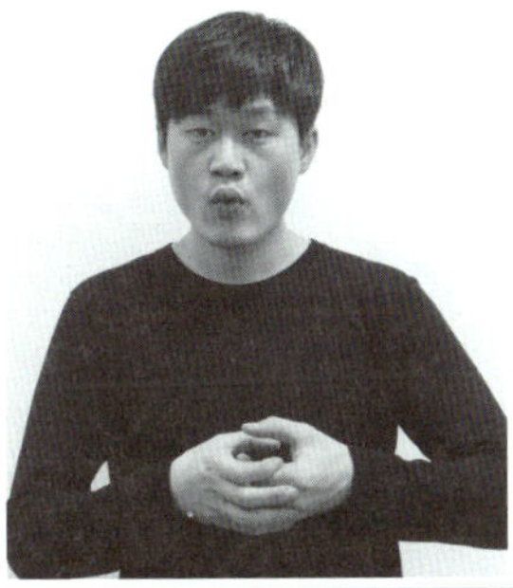

서대문

서초

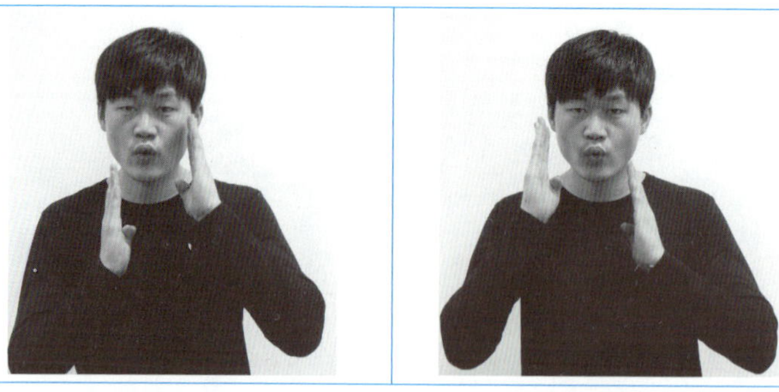

여의도

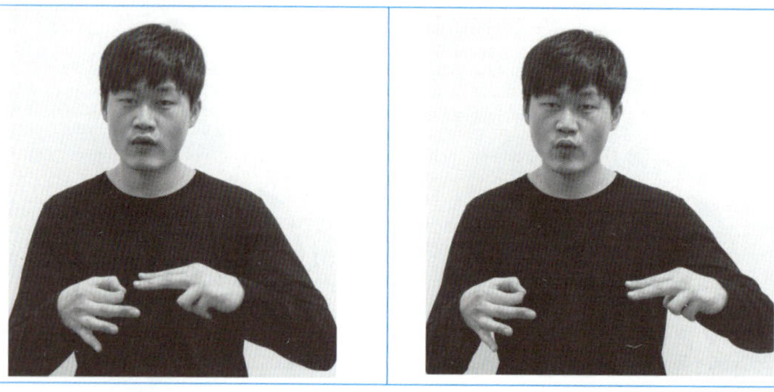

시청

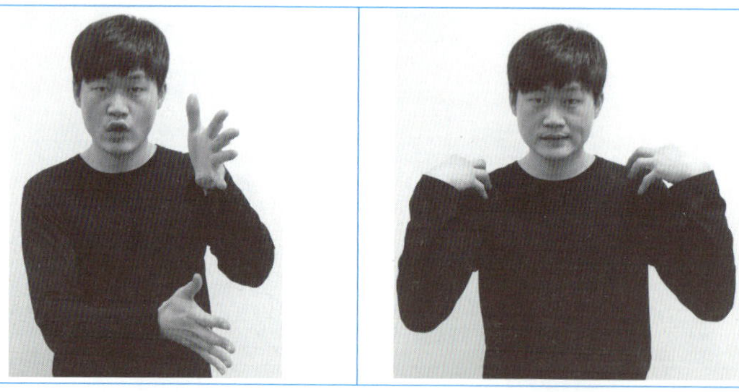

용산

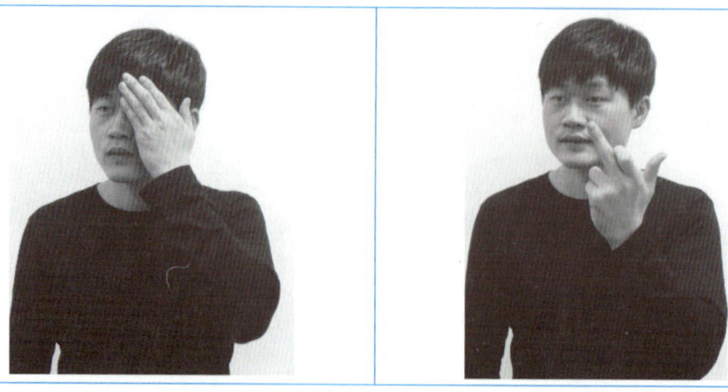

이대

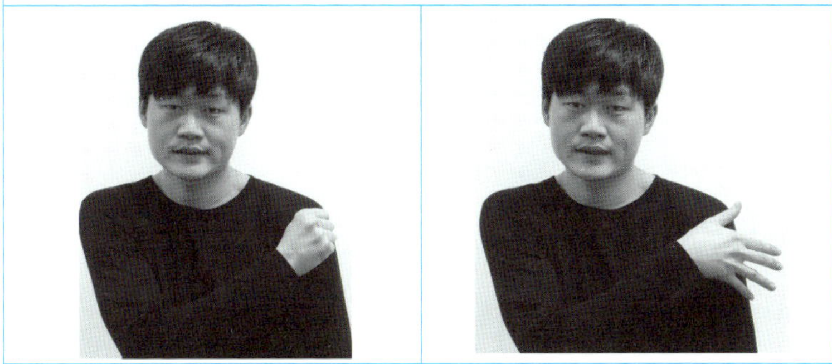

청량리

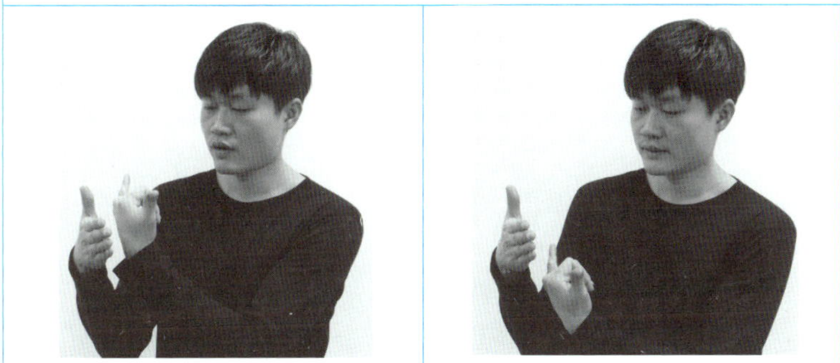

왕십리

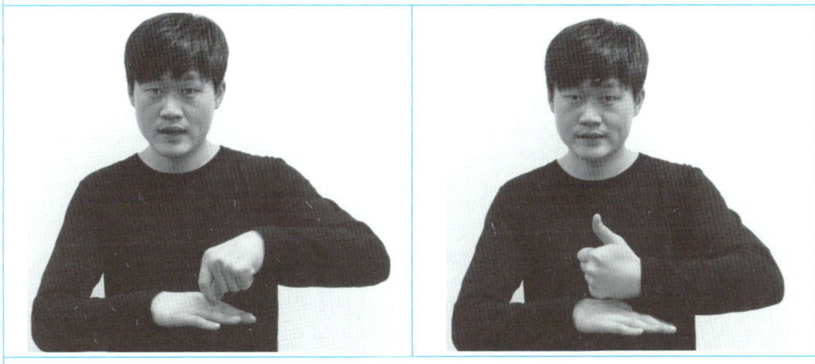

홍대

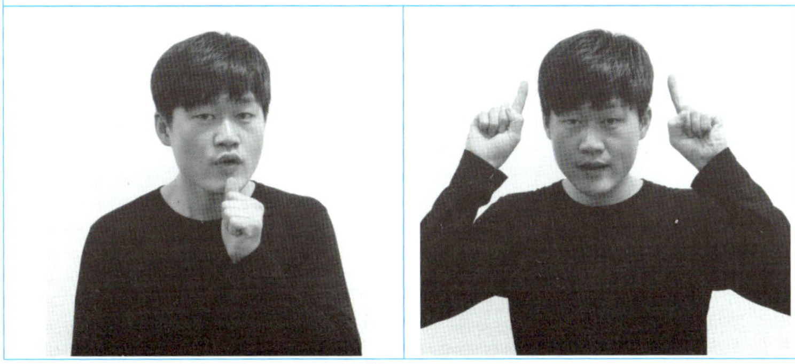

을지로	명동
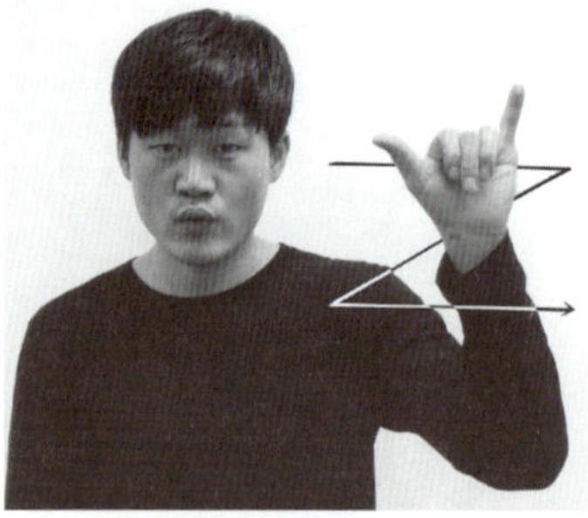	
잠실	**천호**
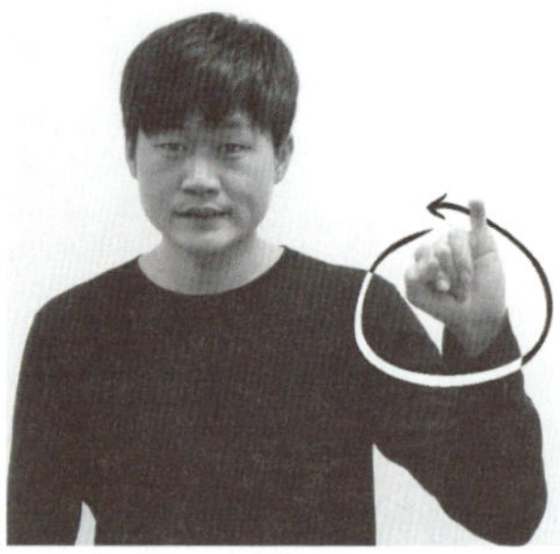	
충무로	**영등포**
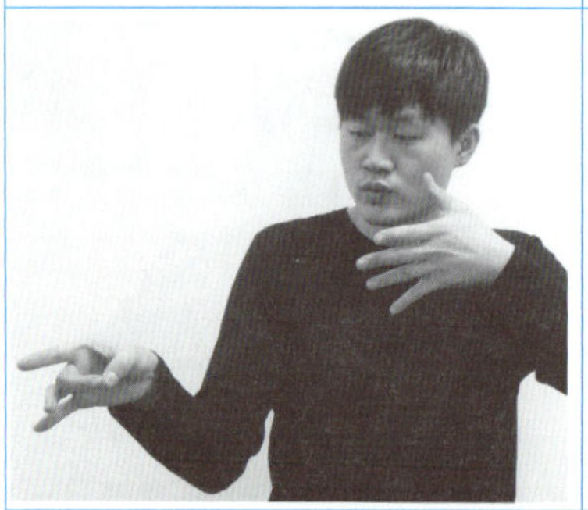	

제 6 강

시간 괜찮아요?

제6강

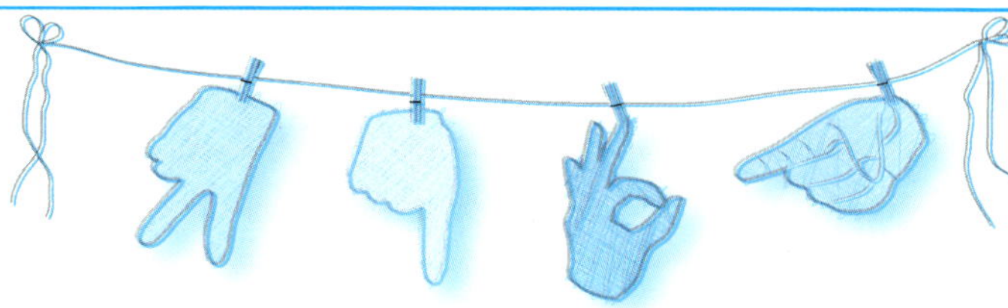

시간 괜찮아요?

시간을 물어보는 표현, 현재· 과거· 미래를 나타내는 시제 표현, 그리고 비수지 신호를 통한 조건문의 실현 특징을 살펴봅시다.

Step 1 오늘의 단어

내일		어제
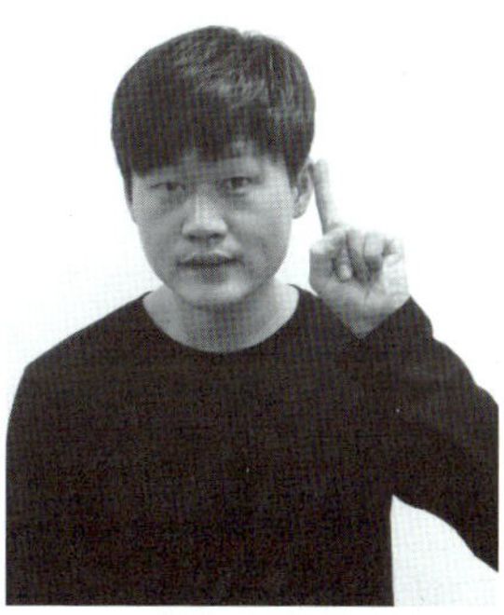	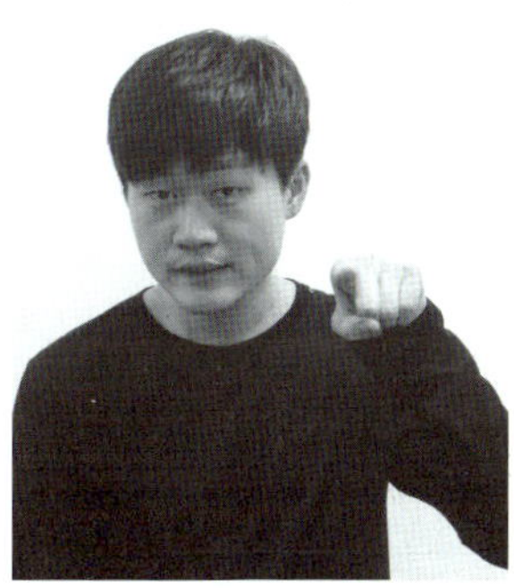	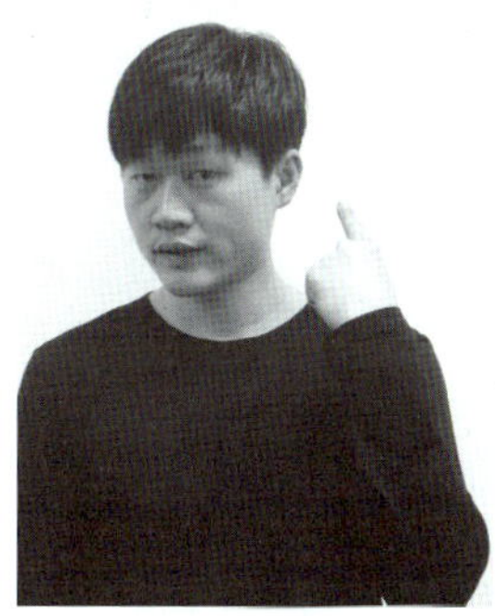

여유	까지
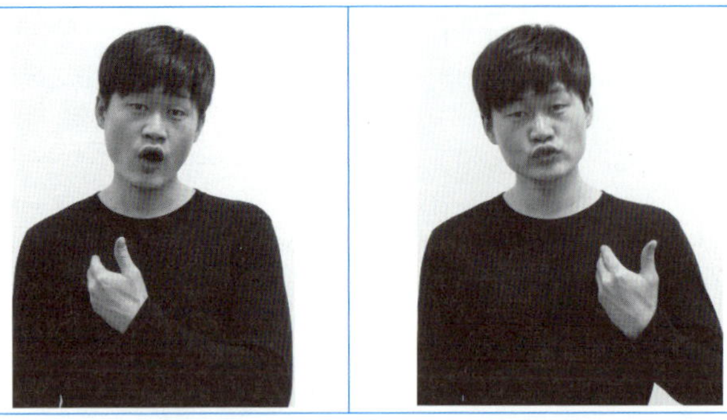	
과제	**약속**
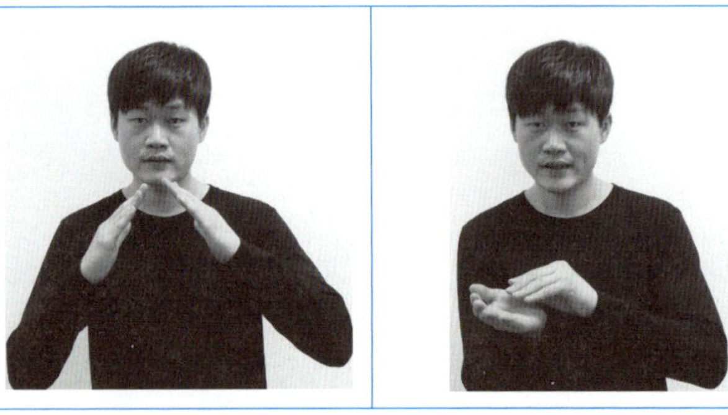	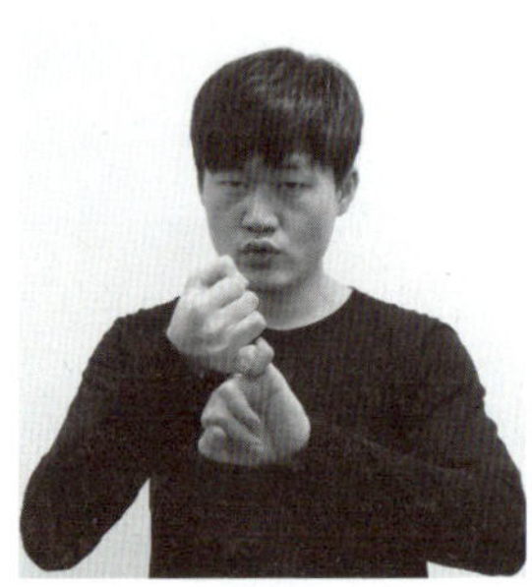
완료	**오후**
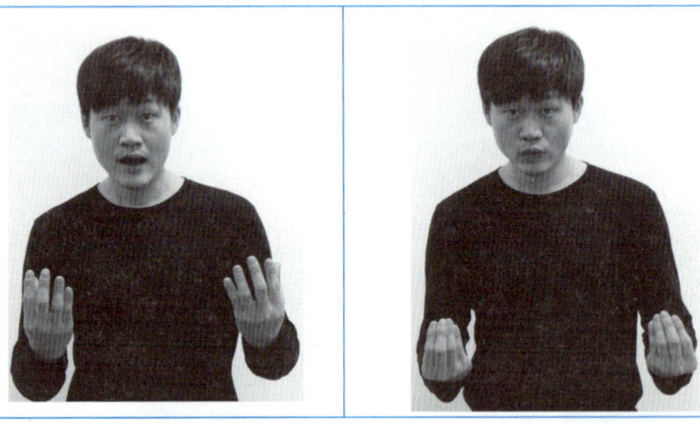	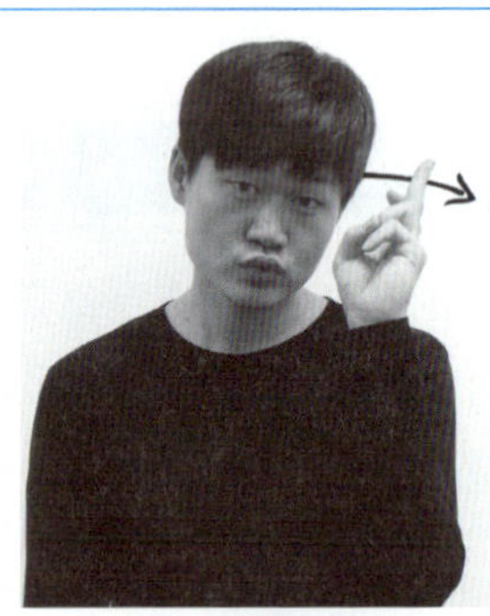
영화	**오전**
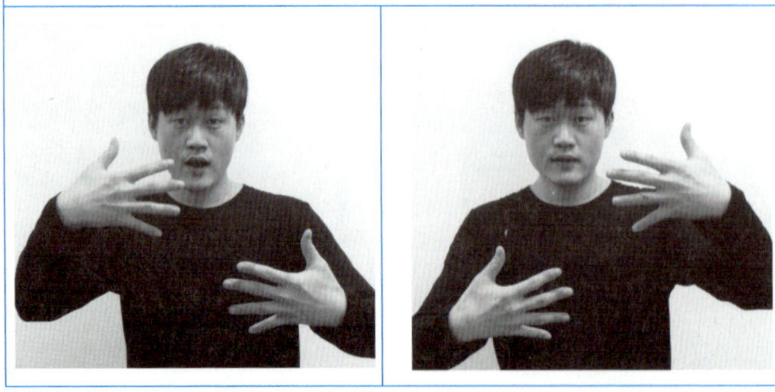	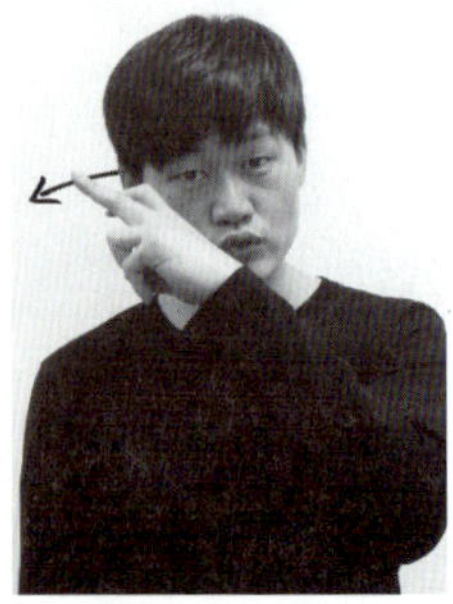

영화관

즐겁다

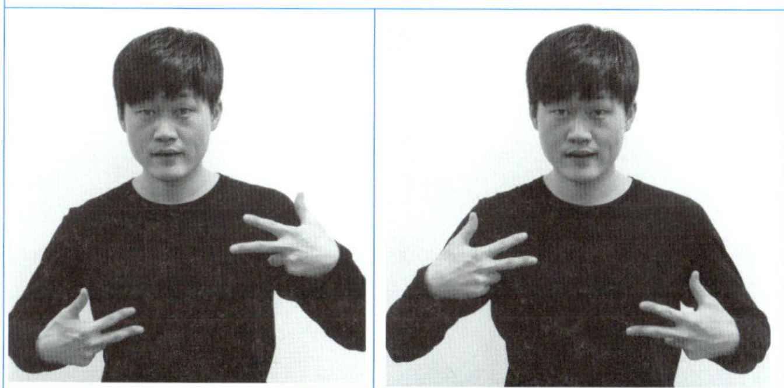

몇 시

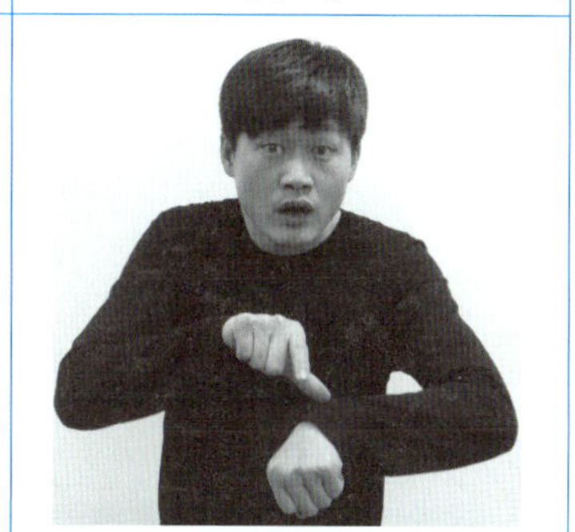

일찍(곧)

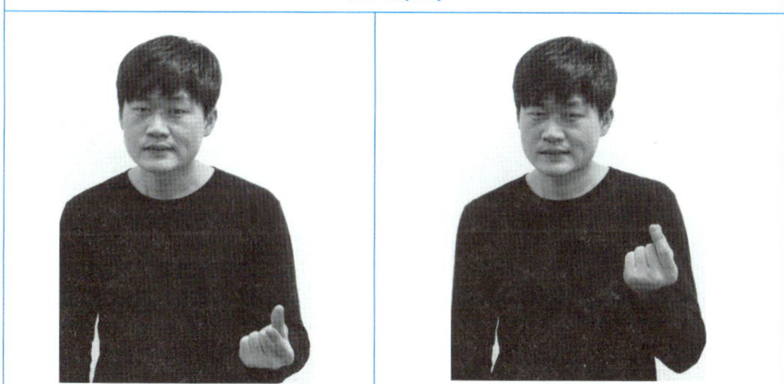

금요일

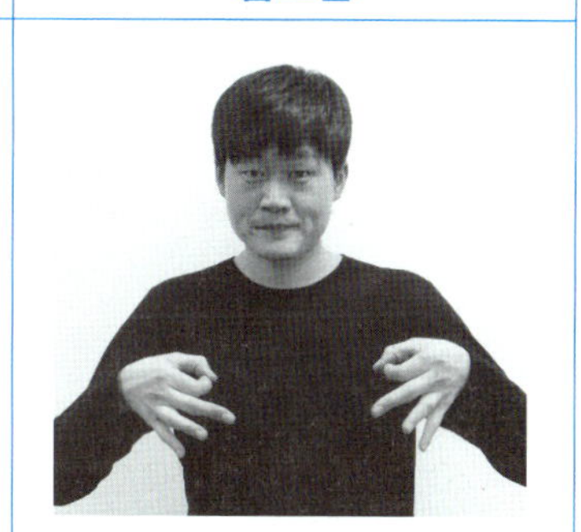

일어나다

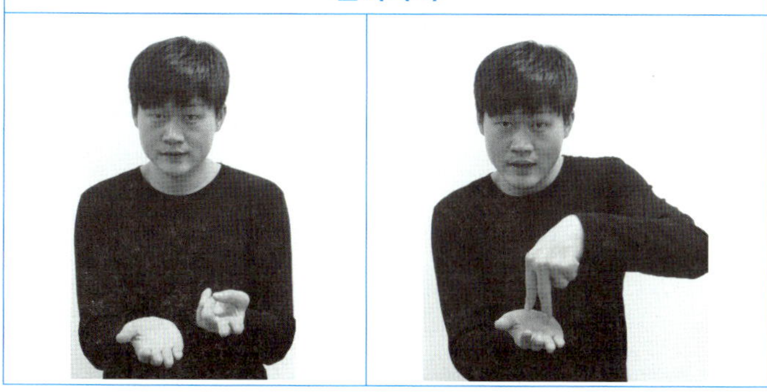

아마(꺼야)

아침		이후
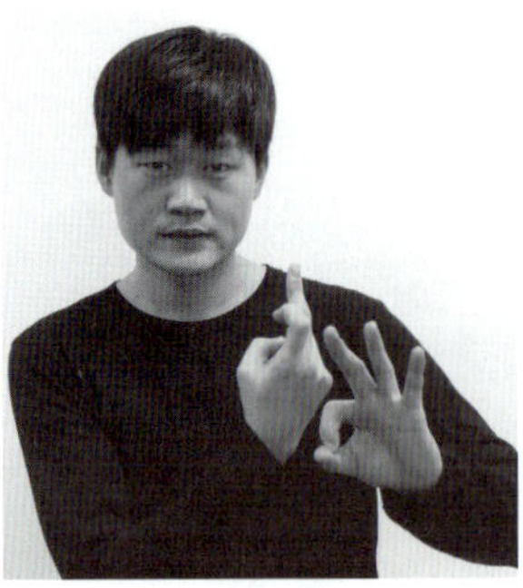	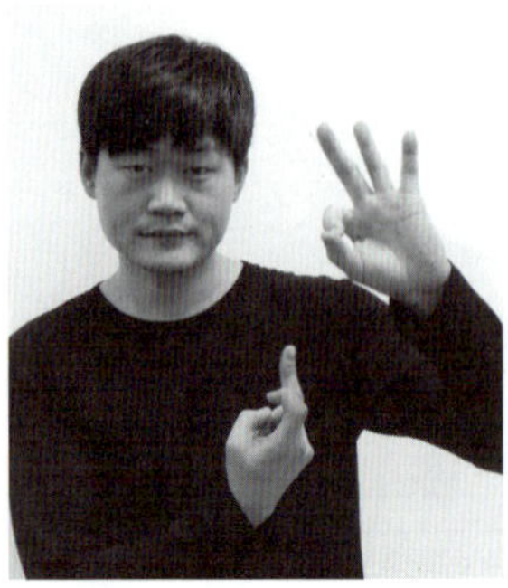	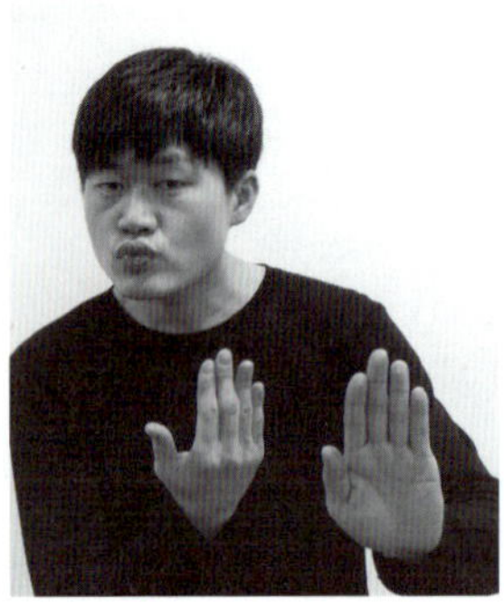
모르다	8시	
	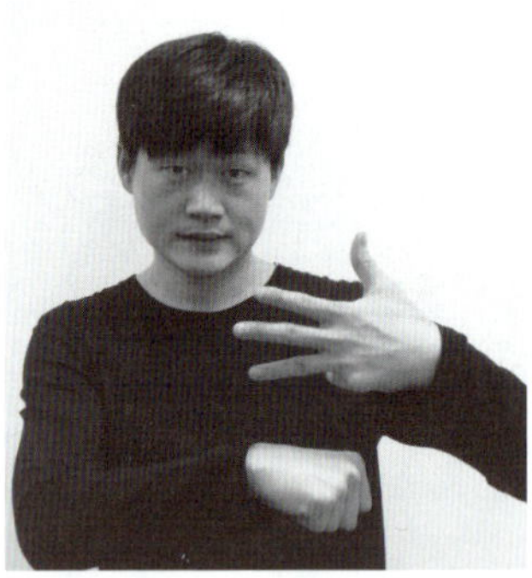	
문자		괜찮다
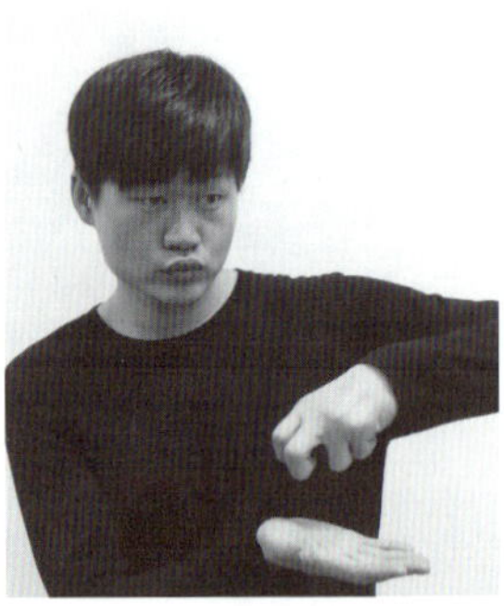		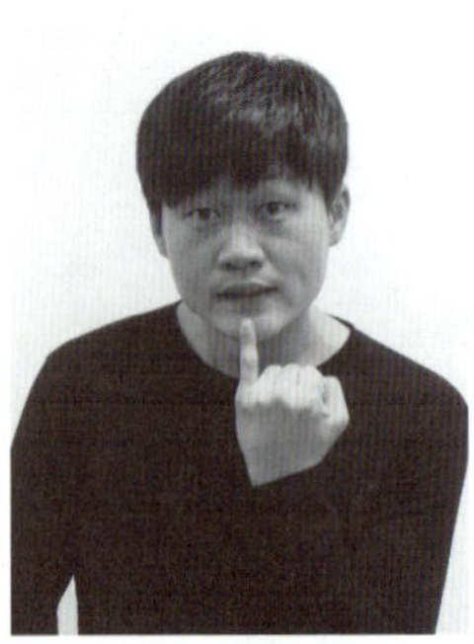

Step 2 대화 연습

A: 내일 약속 있어?
B: 어제까지 과제하느라 바빴고 내일은 여유 있어.
A: 시간 괜찮으면 오후에 영화 보는 게 어때?
B: 내일은 금요일이라 영화관에 사람이 많을 것 같은데.
A: 정말? 조조영화 볼까?
B: 조조영화가 몇 시에 있지?
A: 예전에는 9시 이후에도 있었는데 요즘 보지 않아서 모르겠어.
아마도 8시에 있을 것 같아.
B: 그렇게나 빨리? 아침에 일어나기 힘들 것 같은데…
A: 나도 마찬가지야.
오랜만에 아침 일찍 일어나서 영화도 보고 즐거운 시간 보내자.
B: 알았어! 일어나면 문자할게.

Step 3 문법&표현

1. 시간 OK?

상대방이 '영화 보는 게 어때?'라고 제안할 때 〈영화+가능하다〉라고 물어봅니다. 이때 상대에게 물어보는 얼굴 표정도 함께 합니다. '내일은 여유 있어'는 〈(내일+시간)+OK〉로 표현합니다. 〈OK〉는 한손 혹은 양손으로 하는데 농인들의 대화에서 상대의 말에 긍정적으로 답할 때 흔히 사용합니다.

A: 영화 보는 게 어때?

B: 내일은 여유 있어.

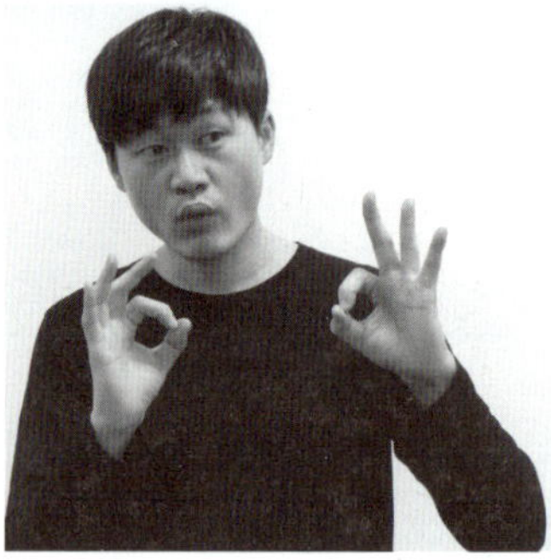

2. 시간 표현법

한국어에서는 동사 '만나다'에 '-ㅆ, -었', '-겠'과 같은 과거와 미래를 나타내는 굴절 형태소를 결합시켜 '만났다'와 '만나겠다'라는 과거 시제와 미래 시제를 표현합니다. 이와 달리 한국수어는 동사에 시제를 표현하지 않습니다. 한국수어에서는 〈어제〉, 〈오늘〉, 〈내일〉과 같은 시간부사로 과거 · 현재 · 미래 시제를 표현합니다. 다음 세 문장을 비교해 볼까요? 세 문장은 문장 앞에 있는 시간부사만 다르고 나머지 요소들은 동일합니다. 괄호 안의 단어를 추가하기도 합니다.

어제 친구를 만났다. 〈어제+친구+만나다〉+(〈완료〉 혹은 〈끝〉)

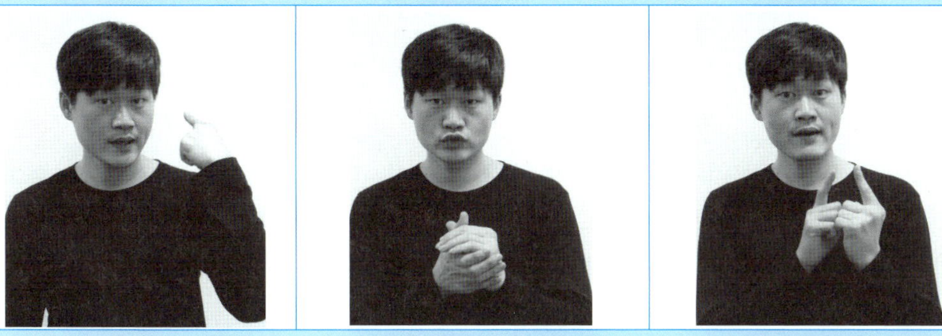

오늘 친구를 만난다. 〈오늘+친구+만나다〉

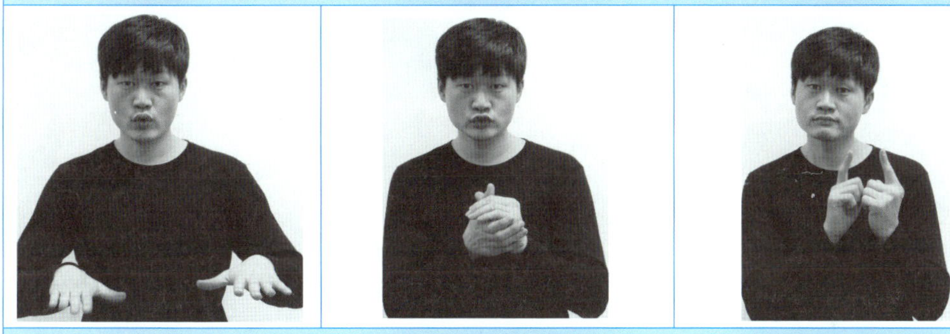

내일 친구를 만난다. 〈내일+친구+만나다〉+(〈꺼야〉)

3. 조건문

〈시간+괜찮다+-면〉처럼 조건의 의미를 가진 연결어미 '-면'에 대응하는 〈-면〉을 사용할 수 있습니다. 그러나 〈-면〉 대신에 〈시간+괜찮다〉 다음에 잠시 정지한 다음 뒤의 문장을 이어가면 조건의 의미가 됩니다. 정지할 때 고개를 약간 숙이고 눈을 크게 뜨고 상대방을 응시하면 조건의 의미가 더욱 확실해집니다.

비가 오면 소풍은 취소됩니다.

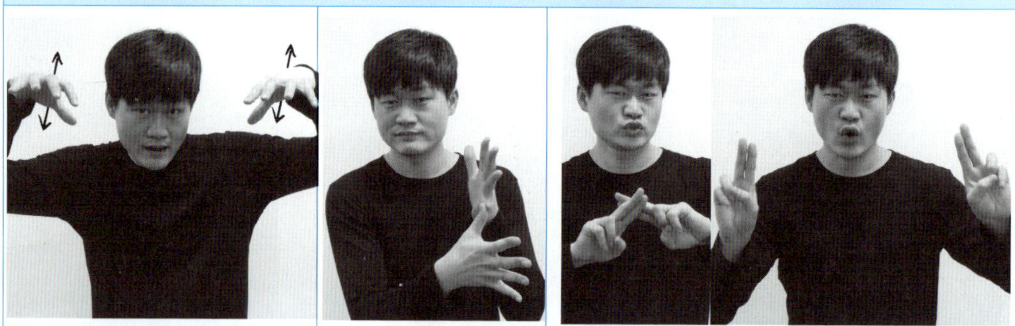

철수가 오면 연락 주세요.

4. -것 같다

〈-것 같다〉는 추측이나 불확실한 단정을 나타내는 말입니다. '사람이 많을 것 같은데', '힘들 것 같은데'가 포함된 문장에서 〈같다〉로 표현합니다. 두 손을 자신의 몸 앞에 나란히 위치하여 1지와 5지를 붙였다 뗐다를 반복합니다.

시간이 없어서 못 갈 것 같다. ○

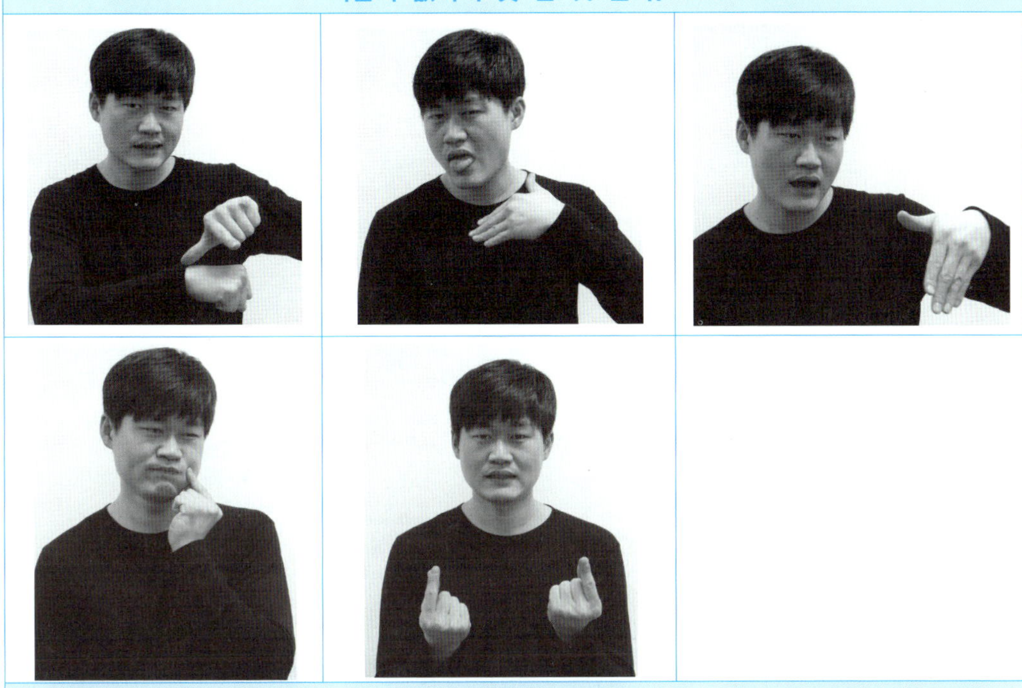

어젯밤에 비가 온 것 같다. ○

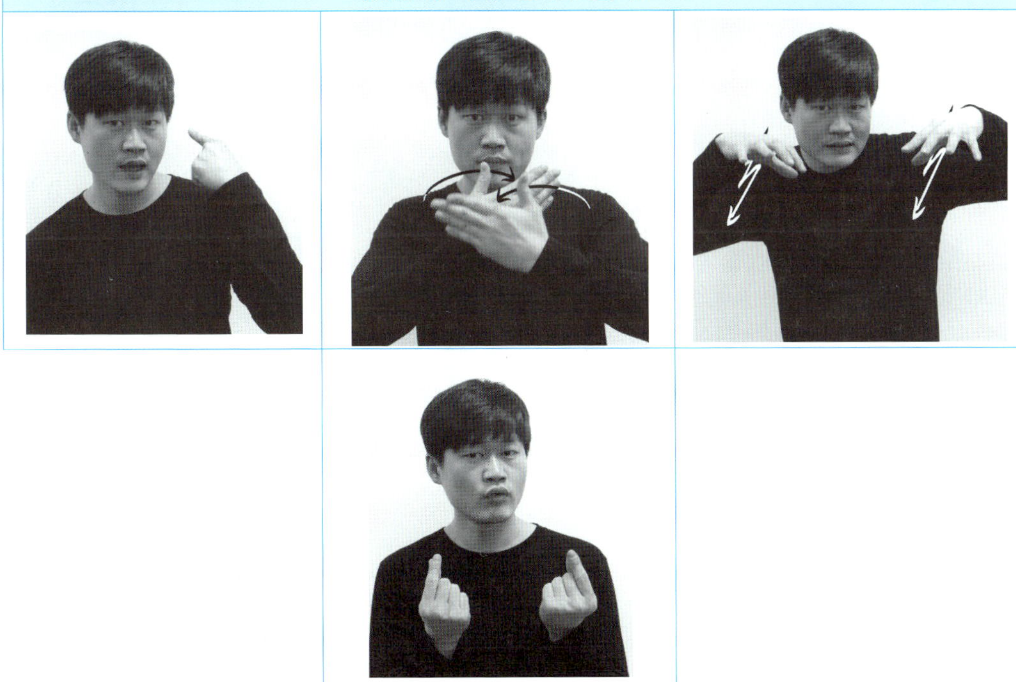

💡 '곧 비가 올 것 같다'는 위 문장과 다르게 표현할 수 있습니다. 비가 올 것 같다는 느낌을 표현하는 것으로 〈비+오다〉에서 〈오다〉를 짧은 움직임으로 반복합니다. 이러한 움직임은 미래에 일어날 사건을 이야기 할 때만 사용이 가능합니다. '어젯밤에 비가 온 것 같다'에서처럼 과거의 사건을 이야기할 때는 사용할 수 없습니다.

곧 비가 올 것 같다. ○

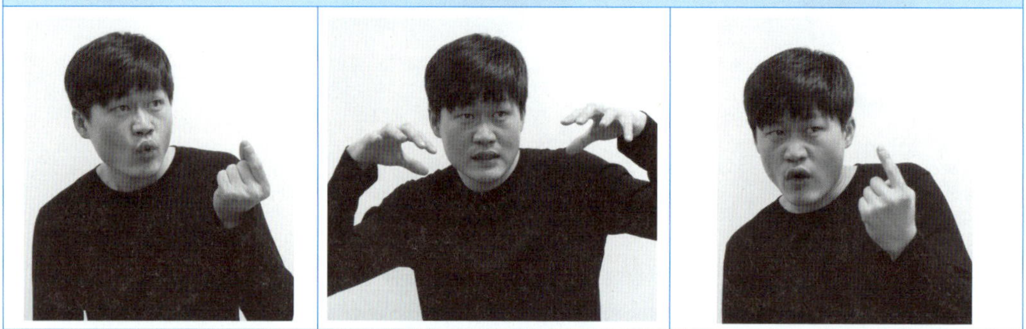

어젯밤에 비가 온 것 같다. ×

5. 마찬가지야

'마찬가지야'는 나도 일어나기 힘들고 상대도 일어나기 힘들다는 의미입니다. 따라서 〈같다〉를 자신의 몸 가까운 곳과 대화 상대방과 가까운 곳에서 합니다. 〈-것 같다〉에서 두 손을 나란히 위치시킨 것과는 다릅니다. 또 다른 예로, '우리는 고향이 같다'라는 문장에서 '우리'는 말하는 사람과 대화 상대방을 의미합니다. 〈우리+고향+같다〉보다는 대화 상대방을 직접 지시하면서 〈둘+고향+같다〉라고 하는 것이 더 자연스럽습니다. 〈둘〉은 오른손 1, 2지만 펴서 상대의 위치→나의 위치→상대의 위치로 이동합니다. '나도 네 생각과 같아' 문장은 상대의 말에 나도 동감한다는 것으로 두 손을 자신과 상대방의 위치에 두고 〈같다〉를 합니다.

우리는 고향이 같다.

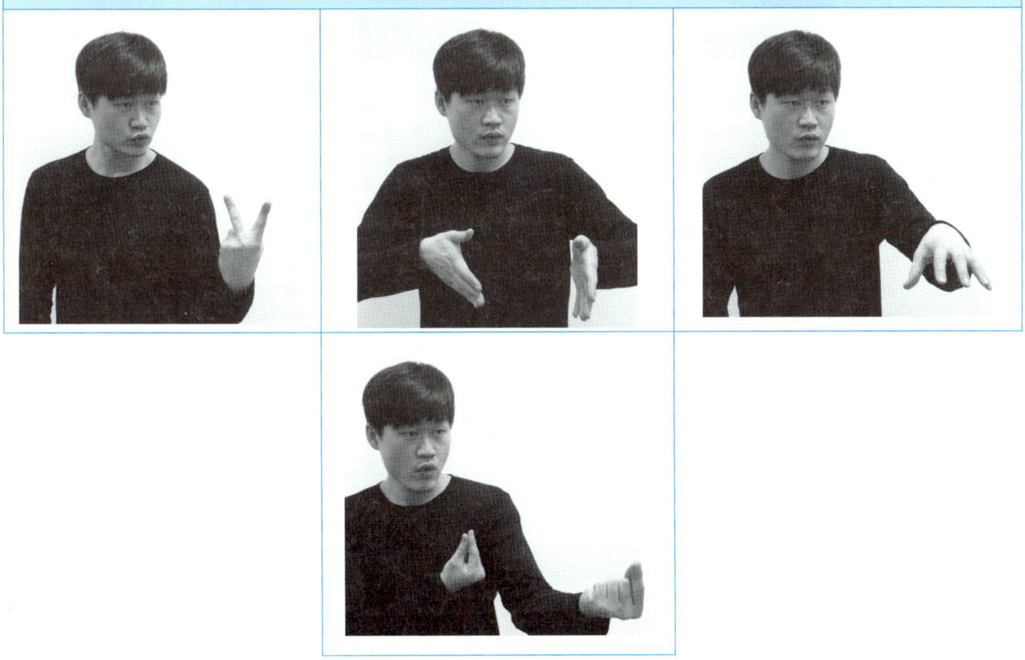

나도 네 생각과 같아. (네 말에 동감해)	
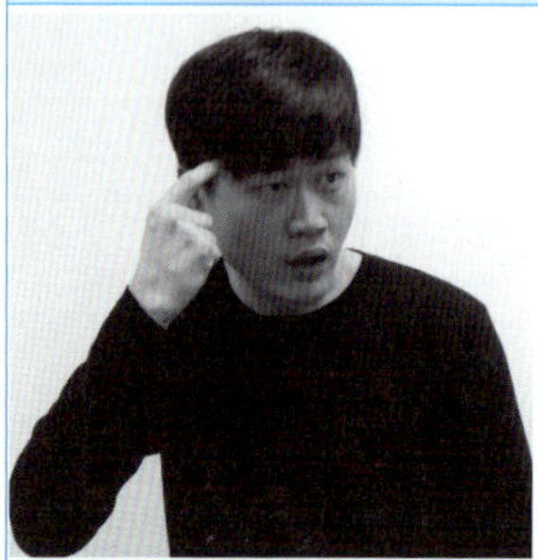	
같이 가자.	

6. 조조영화

〈조조영화〉는 단어로 굳어진 형태는 없지만 보통 〈아침+첫 번째+영화〉라고 합니다.

조조 영화		
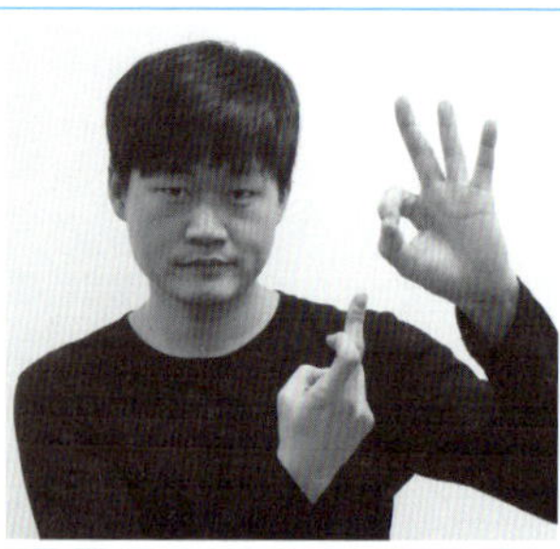	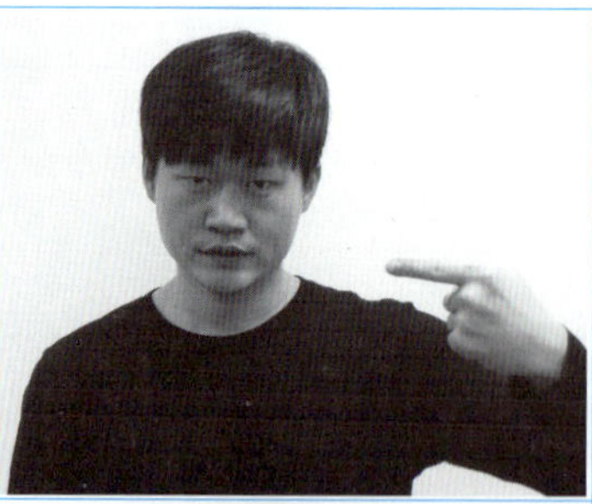	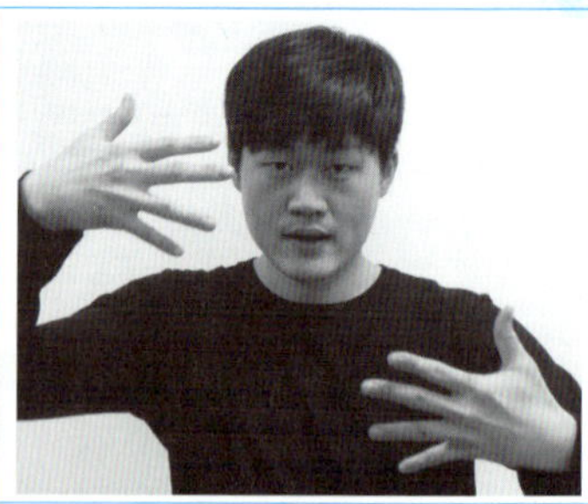
	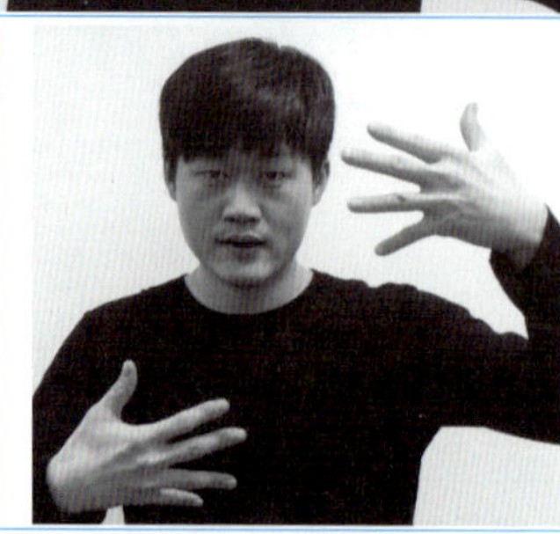	

제 7 강

당신을 초대하고 싶어요

제 7 강

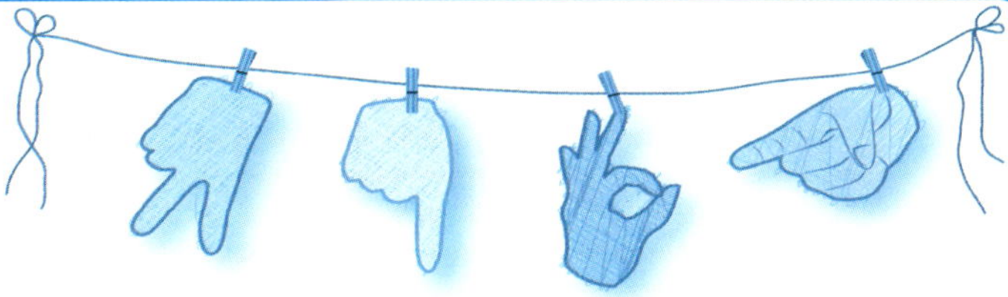

당신을 초대하고 싶어요

한국수어는 누구, 무엇, 어디, 언제, 어떻게, 왜라는 의문사를 사용하여 의문문을 만듭니다. 얼굴 표정만으로도 의문문과 평서문을 구별할 수 있습니다.

Step 1 오늘의 단어

이번주		초대
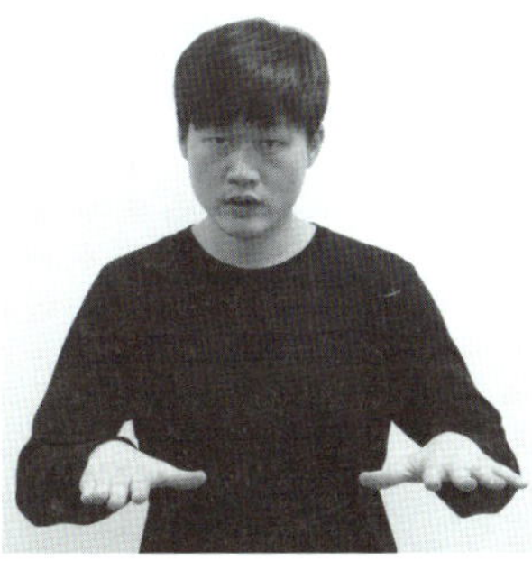	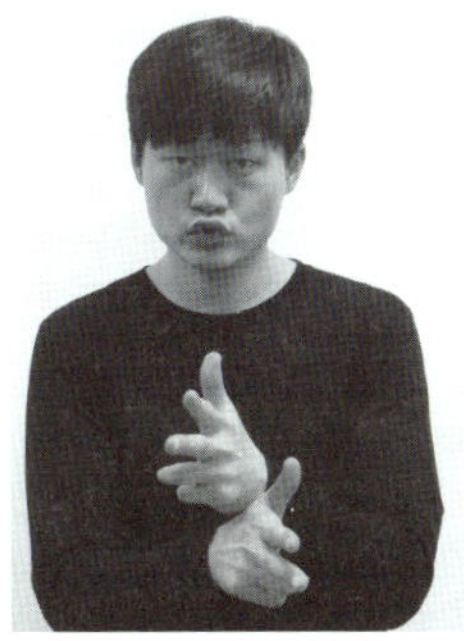	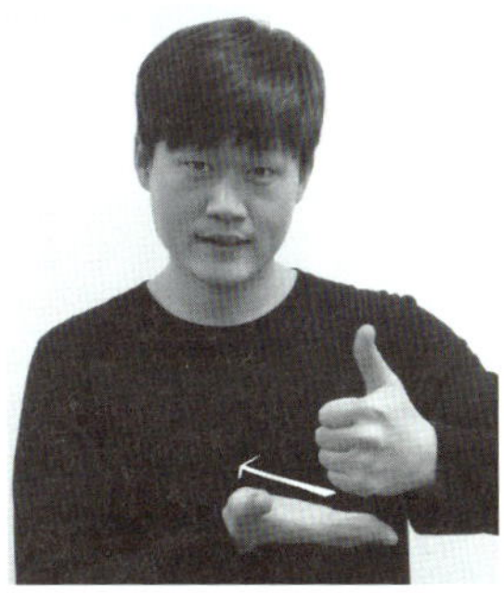

목요일	원하다
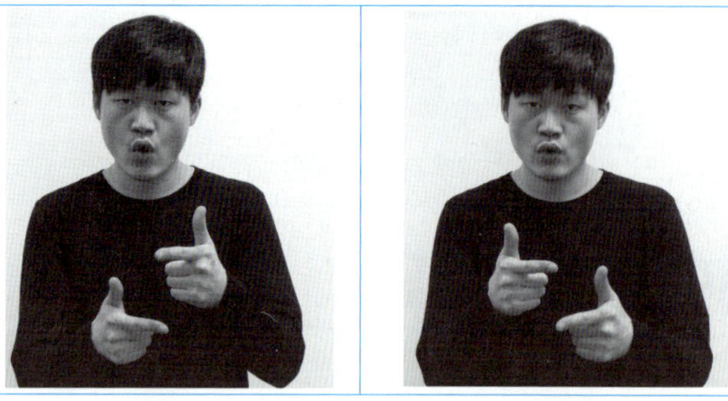	
생일	**수업**
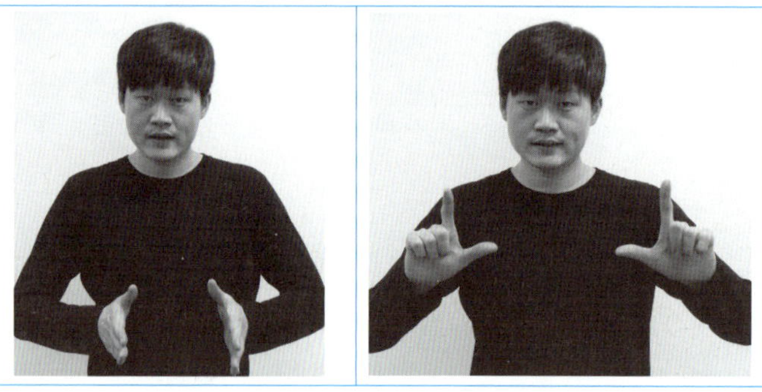	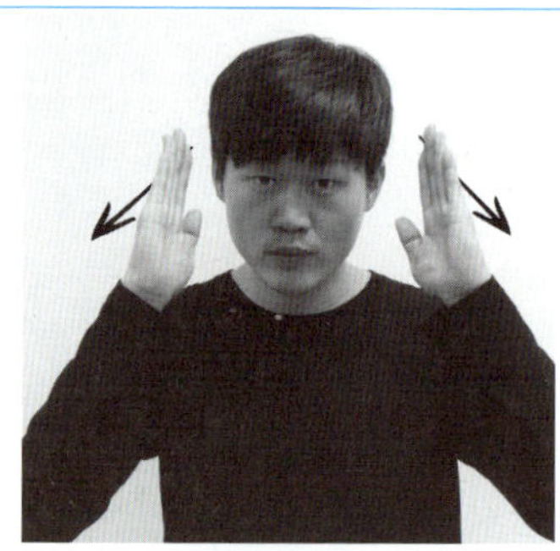
쉽다	**지각(늦다)**
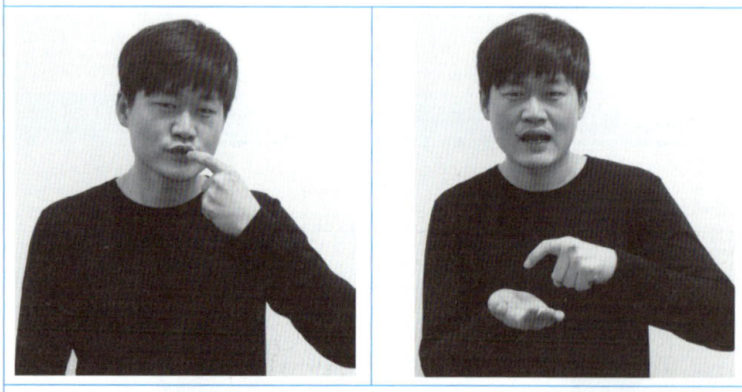	

축하하다

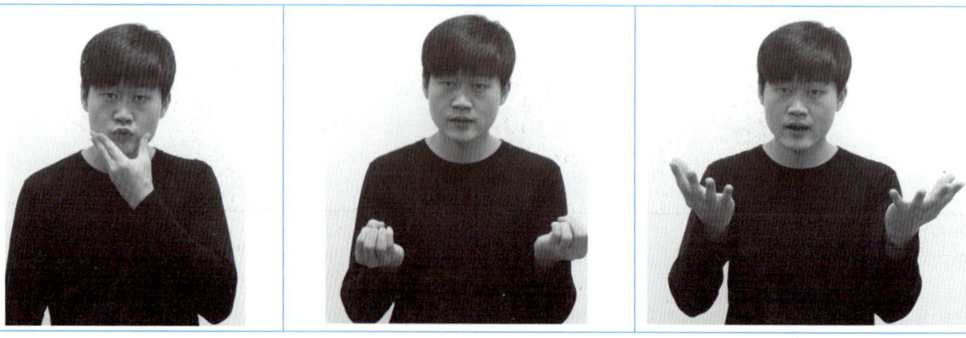

찾다

아파트

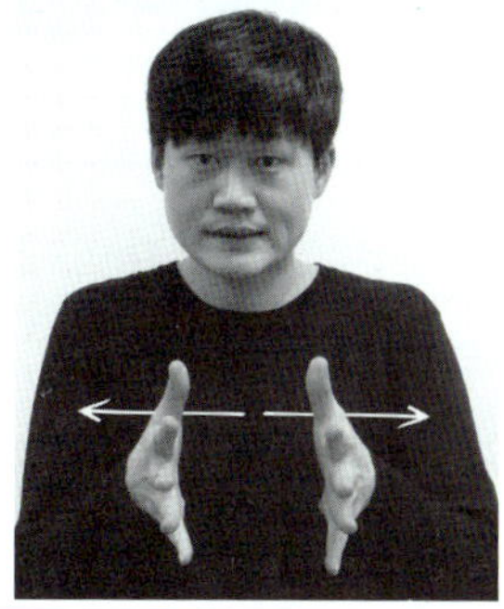

-적 있다

-적 없다

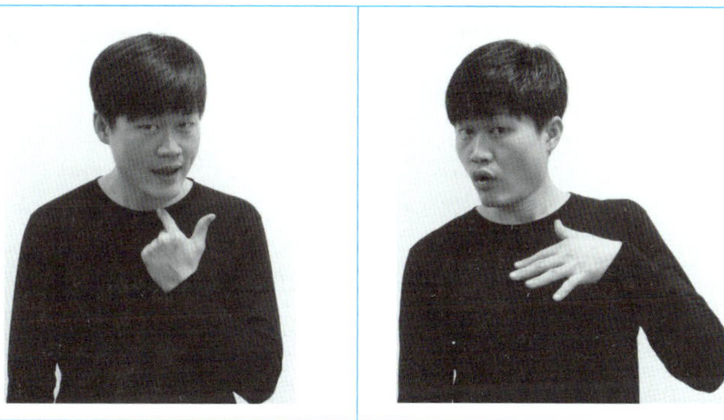

출발

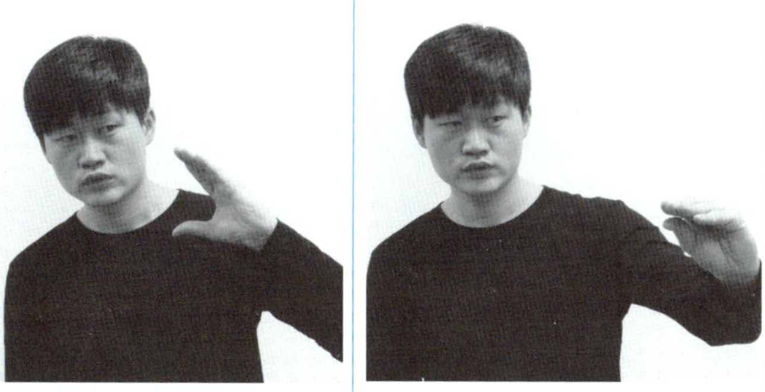

가능하다

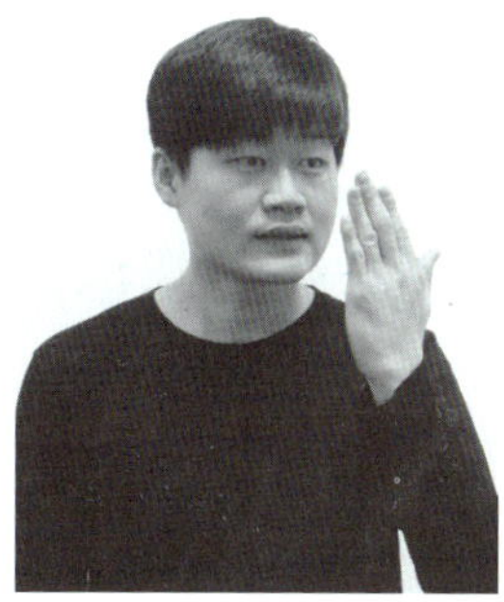

Step 2 대화 연습

A: 이번 주 목요일에 시간 있니?
B: 목요일이라면 3월 12일이네. 무슨 일 있어?
A: 내 생일이야. 우리 집에 초대하고 싶어.
B: 정말? 나도 네 생일을 축하해 주고 싶어.
A: 언제 수업 끝나니?
B: 오후 1시부터 4시까지 수업이 있어. 4시 30분에는 출발할 수 있어.
A: 7시까지 우리 집으로 와.
B: 집이 어디지?
A: 응, 태욱이가 온 적 있어. 태욱이와 함께 와.
그리고 아파트니깐 찾기 쉬울 거야.
B: 알았어. 늦지 않게 갈게.

Step 3 문법&표현

1. 의문사: 누구, 무엇, 어디, 언제, 왜

수어에서 사람, 사물, 장소, 시간, 방법에 대해 묻는 누구, 무엇, 어디, 언제, 어떻게, 왜라는 의문사는 문장을 의문문으로 만듭니다. 수어에서 의문사는 대부분 문장 뒤에 위치하며 상대에게 묻는 얼굴 표정을 함께 합니다.

저 사람은 누구입니까? 〈지시+누구〉

이것이 무엇입니까? 〈무엇+지시〉 혹은 〈지시+무엇〉

은행이 어디입니까? 〈은행+어느+곳〉

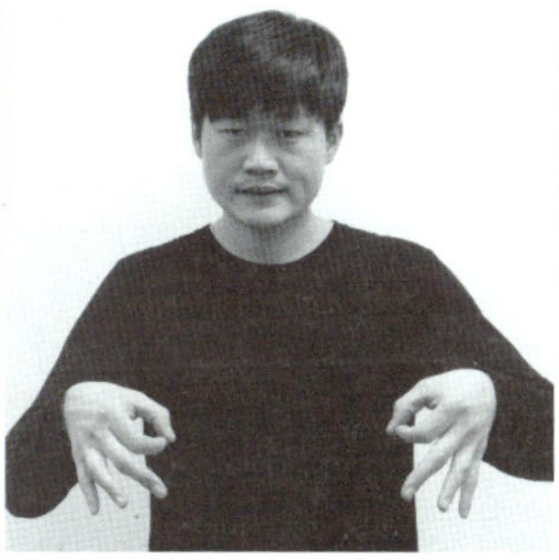

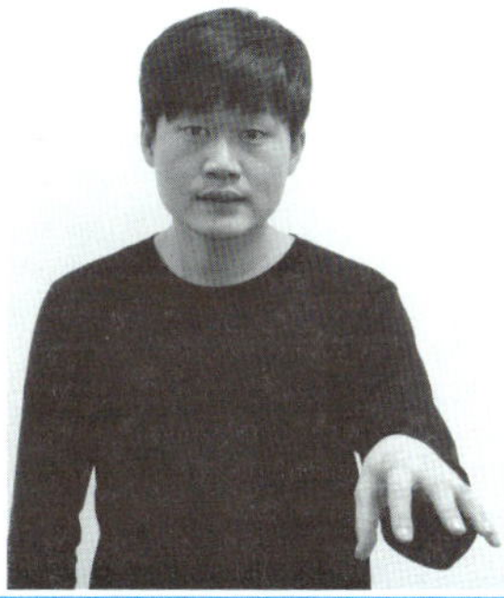

언제 옵니까? 〈오다+언제〉

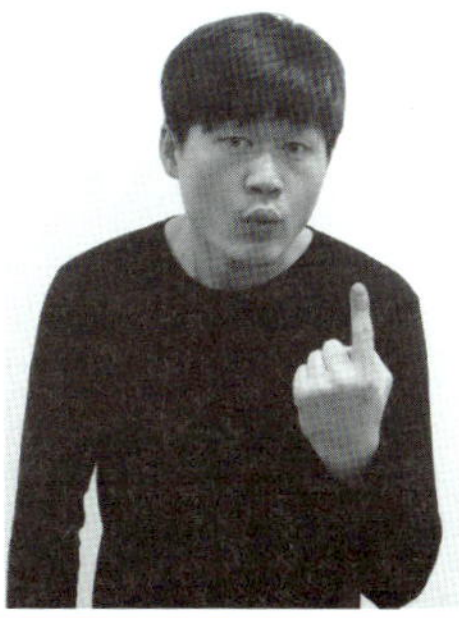
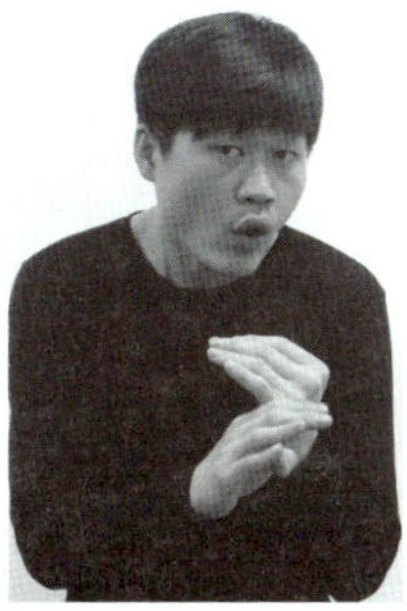

어떻게 만듭니까? 〈만들다+방법〉	
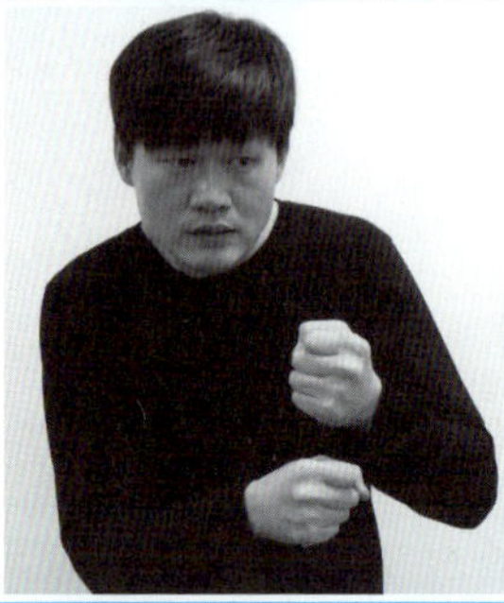	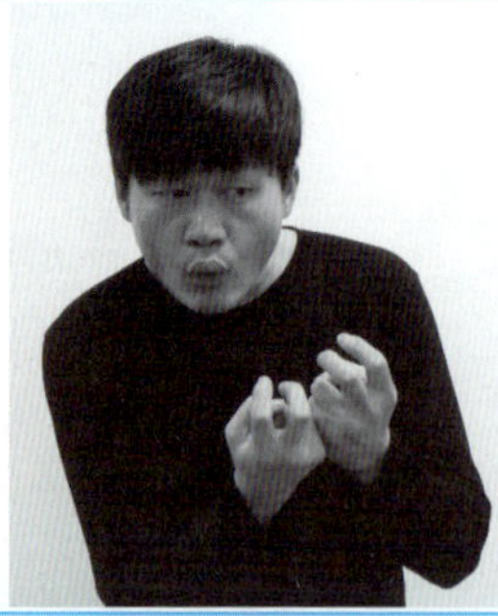
왜 갑니까? 〈가다+왜〉	

2. 비수지 신호

의문사는 얼굴을 앞으로 내밀고 눈을 크게 뜨는 비수지 신호를 동반합니다. 비수지 신호는 음성언어에서 사용하는 억양처럼 수어를 할 때 단어와 함께 동시에 나옵니다. 비수지 신호는 누구, 무엇, 어디, 언제, 어떻게, 왜와 같은 의문사와 함께 나타납니다. 이제 비수지 신호로 평서문과 의문문을 구별해 볼까요?

(1) 의문문과 평서문은 비수지 신호로 구별합니다.

한국어에서 의문문 '노트북 샀어?'는 말끝을 올린다면(↗) 평서문 '노트북 샀어'는 말끝을 내립니다(↙). 한국수어로 한다면 '노트북 샀어?'는 눈썹을 올리고 눈을 크게 뜬다면 '노트북 샀어'는 눈썹 움직임과 눈의 움직임이 없습니다.

노트북 샀어?

노트북 샀어.

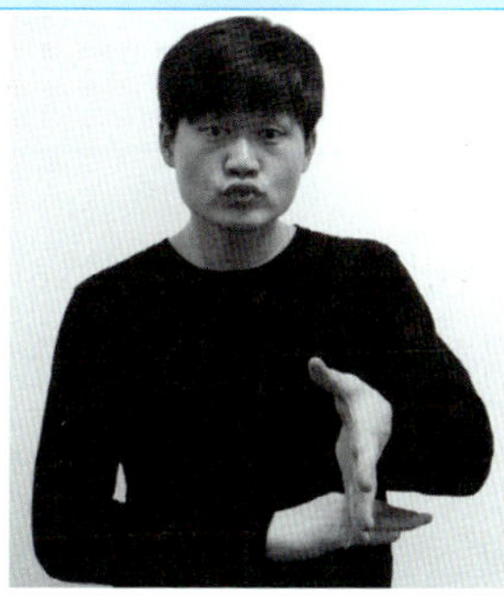

(2) '파'입모양은 행위의 가능함과 끝났음을 나타냅니다.

두 사람의 대화에서 '4시 30분에는 출발할 수 있어'라고 했는데 〈4시 30분+출발+가능하다〉로 간단히 표현하면 됩니다. 〈가능하다〉를 할 때 위아래 입술을 모았다가 갑자기 벌려 '파'와 비슷한 소리를 냅니다. 이러한 '파'입모양은 홀로 표현되기보다 동사와 함께 나와 동사가 지시하는 행위가 가능하다는 의미를 내포합니다. 또한 행위가 끝났음(완료)을 나타냅니다. 예를 들어 '노트북 샀어'라고 말할 때 수어자는 '파'입모양을 동반합니다. 따라서 〈노트북+사다+끝〉처럼 〈끝〉이라는 말을 굳이 하지 않아도 됩니다. 마찬가지로 '동창을 만났어' 문장에서 동사 〈만나다〉에 '파'입모양이 동반합니다.

동창을 만났어. ○

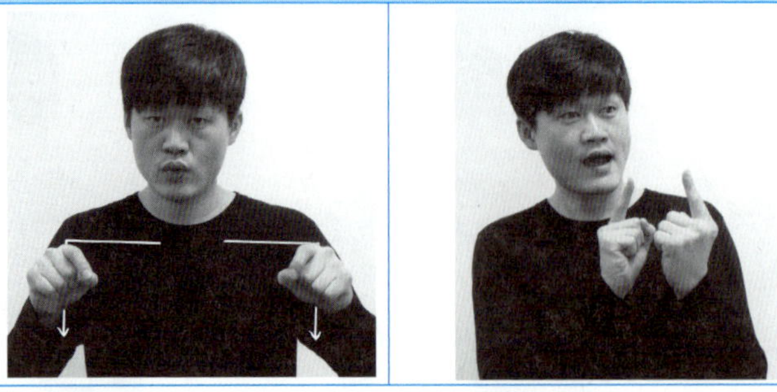

💡 '파'입모양은 모든 동사와 함께 나타나나요?

'파'입모양은 모든 동사와 함께 나타나지는 않습니다. '친구를 기다렸어'라고 말할 때 〈기다리다〉라는 동사는 행위의 가능함이나 완료보다는 '오래 기다렸다'는 지속의 의미를 갖고 있기 때문입니다. 이때의 적합한 얼굴 표정은 양쪽 볼을 부풀리고 손을 턱에 댄 채 손과 얼굴을 동시에 아래쪽으로 살짝 움직이는 것입니다.

친구를 기다렸어. ○

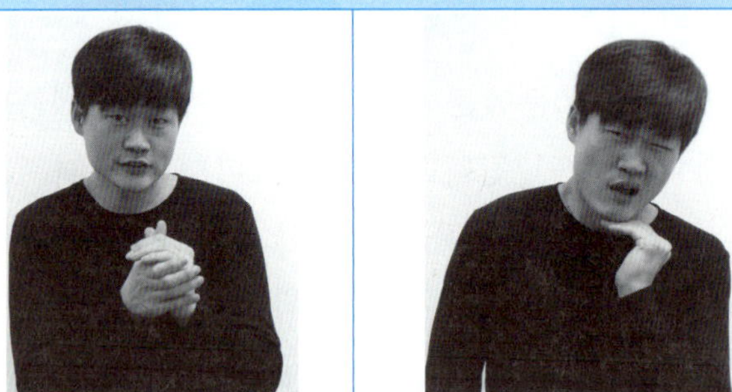

친구를 기다렸어. ×

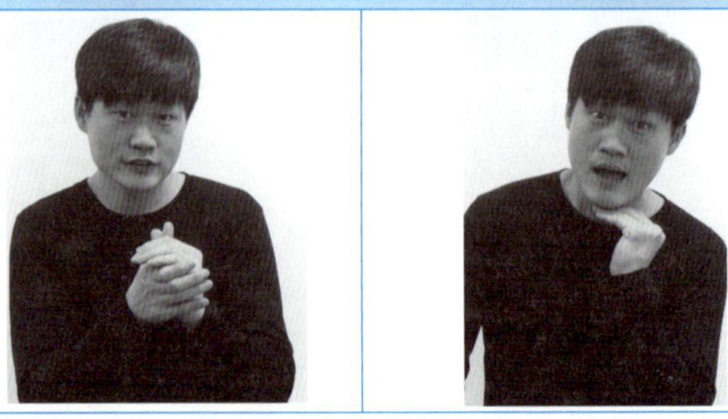

(3) 손을 생략하고 비수지 신호만으로도 단어의 뜻을 전달할 수 있습니다.

한국수어는 입 속에서의 혀의 움직임, 고개 기울임, 턱의 움직임, 입술의 움직임, 입모양, 한국어의 발음 모방 등을 통해 손으로 하는 단어의 의미를 대신 전달합니다. '있어'에서 입모양은 〈있다〉 단어와 동시에 나오지만 양손에 물건을 들어서 손으로 단어를 표현하지 못할 때 입모양만 합니다.

<table>
<tr><th>거짓말</th><th>가자</th><th>저기</th></tr>
<tr><td>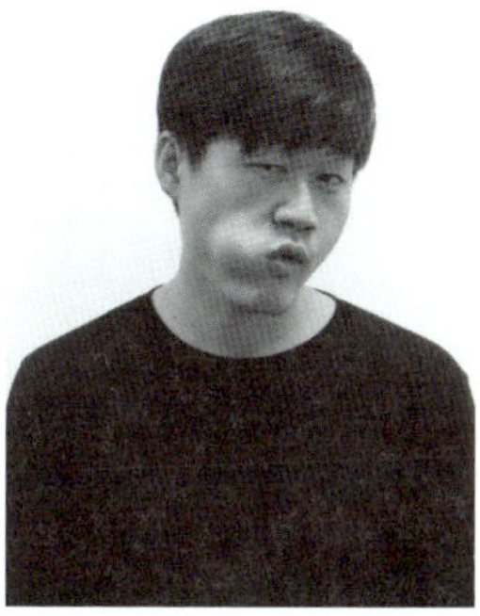</td><td></td><td></td></tr>
<tr><td>혀를 오른쪽 볼을 스쳐 입술 쪽으로 움직입니다.</td><td>다른 사람들은 보지 못하고 상대만 보도록 고개를 살짝 뒤로 젖힙니다.</td><td>입으로 가리키는 방향을 지시합니다. 이때 시선도 같은 곳을 향합니다.</td></tr>
<tr><th colspan="2">모르겠어</th><th>할 수 있어</th></tr>
<tr><td>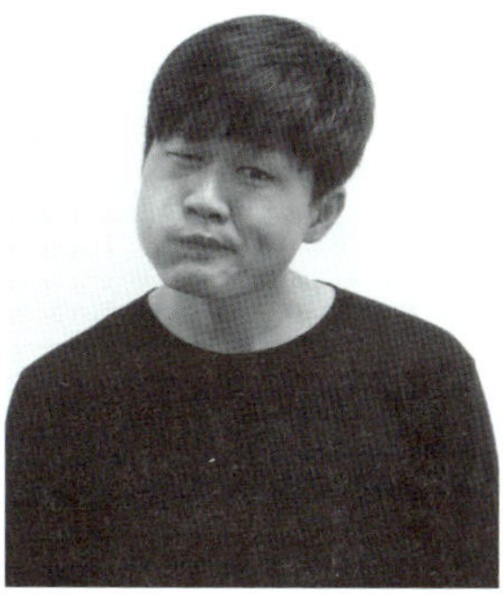</td><td>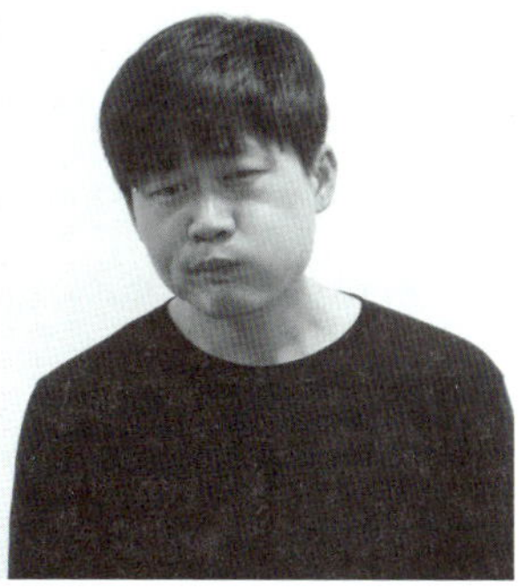</td><td>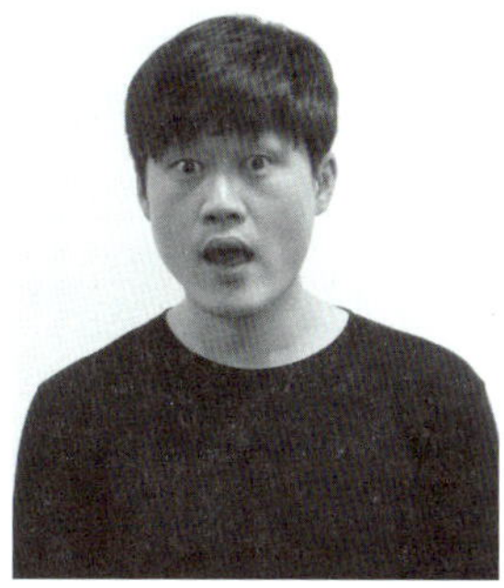</td></tr>
<tr><td colspan="2">양쪽 볼을 번갈아가면서 바람을 넣어 부풀립니다.</td><td>다물었던 입술을 갑작스럽게 벌립니다.</td></tr>
</table>

있어	알아	싫어
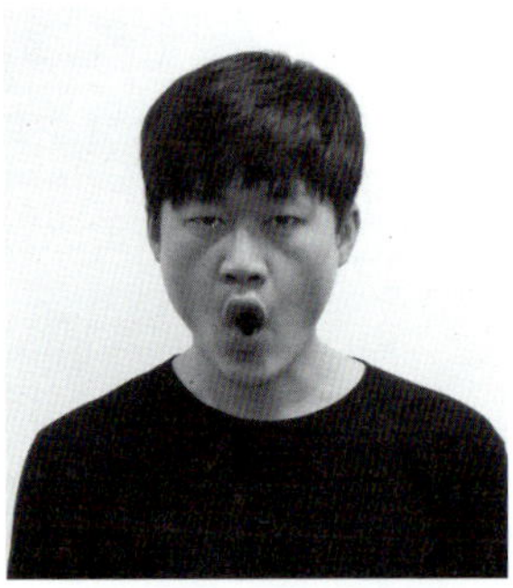	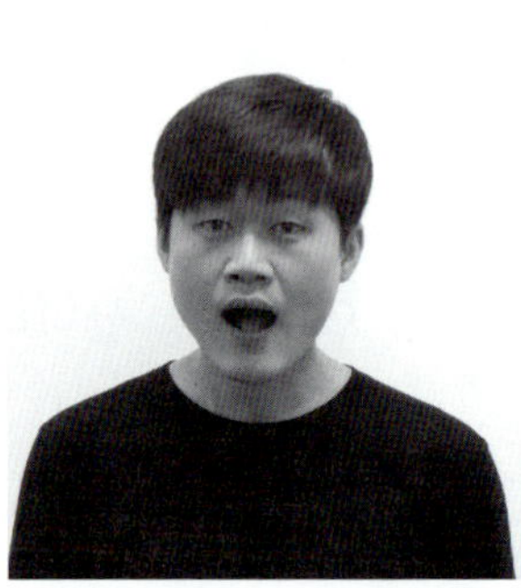	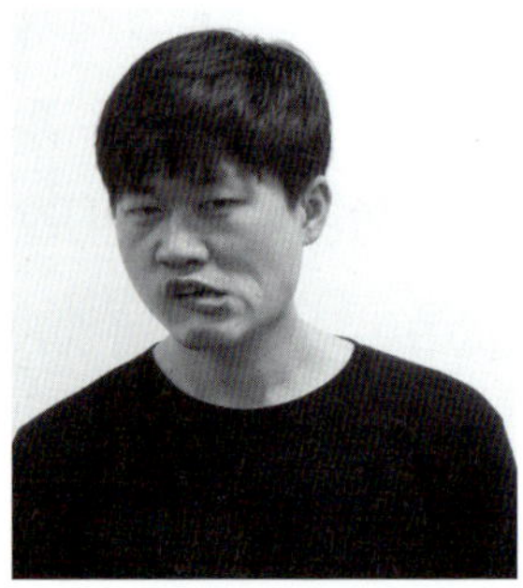
상대를 바라보며 '어'입모양을 합니다.	한국어 '알아'의 발음을 소리 내지 않고 반복합니다.	턱을 좌우로 움직입니다.

3. 경험의 여부: -적 있다 vs. -적 없다

〈-적 있다〉는 경험한 사실에 대해 말하는 것입니다. 〈-적 있다〉의 경우 〈겪다+있다〉로 표현할 수도 있지만 보통은 〈겪다〉와 함께 '빠'입모양을 동반하여 뒤의 〈있다〉를 생략합니다. 예를 들어 '여행 한 적 있어요?'는 간단하게 〈여행+-적 있다〉로 표현합니다. 이때 상대방을 바라보며 눈을 크게 뜨고 눈썹을 위로 올리는 의문문을 표시하는 비수지 신호를 동반합니다. 이에 대한 대답으로 '여행한 적 있어요'는 〈-적 있다〉만으로도 충분합니다. 〈여행+경험+있다〉처럼 길게 말하지 않아도 됩니다. '여행한 적 없어요'라고 대답할 때는 〈여행+겪다+없다〉보다는 〈겪다+없음을 나타내는 동작〉으로 표현합니다. 〈없음을 나타내는 동작〉은 한손을 아래로 털어내는 동작입니다.

질문: 여행한 적 있어요?

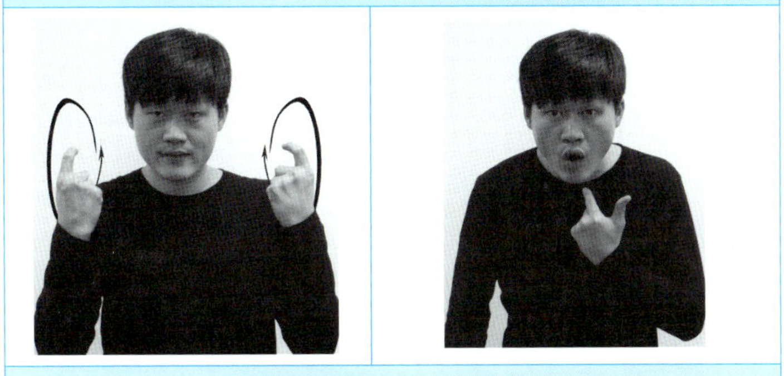

대답: 여행한 적 있어요.

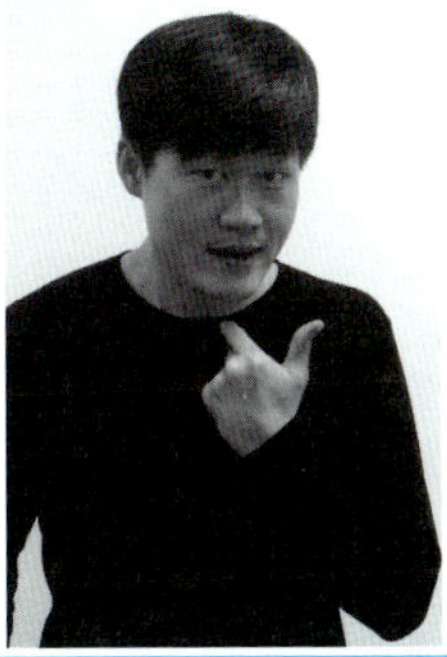

대답: 여행한 적 없어요.

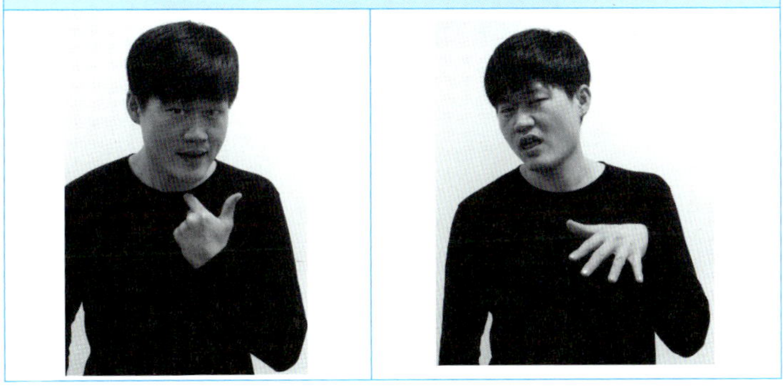

제 8 강

우리 언제 개강이지?

제8강

우리 언제 개강이지?

학교에서 주로 사용하는 어휘와 사건이 완료되었을 때의 표현, 사건이 아직 완료되지 않았을 때의 표현을 두루 살펴봅시다.

Step 1 오늘의 단어

개강		아직
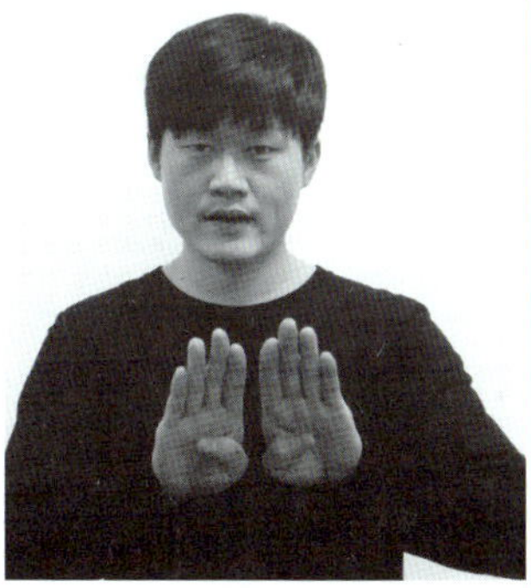	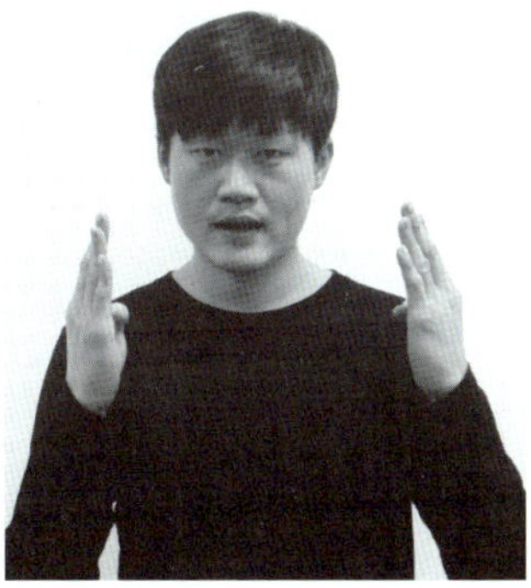	

<table>
<tr><th colspan="2">수강신청</th><th>걱정</th></tr>
<tr><td>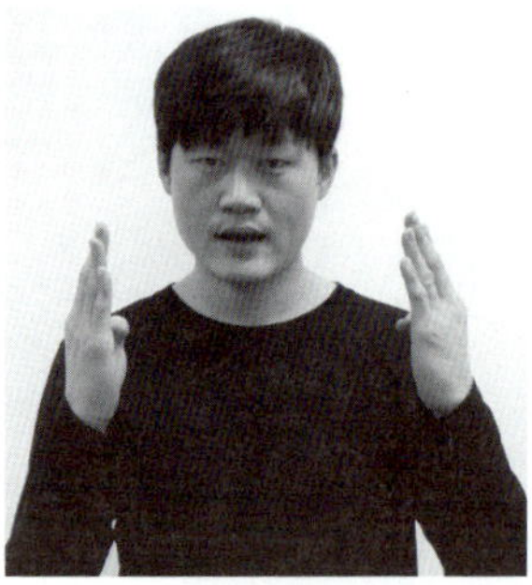</td><td></td><td></td></tr>
<tr><th colspan="2">어렵다</th><th>기간</th></tr>
<tr><td>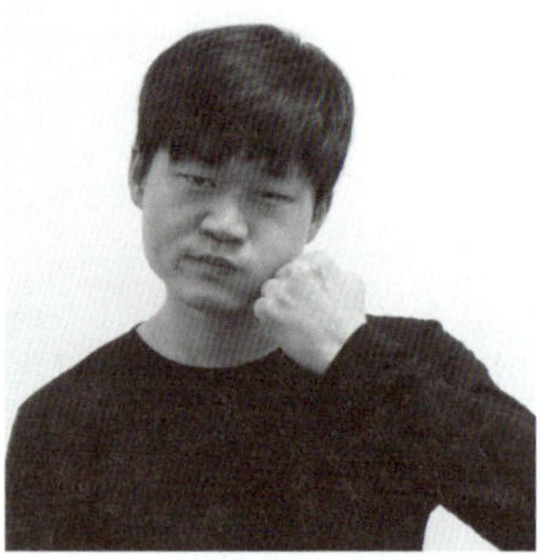</td><td></td><td>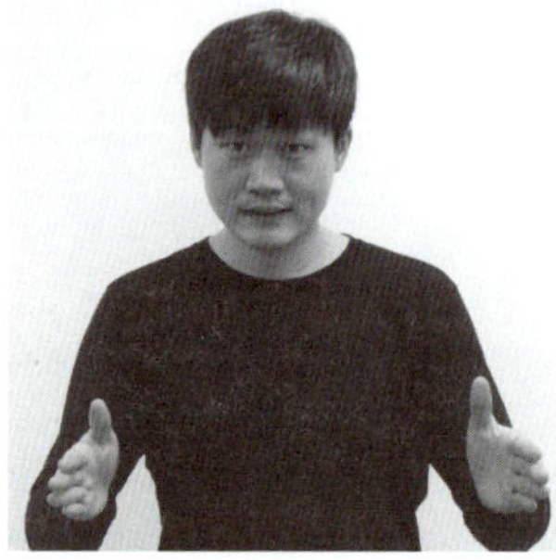</td></tr>
<tr><th colspan="3">교양과목</th></tr>
<tr><td></td><td>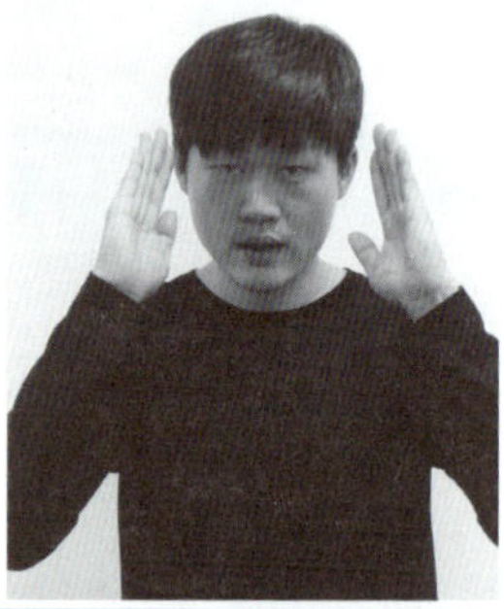</td><td></td></tr>
<tr><th></th><th colspan="2">다음주</th></tr>
<tr><td></td><td></td><td></td></tr>
</table>

바꾸다

전공

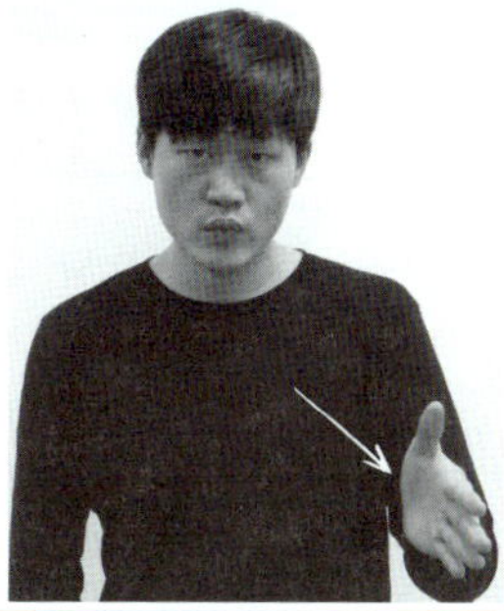

방학

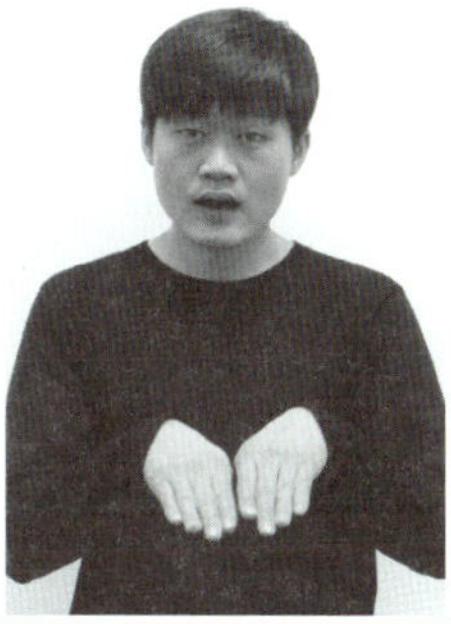
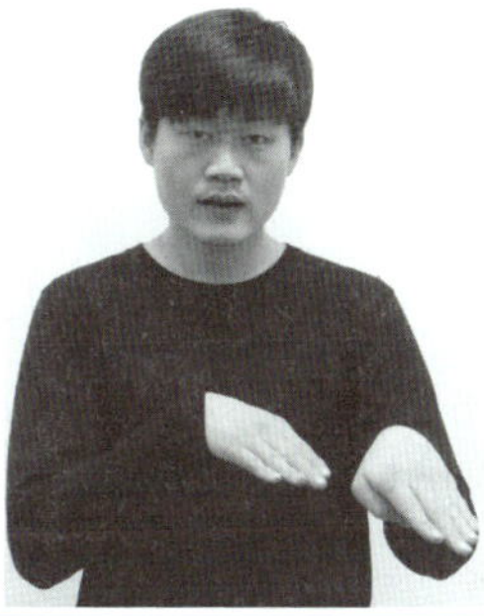

하다

듣다

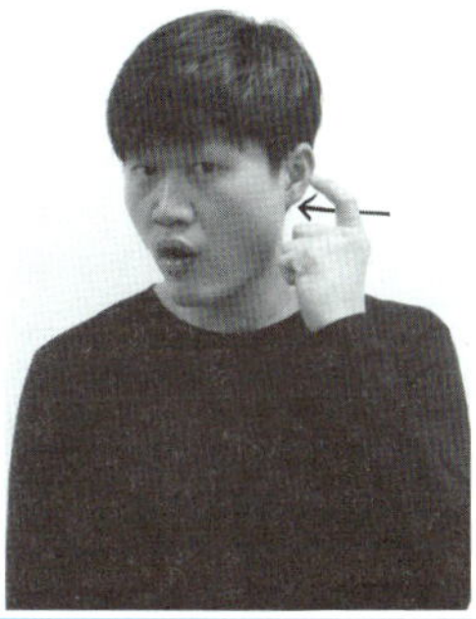

원하다

보자

점수

추천

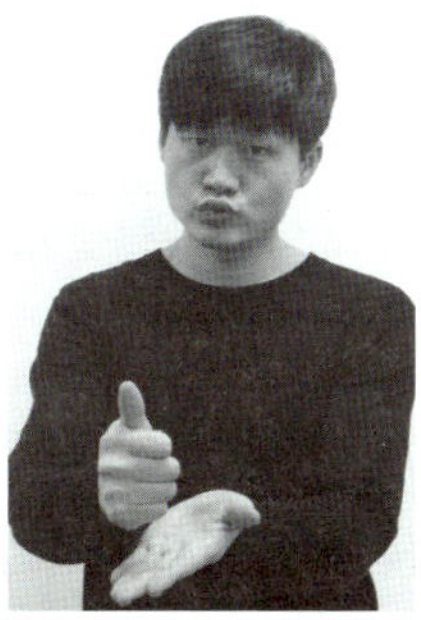

수요일

Step 2 대화 연습

A: 방학 잘 지냈어? 언제 개강이지?

B: 3월 2일이야.

A: 수강 신청했어?

B: 응, 이번 학기에 6과목 18학점 신청했어. 너는 수강신청 했어?

A: 아니, 아직 하지 않았어.
다음 주까지 신청 기간이니까 수요일에 하려고.

B: 전공을 4과목이나 신청해서 조금 걱정이야.
한 과목을 교양과목으로 바꾸고 싶어.

A: 내가 추천해줄까? 수어 과목 어때?

B: 수강 신청이 어렵다고 들었어.

A: 우리 한번 신청해볼까?

B: 그래, 수어 배워서 농인과 대화 나눠보고 싶어.

Step 3 문법&표현

1. 학교에서 자주 사용하는 표현

'수강 신청 했어?'라고 물어 볼 때는 〈수강신청+완료〉로 표현합니다. 이에 대한 대답으로 '6과목 18학점을 신청했어'는 〈수업+6+과목+18/점수+신청+완료〉로 표현합니다. 행위를 완성했을 때 〈완료〉를 동사 다음에 합니다. '18학점'은 양손을 동시에 표현하는데 한손은 18을, 다른 한손은 〈점수〉를 표현합니다. 또한 '학기'는 한국수어의 단어로서 존재하지 않습니다. 보통 지문자로 씁니다. '교양과목'은

〈지식+공부+과목〉으로 표현합니다.

아래의 문장을 보면, 〈신청〉과 함께 ‘파’입모양을 하여 대화 상대방에게 신청했는지 물어볼 수 있고 대답으로는 〈신청하다〉 동사를 생략하고 〈완료〉만으로 간단히 답할 수 있습니다.

A: 수강신청 했어?		B: 수강신청 했어.
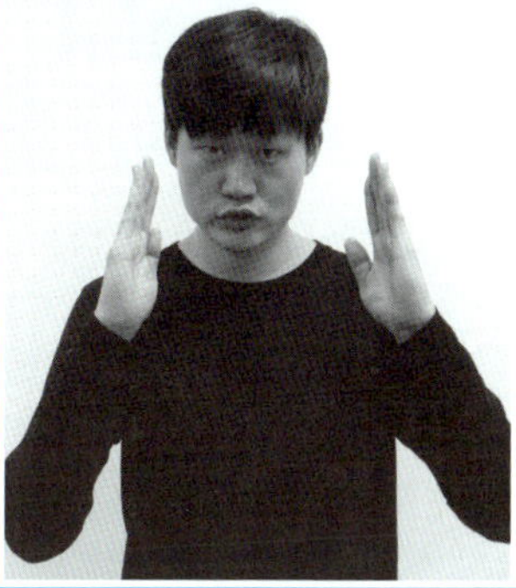		

2. 안은 문장

‘수강신청이 어렵다고 들었어’는 ‘수강신청이 어렵다’와 주어가 생략된 ‘(나는) 들었어’라는 두 문장으로 구성되어 있습니다. 문장 속에 문장이 들어간 ‘안은 문장’입니다. 농인들과 청인들의 교류를 통해 농인들은 청인식의 표현에 익숙합니다. 〈신청+어렵다+듣다〉라고 단어를 그대로 나열해도 농인들은 이해합니다. 그러나 농인들은 안은 문장으로 〈친구〉, 〈선배〉 등 문장의 생략된 주어 다음에 양손을 펴서 손바닥이 마주 향하도록 상하로 위치한 후 자신의 몸 앞에서 몸 가까이로 동시에 움직여 표현합니다. 이것은 대략 ‘(누군가가) 전해주다, 말해주다’정도의 의미가 됩니다.

수강신청이 어렵다고 들었어. 〈신청+어렵다+듣다〉 ○

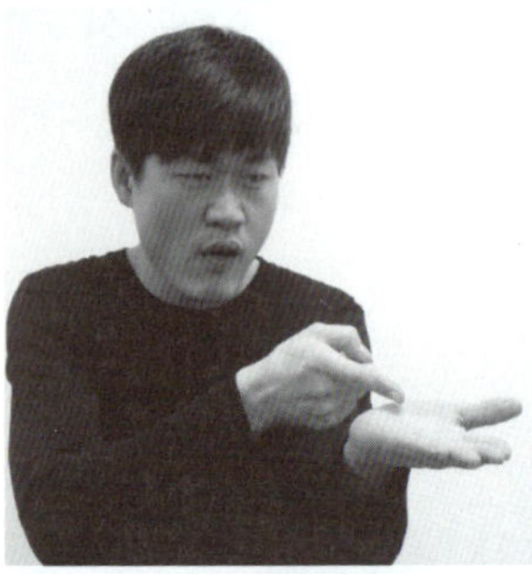

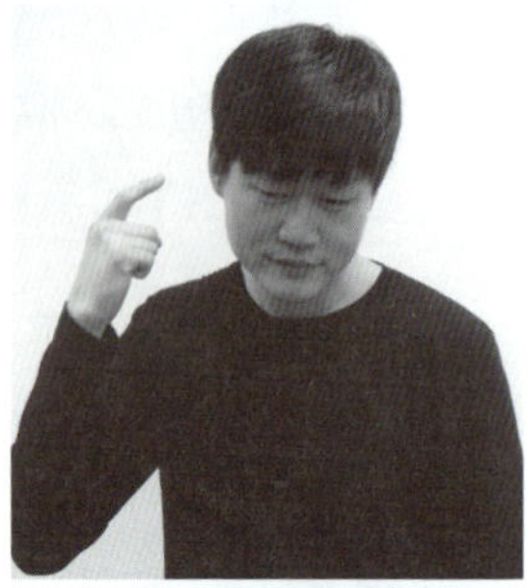

안은 문장 표현: 수강신청이 어렵다고 들었어. 〈선배+말해주다 +신청+어렵다〉 ○

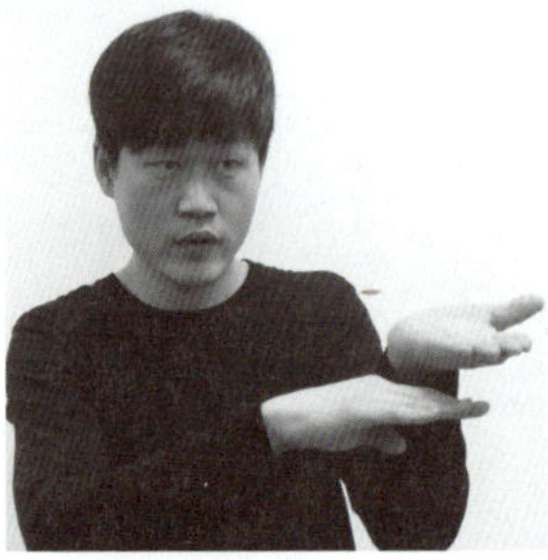

3. 시간 표현

(1) 요일

한자어의 뜻을 따라 월, 화, 수, 목, 금, 토요일은 각각 '달(月)', '불(火)', '물(水)', '나무(木)', '금(金)', '흙(土)'으로 표현하며 턱이나 몸 앞에서 이루어집니다. 뒤에 붙는 〈날〉은 생략해도 무방합니다.

요일	구성 동작
월요일	〈달 모양을 구성하는 동작+날〉
화요일	〈불길이 솟아오르는 동작 +날〉
수요일	〈물을 마시는 동작+날〉
목요일	〈나뭇가지가 뻗는 동작+날〉
금요일	〈돈을 흔드는 동작+날〉
토요일	〈손으로 흙을 비비는 동작+날〉
일요일	〈빨강+결석(일손을 없는 동작)+날〉

※ 단어설명: 「한국수화사전」(http://222.122.196.111/) 참조

(2) 월(月)

월을 표현할 때는 양손을 동시에 사용합니다. 왼손은 1, 2, 3 …12로 일 년 중에서 무슨 달인지 구체적인 숫자를 표현하고 오른손은 초승달 모양을 그려 달을 세는 단위(월)를 표현합니다. 1월, 2월, 3월 … 12월은 왼손만 손의 모양을 1, 2, 3…12로 바꾸면 됩니다.

1월

7월

12월	
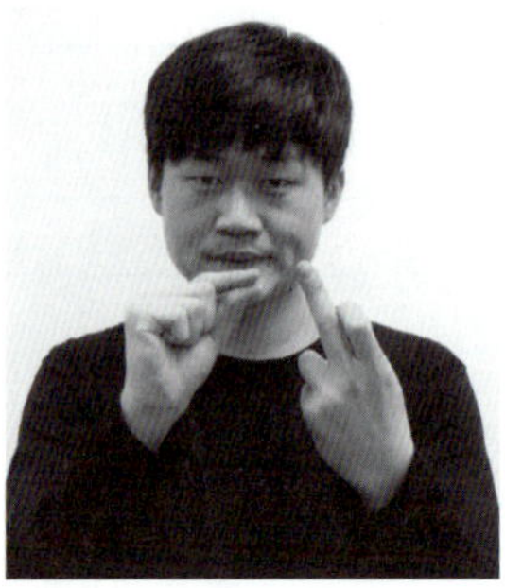	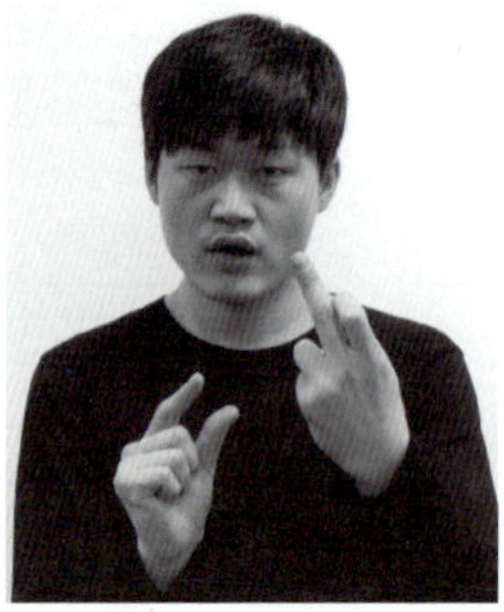

(3) 월일 표현

양손으로 월(月)과 일(日)을 동시에 표현합니다. 1월 1일은 1지만 편 왼손을 자신의 몸 앞에 위치한 상태에서 오른손으로 달(☽)을 그린 후 1지만 편 오른손을 자신의 몸 앞에 위치시킵니다. 중요한 것은 왼손 밑에 오른손을 위치시키는 것입니다. 특히 1월 1일, 8월 15일, 12월 25일은 특별한 날이기 때문에 단어의 형태처럼 굳어져 월을 나타내는 달 모양을 그리는 동작을 생략할 수 있습니다.

1월 1일	8월 15일	12월 25일

4. 미완료 표현: 아직

두 사람의 대화에서 한 친구가 수강 신청을 했냐고 물어봅니다. 이에 대해 다른 친구는 아직 못했다고 대답합니다. 이 대답에서 〈신청+아직〉이라고도 할 수 있지만 〈아직〉만으로도 '아직 수강 신청하지 않았어'라는 미완료의 의미를 표현할 수 있습니다. 아래 문장에서 〈졸업+아직〉, 〈결혼+아직〉, 〈먹다+아직〉으로 〈아직〉이라는 부사를 동사 뒤에 두어 미완료 의미를 가진 문장을 만들 수 있습니다.

대학교를 졸업하지 않았다.

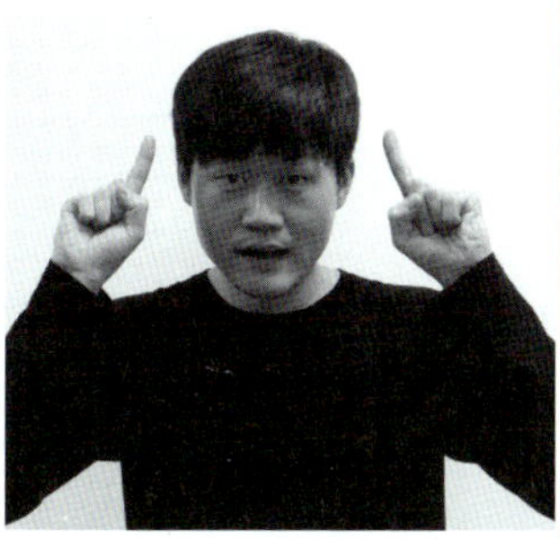

결혼하지 않았다.

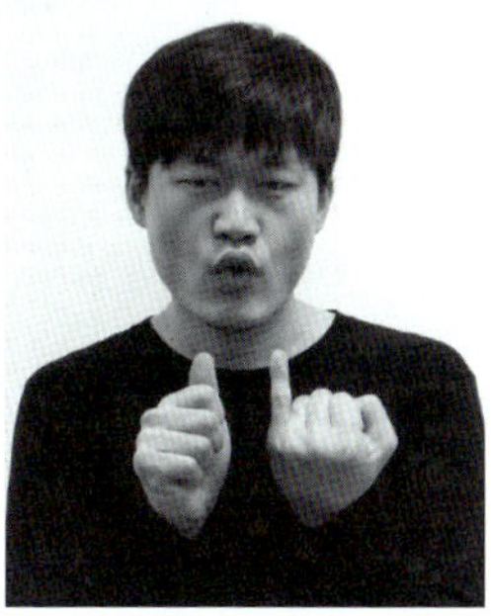

점심을 먹지 않았다.

제 9 강

무엇을 타고 다녀요?

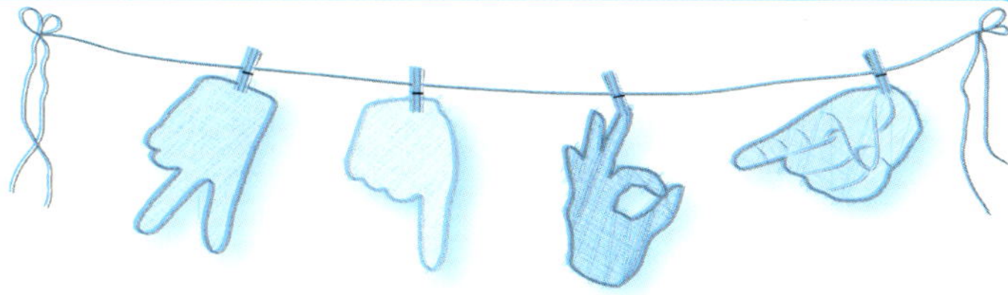

제9강 무엇을 타고 다녀요?

교통수단과 관련된 여러 표현과 사람이나 사물의 이동과 움직임을 표현하는 분류사를 살펴봅니다. 수어에서 손가락은 사람이나 동물처럼 생명체를 나타냅니다. 수어 공간에서 손의 움직임을 통해 생명체의 움직임을 시각적으로 표현할 수 있습니다.

Step 1 오늘의 단어

교통사고		중요하다
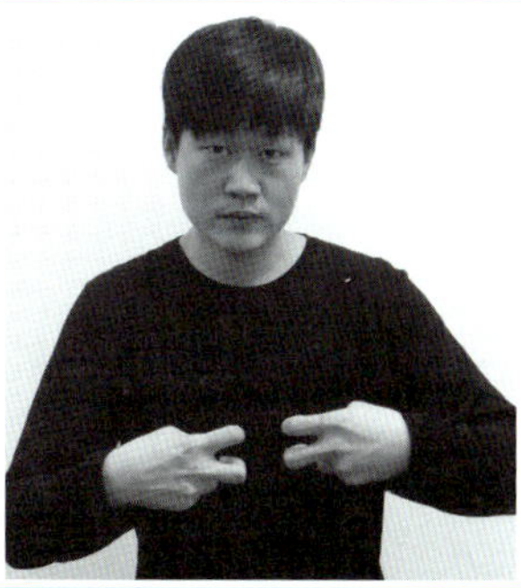	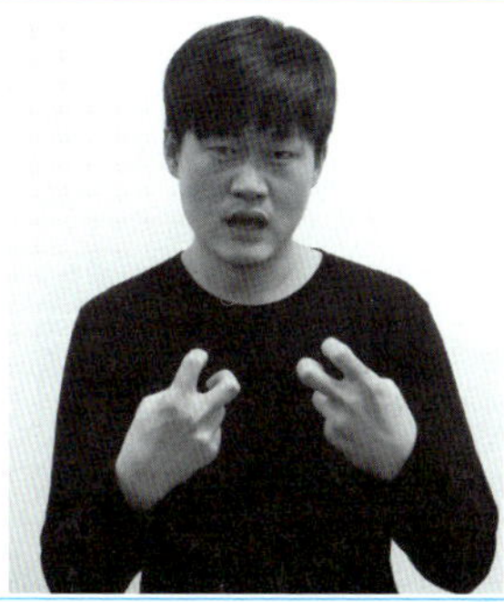	

<table>
<tr><th colspan="2">-보다(비교)</th><th>지난주</th></tr>
<tr><td>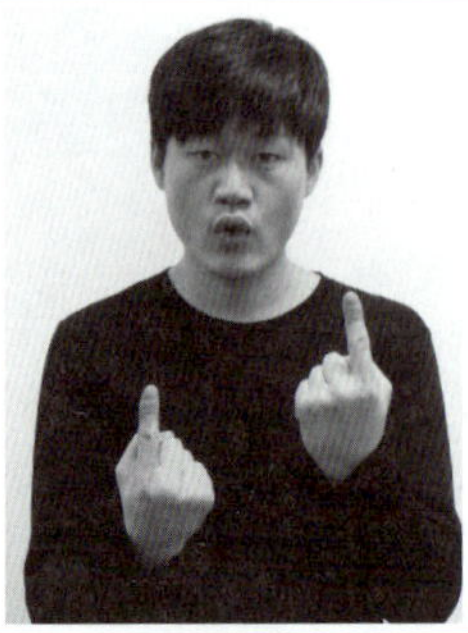</td><td>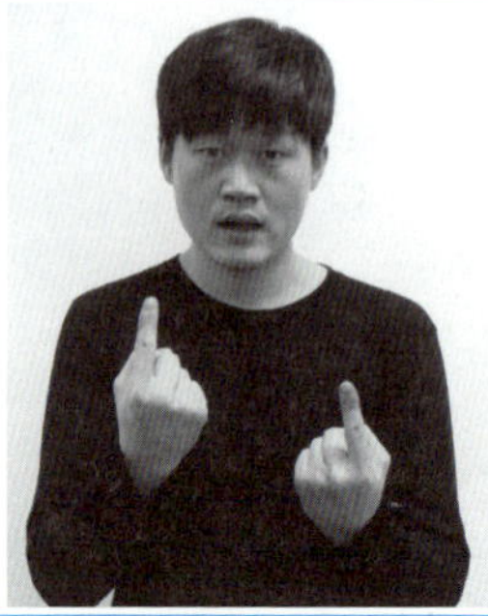</td><td></td></tr>
<tr><th colspan="2">타다</th><th>생각</th></tr>
<tr><td></td><td>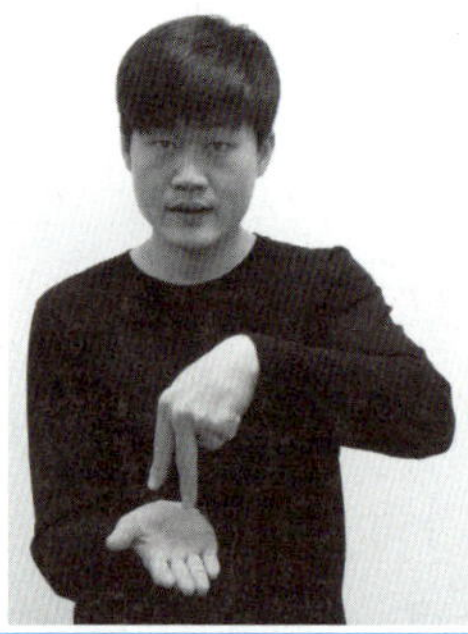</td><td></td></tr>
<tr><th colspan="2">장점</th><th>-뻔하다</th></tr>
<tr><td></td><td></td><td></td></tr>
<tr><th colspan="2">들리지 않다</th><th>월요일</th></tr>
<tr><td></td><td></td><td>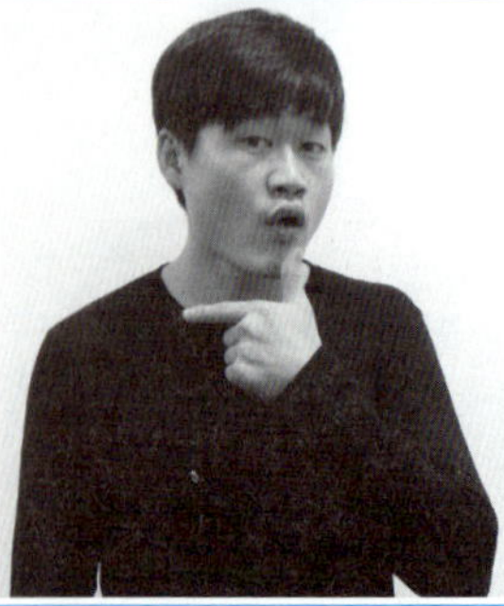</td></tr>
</table>

환승

지하철

편리하다

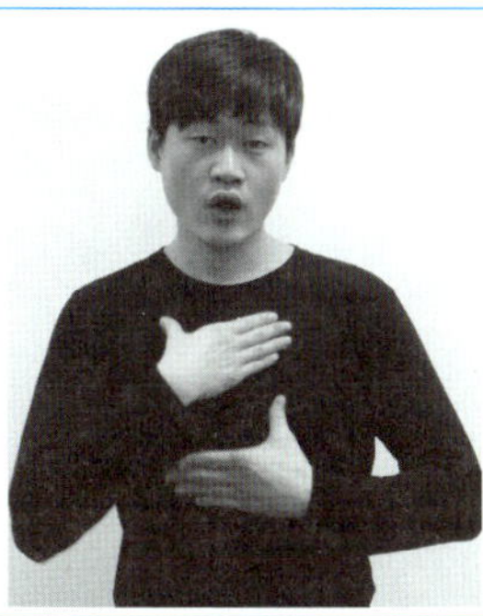

버스

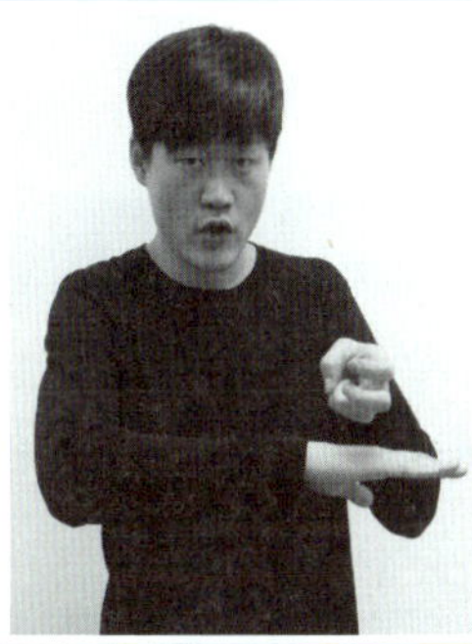

입장

방송

곤란하다

불편(귀찮다)

그렇구나

꽉 차다(만원)

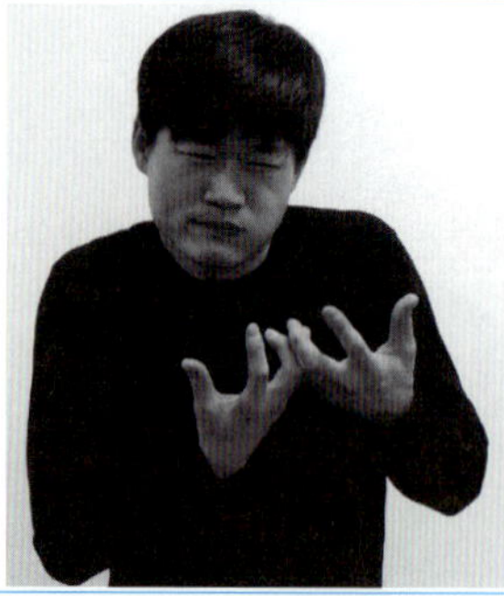

Step 2 대화 연습

A: 청인, B: 농인

A: 학교 올 때 무엇을 타고 오니?

B: 지하철을 타는데 아침 시간에 사람들이 많아.

A: 나는 버스를 타고 다녀.

B: 월요일에 차가 많이 막히지 않아?

A: 괜찮아. 그런데 지난주에는 교통사고가 나서 학교에 지각할 뻔했어.
차가 막혀 버스에서 내려 지하철을 탔어.

B: 늦지 않아서 다행이다. 나는 버스보다 지하철이 편리한 것 같아.

A: 지하철은 환승이 귀찮지 않아?

B: 응, 환승이 귀찮지만 좋은 점도 있어.
나처럼 농인은 (안내) 방송을 듣지 못하는데 역명을 볼 수 있어서 좋아.

A: 그렇구나. 농인 입장을 몰랐어.

B: 그리고 전철은 제 시간에 오잖아.

A: 나도 중요한 약속 때는 지하철을 타.

B: 좋은 생각이야. 늦으면 곤란하잖아.

Step 3 문법&표현

1. 교통수단을 물어볼 때

학교에 무엇을 타고 오는지 물어볼 때는 〈학교+오다+무엇+타다〉라고 합니다. 전철을 타고 온다고 대답할 때는 〈전철〉로만 대답합니다.

학교 올 때 무엇을 타고 오니?		
	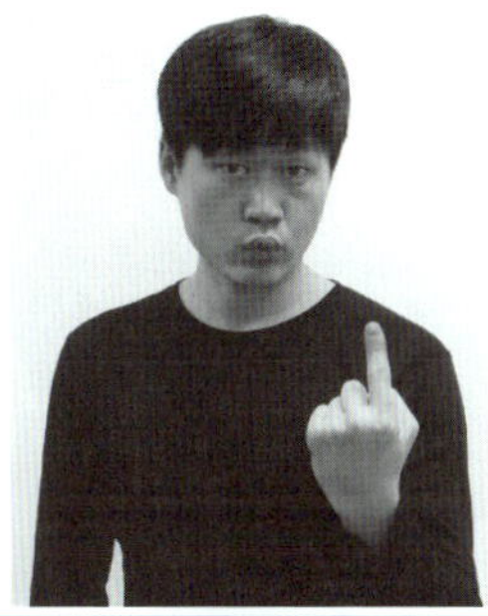	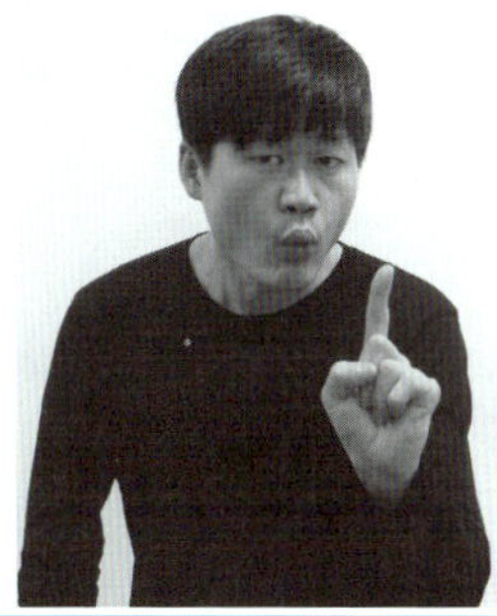

💡 '(안내) 방송을 듣지 못하는데 역명을 볼 수 있어서 좋아'라는 문장은 〈방송+들리지 않다+역명을 보다+OK〉로 표현합니다. 〈들리지 않다〉는 오른손을 펴서 오른쪽 귀 옆에서 손목을 상하로 움직이는 것으로 '귀에 들리는 소리가 없다'라는 뜻입니다. 결국 이것은 '들리지 않다'라는 의미가 됩니다. 〈역명을 보다〉에서 편 왼손은 역명이 써진 표지판을 나타내며 오른손은 그것을 바라보는 시선을 표현합니다. 〈OK〉는 안내 방송은 들리지 않지만 대신 눈으로 볼 수 있다는 의미입니다.

(안내) 방송을 듣지 못하는데 역명을 볼 수 있어서 좋아.

💡 '전철이 제 시간에 오다'는 〈전철+시간〉 다음에 양손 1지와 5지를 이마와 턱 앞에 위치한 뒤 동시에 손가락 끝을 접촉합니다.

전철이 제 시간에 오다.

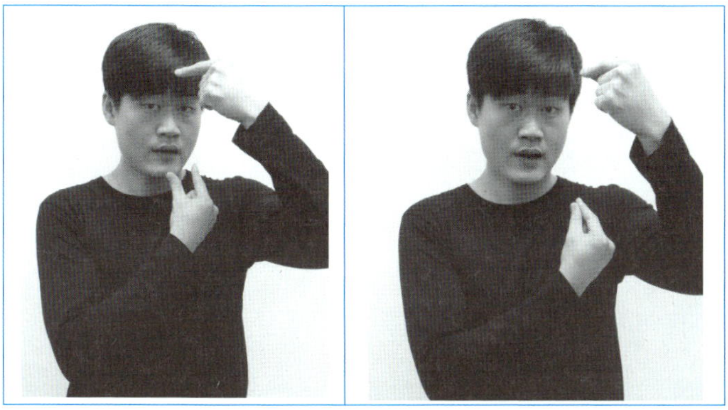

2. 분류사 표현

한국수어에서는 사물의 공간적 관계나 이동, 움직임을 표현할 때와 사물의 모양과 차원의 특징을 기술할 때 '분류사(classifiers)'라고 하는 독특한 표현법을 사용합니다. 이것은 수어라는 언어의 공통된 특징입니다. 분류사에는 의미를 가진 손의 모양이 포함됩니다.

(1) 사물의 이동

두 사람의 대화에서 '차가 많이 막히다'는 분류사로 표현할 수 있습니다. 양손으로 자동차를 나타내는 수형을 취하여 나란히 앞뒤로 위치한 후, 양손을 전후로 벌어지도록 천천히 이동하거나 왼손은 정지하고 오른손만 뒤로 천천히 이동하여 차들이 꼬리를 물고 줄지어 있는 모습을 나타냅니다. 도로가 2차선일 때 '차가 양방향에서 달리다'는 양손을 차의 모양으로 하여 양쪽에서 다가와 스쳐 지나가도록 합니다. '차가 계속해서 지나가다'는 '차가 양방향에서 달리다'와 손의 모양과 움직임은 같지만 움직임을 반복합니다. 이 표현에서 동작의 반복은 2차선 도로에서 차들이 쉴 새 없이 지나가는 것을 말합니다.

> 수어에서 움직임의 반복은 어떤 동작이 일회성으로 끝나는 것이 아니라 반복된다는 것을 의미합니다.

차가 많이 막히다.

차가 양방향에서 달리다.

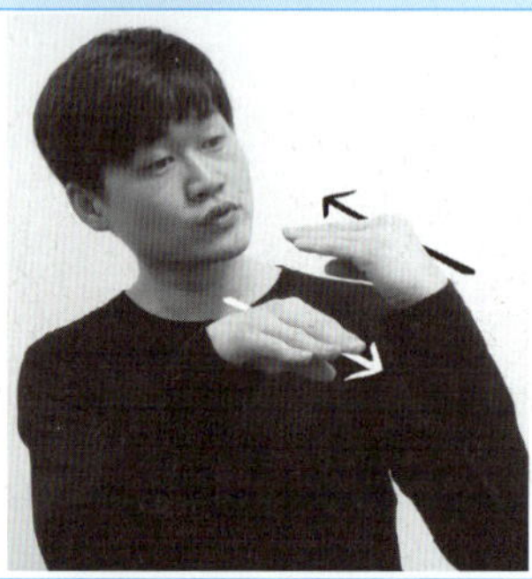

차가 계속해서 지나가다.

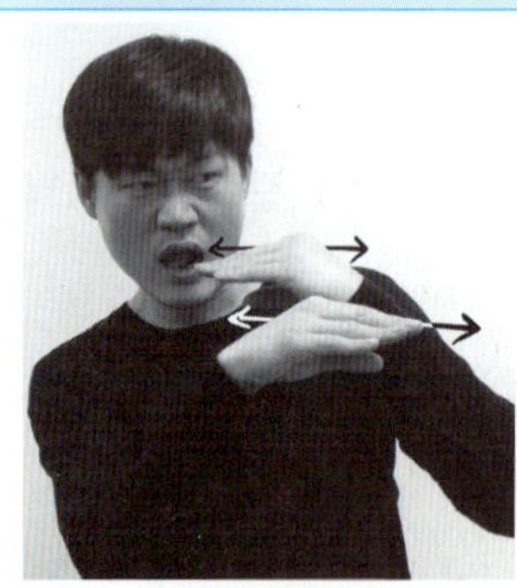

(2) 사람의 이동

이번에는 사람의 이동을 어떻게 표현하는지 살펴볼까요? 사람은 엄지, 소지로 성별을 구별하여 표현할 수 있지만 더 간단하게는 검지(1지)만을 이용합니다. 한 손을 사용하는 경우와 두 손을 사용하는 경우로 나누어 살펴봅니다. 한손을 사용하는 경우, '두 사람이 걸어가다'는 1, 2지를 편 오른손을 세워서 손끝이 위를 향하게 한 상태에서 상하로 작게 움직이며 앞으로 이동합니다. '네 사람이 걸어가다'는

'두 사람이 걸어가다'와 움직임의 방식과 앞으로 나가는 경로는 같지만 손가락의 수를 1, 2, 3, 4로 합니다. 사람뿐만 아니라 의인화된 동물도 이렇게 표현할 수 있습니다. 예를 들어 「아기돼지 삼형제」 라는 동화를 이야기하면서 '돼지 삼형제가 걸어가다'라고 할 때 〈아기+돼지〉 다음에 오른손 1, 2, 3지만 펴서 세워서 상하로 작게 움직이며 앞으로 이동합니다.

💡 사람의 수는 편 손가락의 수에 대응합니다.

두 사람이 걸어가다.

네 사람이 걸어가다.

돼지 삼형제가 걸어가다.

💡 사람의 수가 늘었을 때는 어떻게 표현할까요?

두 손을 사용하는 경우, '두 사람이 스쳐 지나가다'는 양손 1, 2지를 편 주먹으로 반대쪽에 떨어져 위치했다가 1, 2지 손가락을 작게 움직이면서 양손을 스쳐 이동합니다. 이것은 사람이 두 다리로 걸어가는 모습을 표현합니다. '두 쌍의 사람이 지나가다'는 사람이 두 다리로 걸어가는 모습으로 나타내지 않습니다. 1, 2지만 편 양손을 세워서 떨어져 위치했다가 가깝게 다가갑니다. '많은 사람이 지나다니다'는 위의 두 예와 다릅니다. 〈사람〉 다음에 양손의 손가락을 모두 펴서 피아노 건반을 치듯이 손가락을 작게 움직이면서 양손을 원형으로 움직입니다. 이때 두 손을 시차를 두어 엇갈리게 원형으로 움직입니다.

두 사람이 스쳐 지나가다.

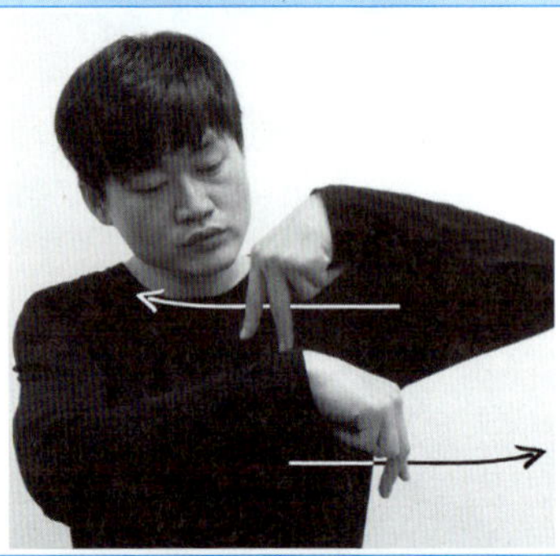

두 쌍의 사람이 지나가다.

많은 사람들이 지나다니다.

3. 비교 표현 : -보다

〈-보다〉는 두 가지를 비교할 때 사용합니다. 두 비교되는 대상 사이에 위치합니다. '자동차보다 비행기가 빠르다'는 왼쪽 공간과 오른쪽 공간에 〈자동차〉와 〈비행기〉를 산출합니다. 마찬가지로, '수학보다 국어가 좋다'는 왼쪽 공간과 오른쪽 공간에 〈수학〉과 〈국어〉를 산출합니다. '어제보다 오늘이 춥다'는 왼쪽 공간과 오른쪽 공간이 아니라 자신의 몸과 가까운 공간과 먼 공간을 사용합니다.

자동차보다 비행기가 빠르다.

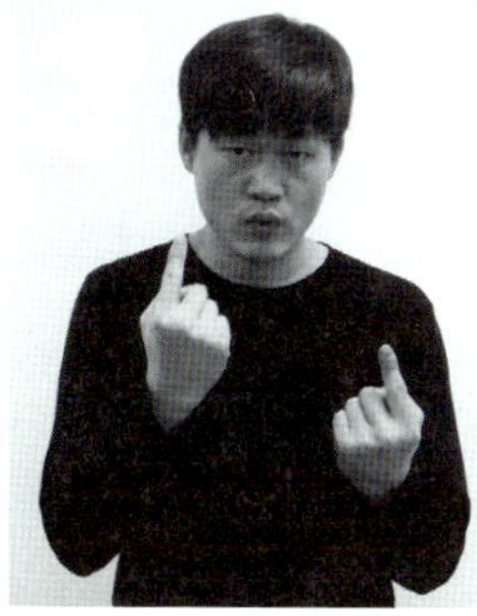

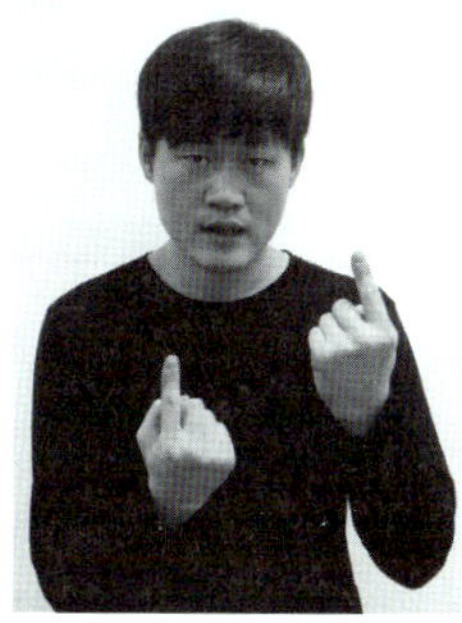

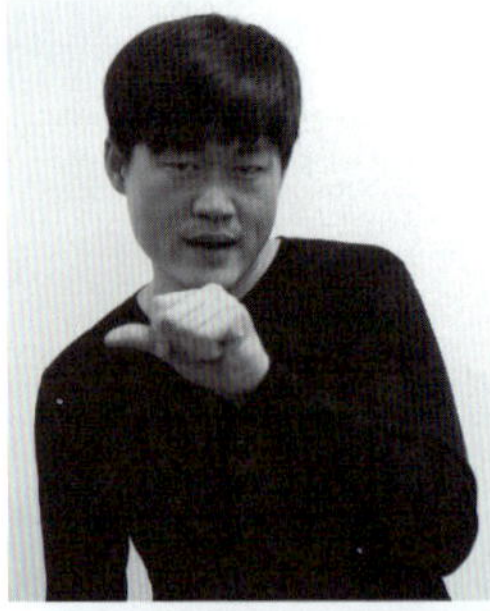

수학보다 국어가 좋다.

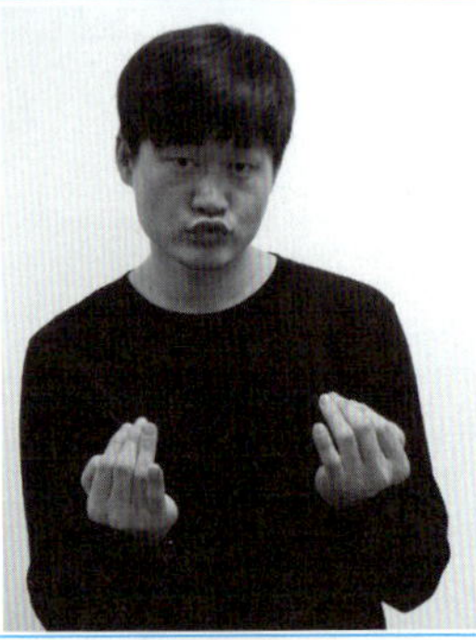
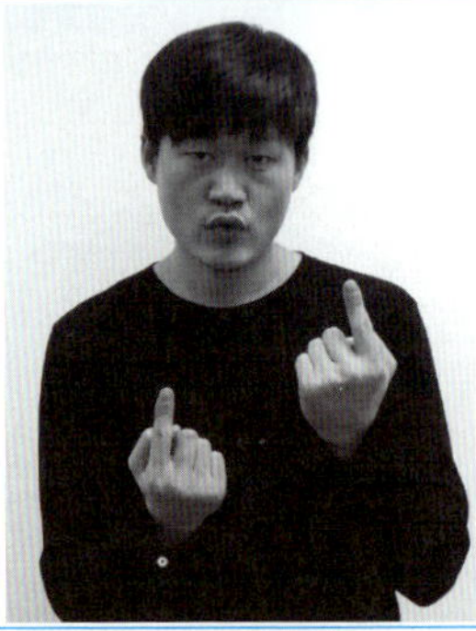
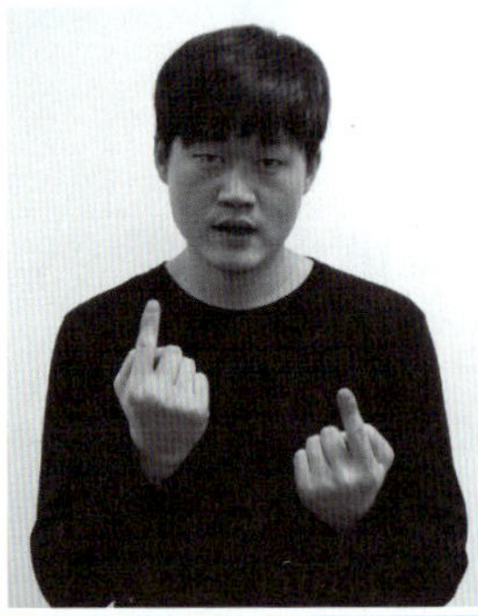

어제보다 오늘이 춥다.

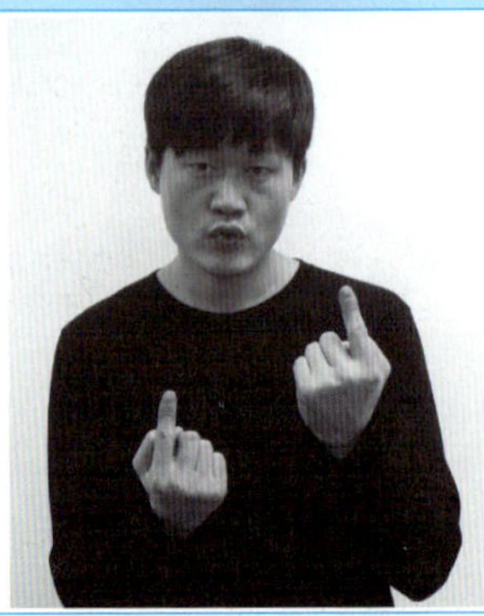
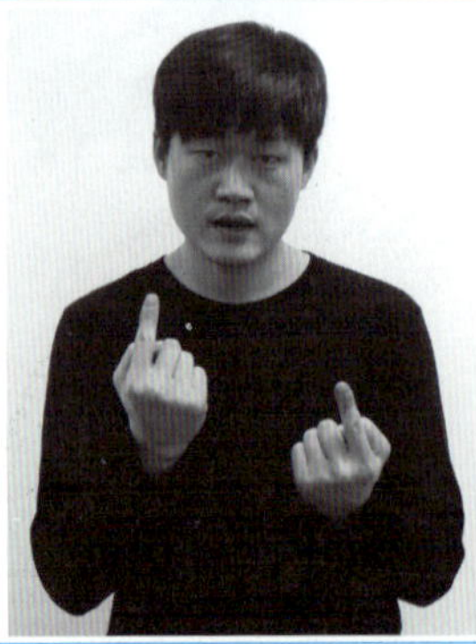

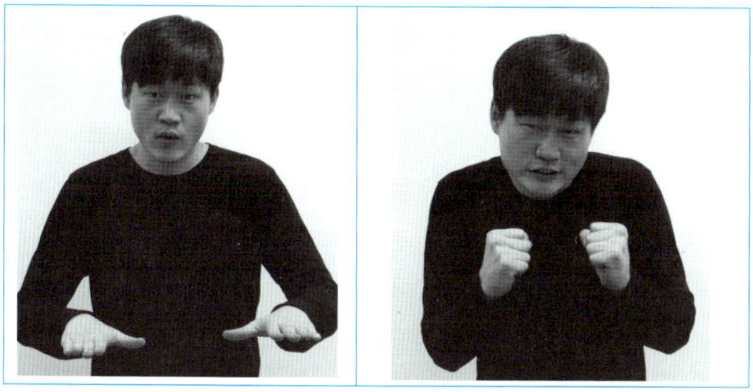

제 10 강

생일 선물로 무엇이 좋을까요?

제10강

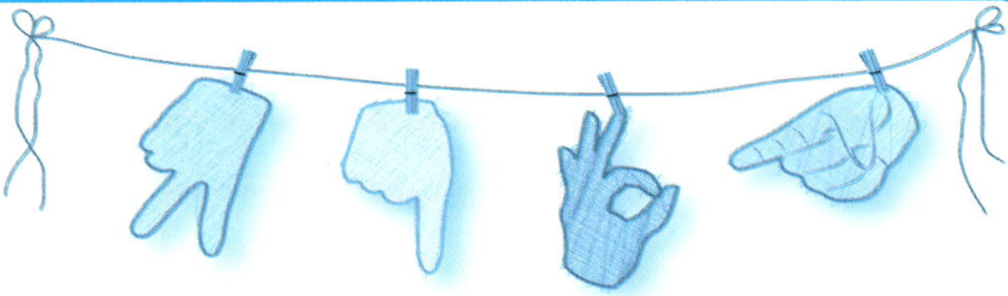

생일 선물로 무엇이 좋을까요?

상대방의 나이를 묻는 표현과 나이를 대답하는 표현을 배워 봅니다. 그리고 분류사를 이용하여 사물의 모양, 두께를 표현해 봅시다.

Step 1 오늘의 단어

선물		따뜻하다(봄)
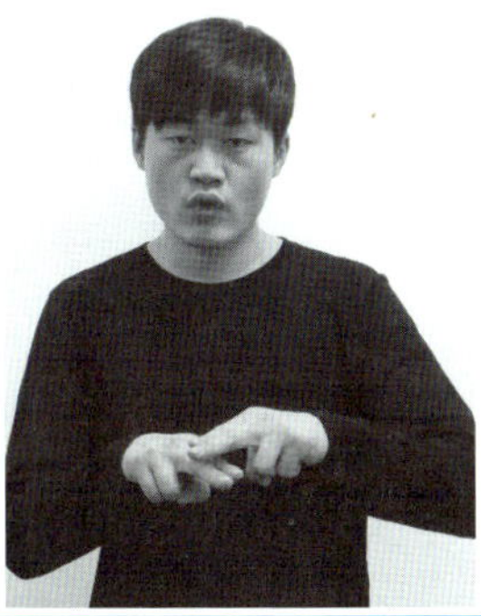	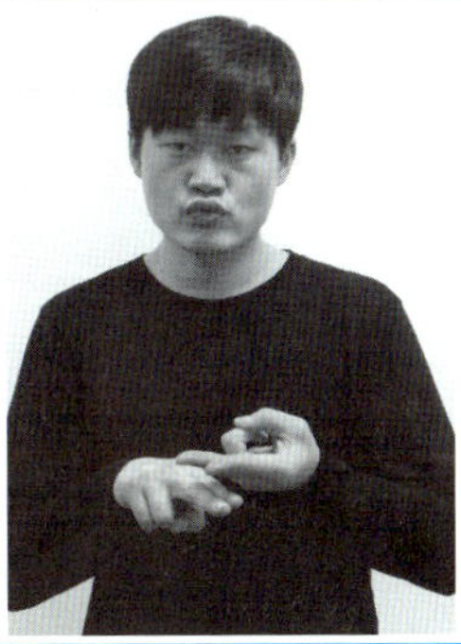	

키가 작다	기쁘다
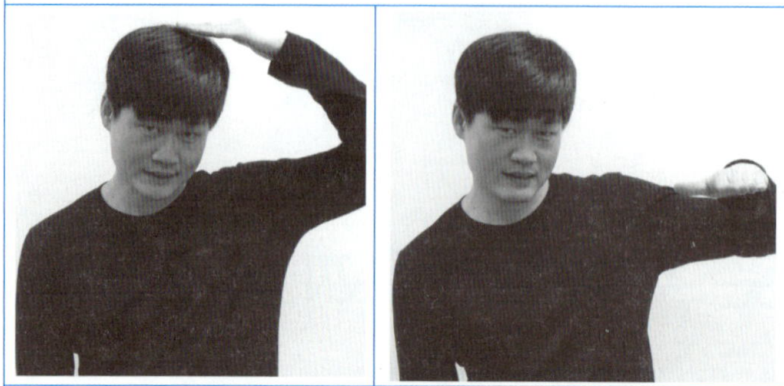	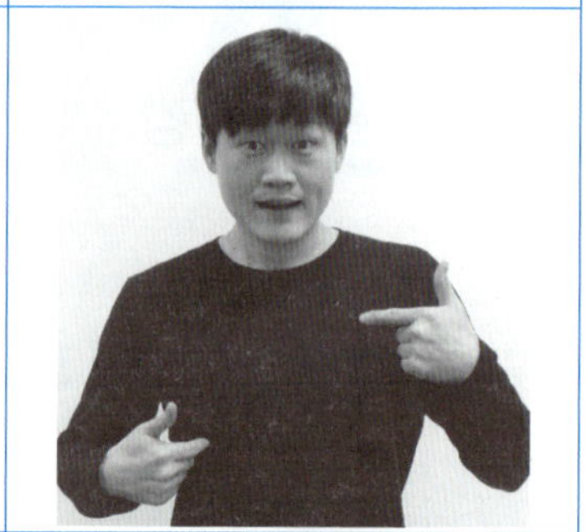
키가 크다	**색**
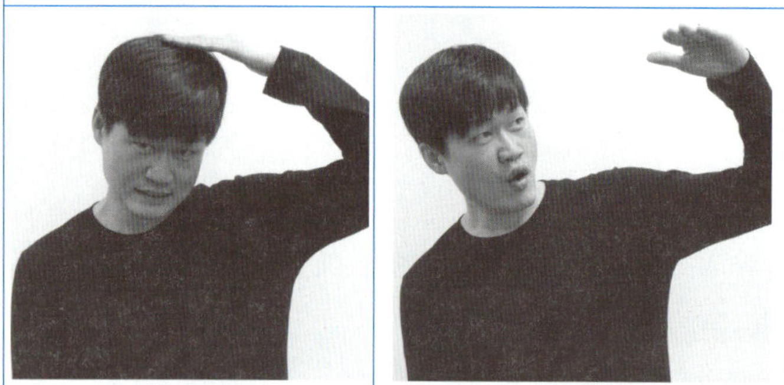	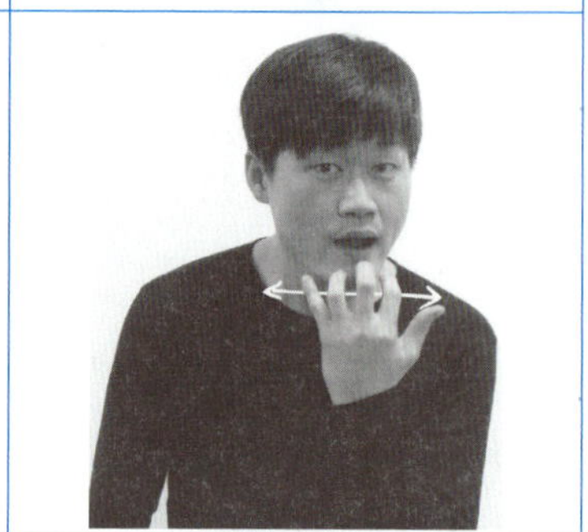
밝다	**저렴하다**
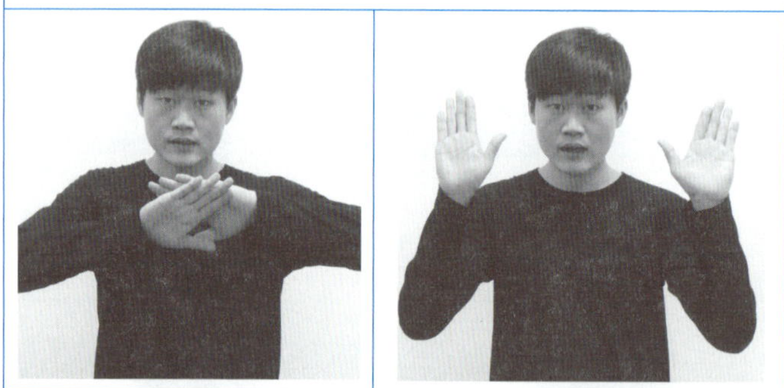	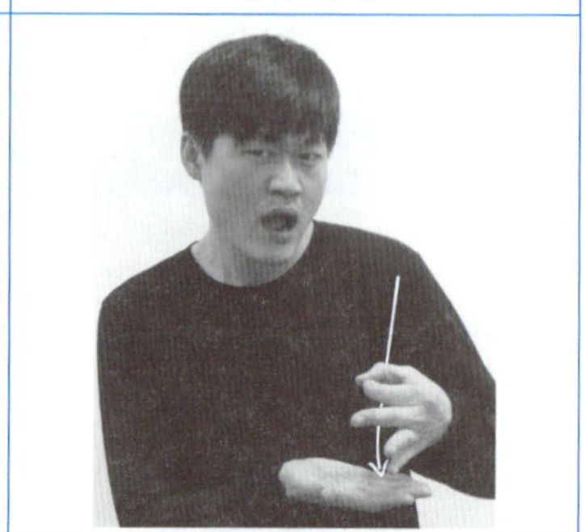
가격	**옷**
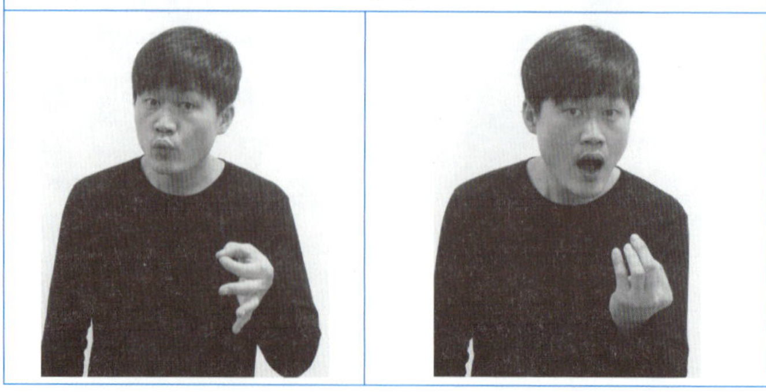	

할인

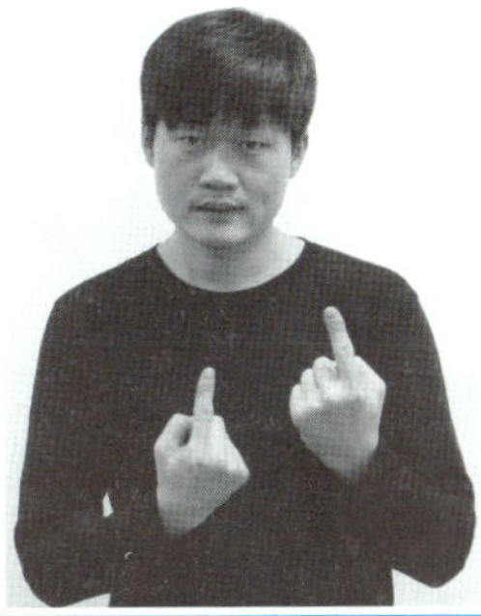

티셔츠

드리다

작다(옷이)

마르다

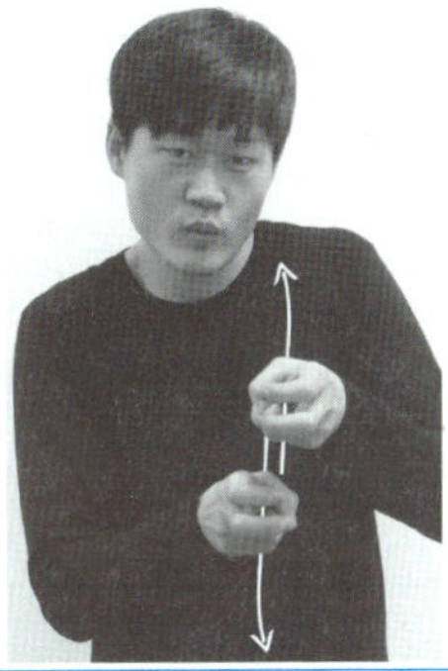

50퍼센트

나이(연세)

교환(바꾸다)

괜찮다

Step 2 대화 연습

A: 어머니 생신 선물로 무엇이 좋을까요?
B: 연세가 어떻게 되세요?
A: 52세예요.
B: 티셔츠가 좋을 것 같은데요. 키가 작으신가요?
A: 아니요, 키가 크시고 마르신 편이에요.
B: 이 옷 어때요? 색도 밝고 따뜻하고 가격도 저렴해서 좋을 것 같네요.
A: 괜찮네요. 얼마예요?
B: 50퍼센트 할인해서 4만 5천원이에요.
A: 혹시 작으면 교환할 수 있나요?
B: 그럼요. 가능해요. 어머니께 드리면 기뻐하실 거예요.

Step 3 문법&표현

1. 나이 표현

'몇 살이에요?', '연세가 어떻게 되세요?'처럼 나이를 물을 때는 〈나이〉와 의문을 나타내는 비수지 신호 혹은 〈나이+얼마〉로 표현합니다. 대답으로 '5살이에요'라고 할 때는 숫자 5를 턱 아래를 스치면서 바깥쪽으로 이동합니다.

A: 몇 살이에요?	B: 5살이에요.

(1) 나이 표현을 반드시 턱 밑에서 하는 것은 아닙니다.

나이 표현이 턱 밑에서 불가능한 경우는 숫자 표현의 움직임과 관련이 있습니다. 20살, 30살처럼 한 동작으로 이루어질 때는 턱 밑에서 〈20〉, 〈30〉을 합니다. 그러나 21살일 경우 〈20+1〉로 턱 밑에서 연속적으로 표현하려면 다소 불편합니다. 따라서 21살, 22살은 〈나이+21〉, 〈나이+22〉처럼 두 단어를 연이어 하면 좀 더 편합니다. 마찬가지로, 100살일 때는 〈나이+100〉으로 합니다. 이때 21, 22, 100은 수어자의 앞 공간에서 합니다.

21살입니다.

100살입니다.	
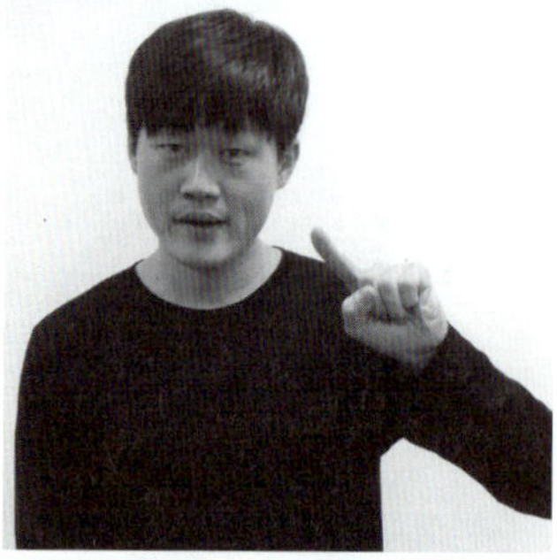	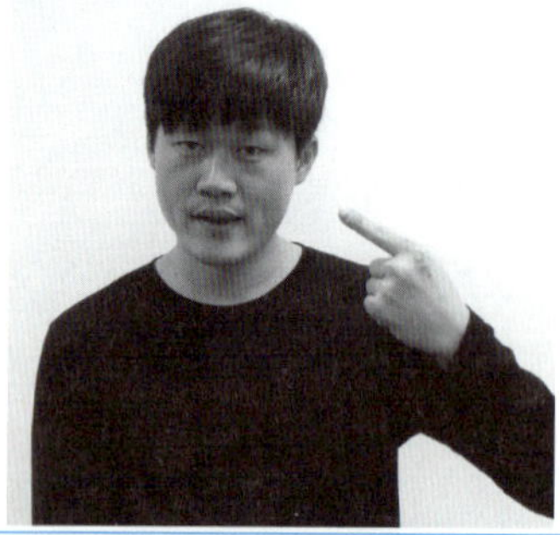

(2) 대화의 주제가 이미 나이일 때는 〈나이〉를 생략할 수 있습니다.

누군가가 나이를 물어본다면 〈나이〉라는 단어를 생략하고 〈20〉이라고 하면 됩니다. 한국수어로 나누는 대화에서는 이미 주어진 정보에 대해서는 생략이 많습니다.

2. 신체 특징 표현

사람의 신체적인 특징은 구체적으로 표현됩니다. '키가 크다'와 '키가 작다'는 키의 높낮이를 나타내는 동작입니다. 〈뚱뚱하다〉와 〈마르다〉는 각각 몸이 불어나는 동작과 가늘고 긴 모양을 구성하는 동작입니다.

뚱뚱하다	홀쭉하다
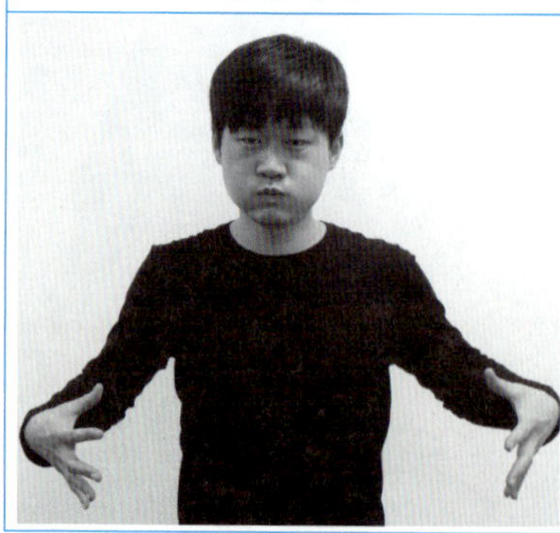	

이때 얼굴 표정도 함께 나타납니다. 〈뚱뚱하다〉에서는 양쪽 볼에 바람을 넣어 부풀립니다. 〈홀쭉하다〉는 〈마르다〉보다 더 말랐음을 표현하기 위해 양손을 1, 2지에서 4지로 바꿉니다. 그리고 수어를 하면서 양쪽 볼이 꺼지도록 합니다.

3. 분류사 표현

(1) 분류사를 이용한 단어 만들기

사물의 모양과 차원의 특징을 기술할 때 사용하는 분류사 표현을 살펴볼까요? 분류사는 수어에서 단어를 만들어내는 중요한 원천입니다. 〈종이1〉은 평평한 2차원의 사물이므로 〈희다+네모를 구성하는 동작〉입니다. 이때 〈네모를 구성하는 동작〉만 있으면 창문, 칠판, 게시판 등 사각형의 사물 모두를 지시할 수 있기 때문에 〈희다〉가 결합되어 단어로 굳어진 것입니다.

종이1		종이2
	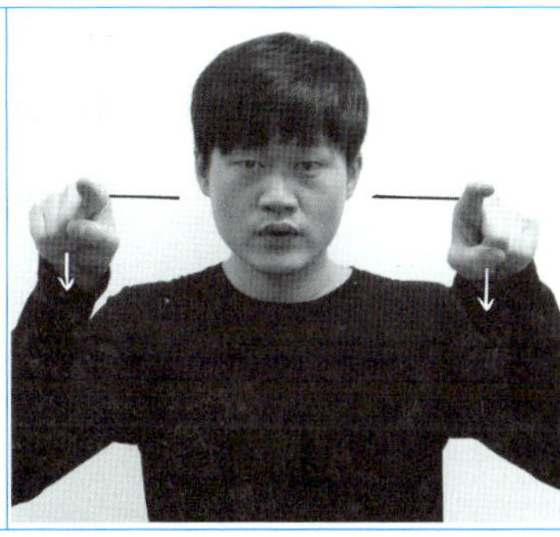	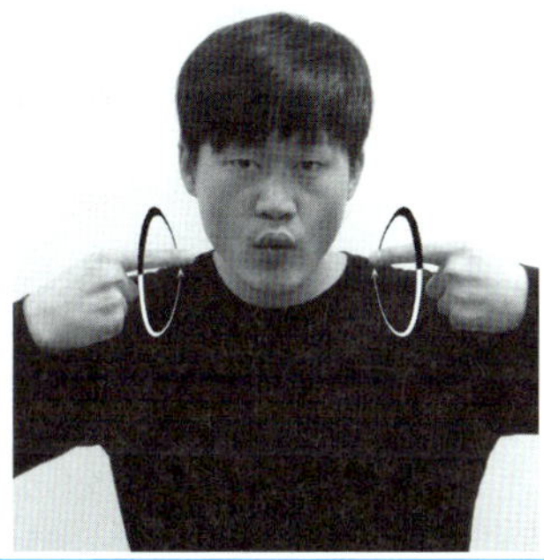
무		
	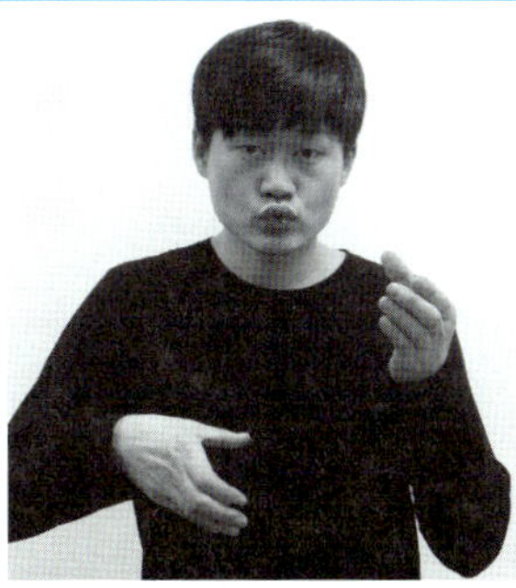	

〈종이2〉는 수어자의 입 앞에서 양손 1지만 펴서 나란히 위치한 상태에서 동시에 앞으로 돌립니다. 〈무〉는 원통형의 3차원의 사물이므로 〈희다+무의 모양을 나타내는 동작〉입니다. 마찬가지로 〈원통형의 사물〉만으로는 컵, 기둥 등 모든 원통형의 사물을 지시할 수 있기 때문에 〈희다〉가 결합되어 합성어로 표현됩니다.

(2) 사물의 두께 표현

분류사는 사람이 사물을 다룰 때의 손의 모양으로 표현됩니다. 〈얇다〉는 얇은 두께를 나타내는 동작으로 엄지와 네 손가락 사이 간격을 좁힙니다. 이와 반대로 〈두껍다〉는 두꺼운 두께를 나타내는 동작으로 엄지와 네 손가락의 간격을 넓힙니다. 책, 윗옷, 안경의 두께는 다음과 같이 표현할 수 있습니다. 책은 〈책+얇다〉, 〈책+두껍다〉라는 연속적인 표현이 가능하고, 옷과 안경의 경우는 얇다와 두껍다를 안경의 위치와 윗옷의 위치에서 하면 경제적인 표현이 가능합니다.

책이 얇다 vs. 책이 두껍다

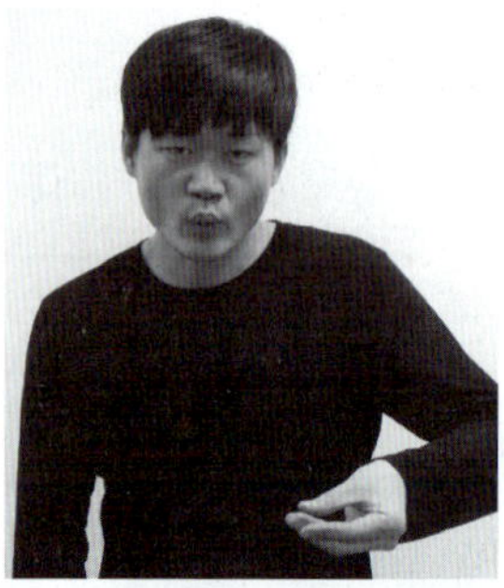
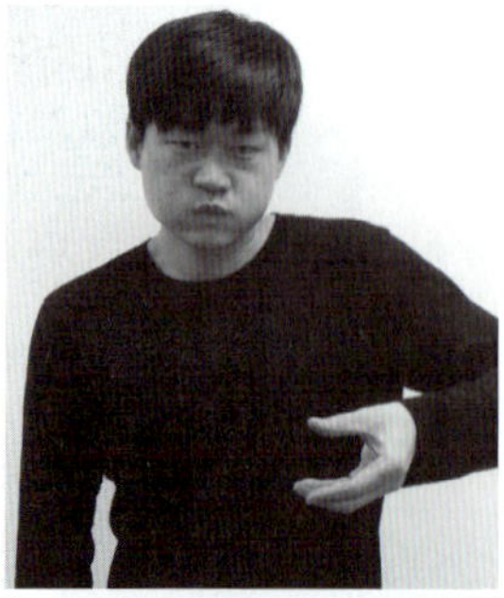

윗옷이 얇다 vs. 윗옷이 두껍다

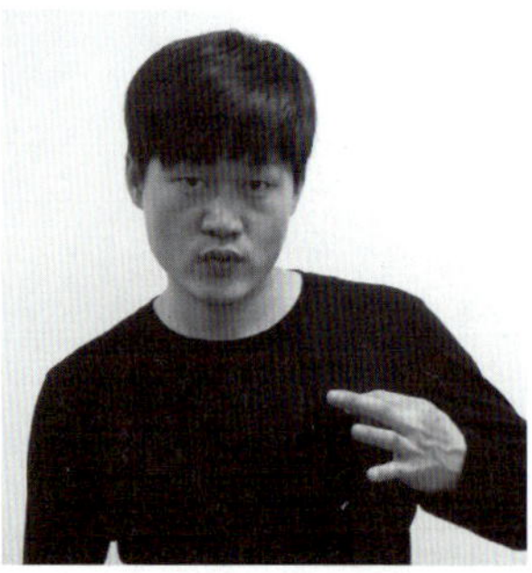
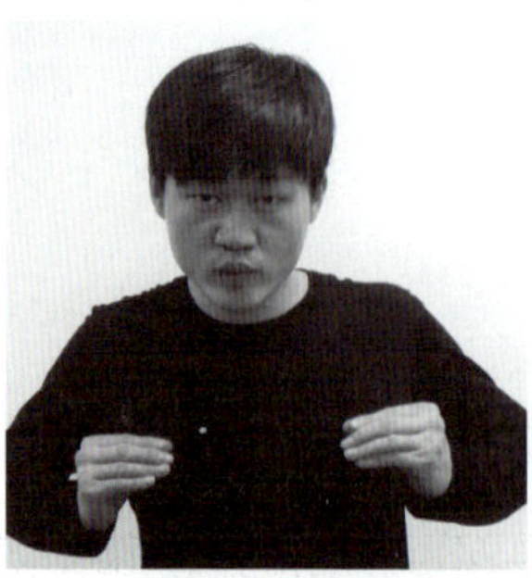
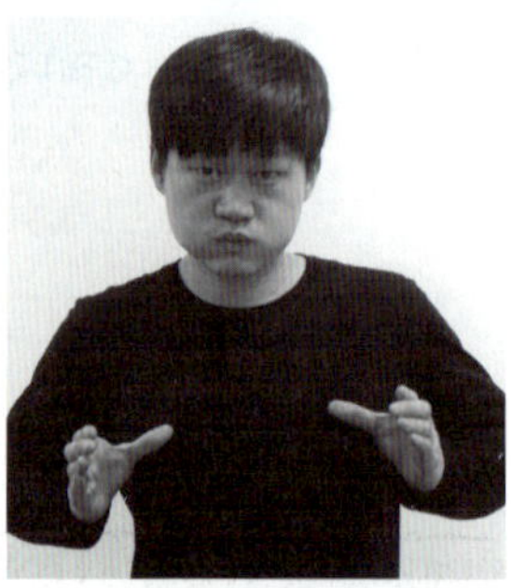

안경이 얇다 vs. 안경이 두껍다

4. 가격 표현

'얼마예요?'라고 가격을 물을 때는 〈돈+얼마〉로 표현합니다. 〈얼마〉는 물어보는 표정을 함께 합니다. 대답으로 '5천원이에요'는 5지만 편 한손으로 '千'(천)자를 씁니다. 만은 10,000으로 동그라미가 4개이므로 동그라미를 동시에 표시하기 위해 5지와 네 손가락 끝을 접촉합니다. '1만 5천원이에요'는 〈1만+5천〉을 연이어 표현합니다. 아래의 가격 표현을 연습해 보세요.

A: 얼마예요?

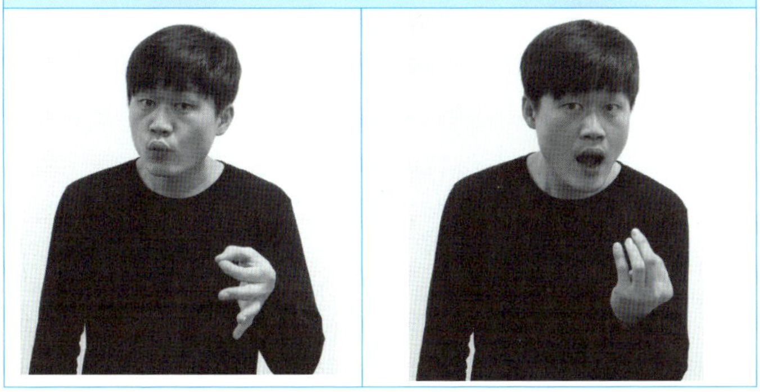

B: 5천원이에요.

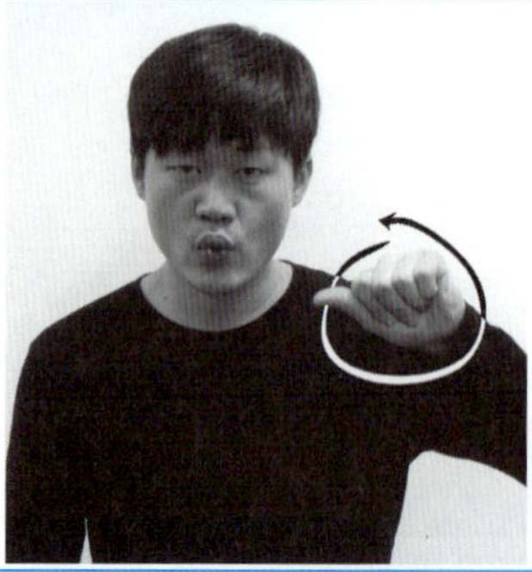

B: 1만 4천원이에요.

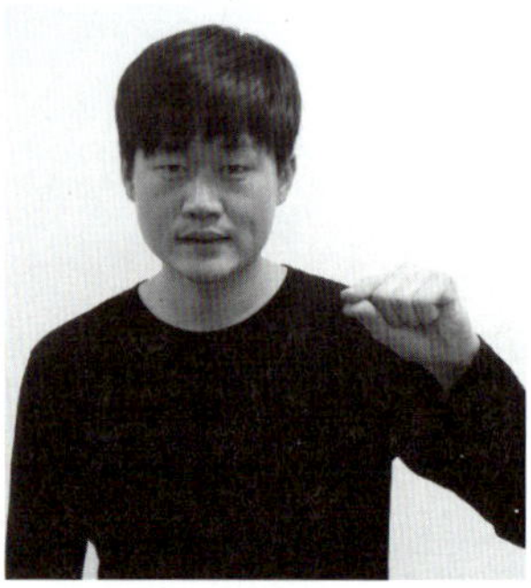

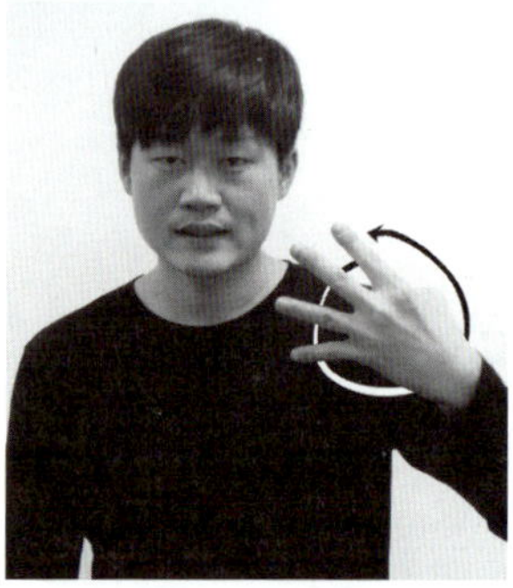

제 11 강

무슨 일 하세요?

제 11 강

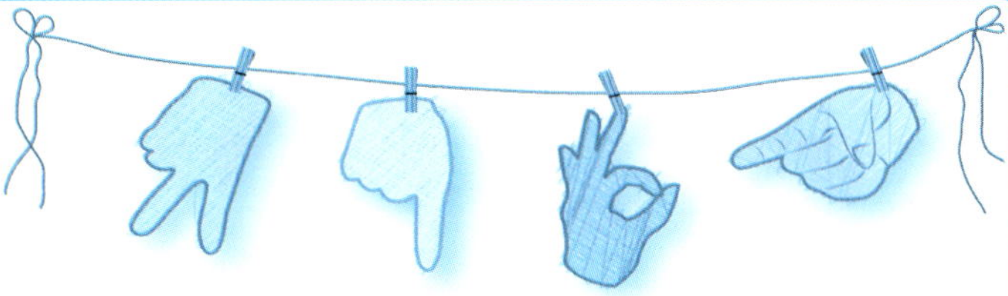

무슨 일 하세요?

직업을 물어보는 표현법, 부정 표현, 사양 표현, 그리고 어떤 일을 해내는 능력에 대한 여러 표현들을 살펴봅니다.

Step 1 오늘의 단어

학생	감사하다	실례하다(미안하다)
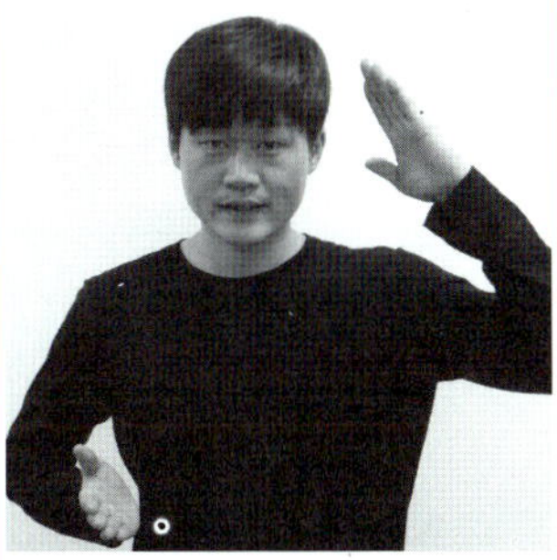		

직장인		아무거나
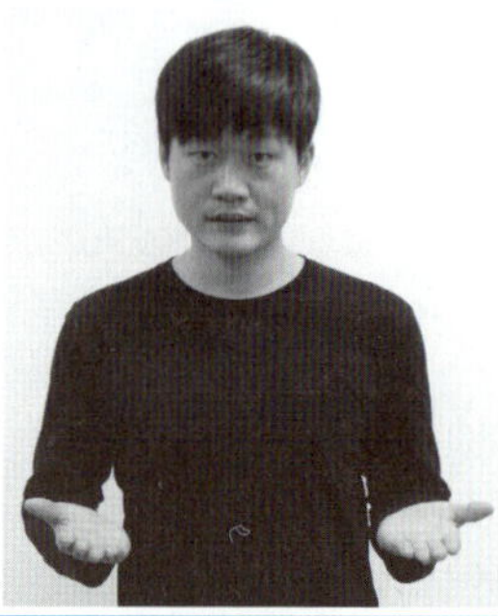	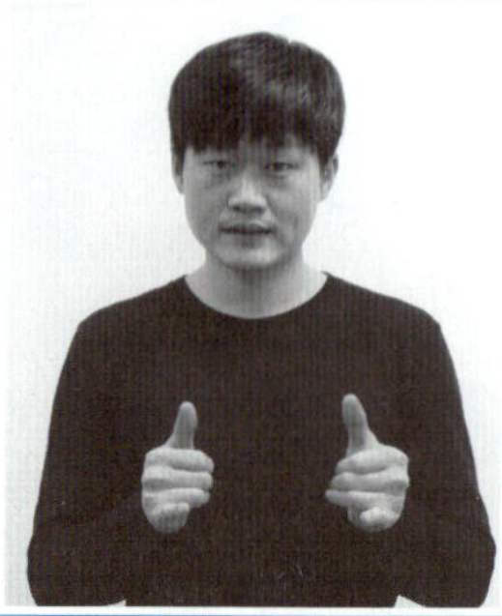	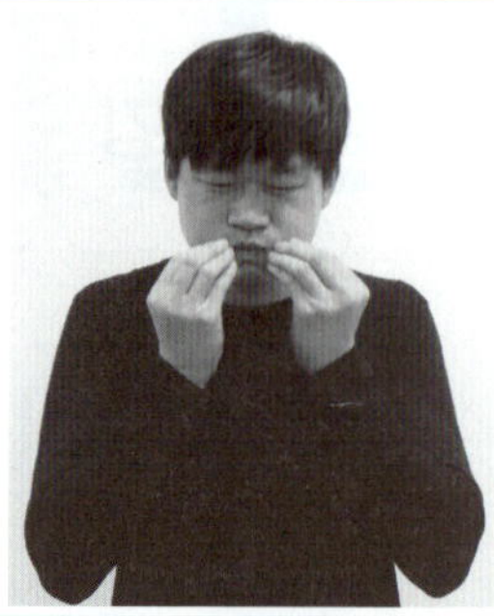
자신		가장
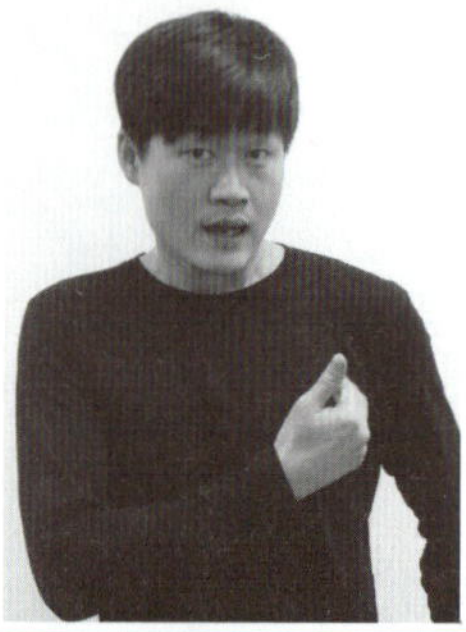	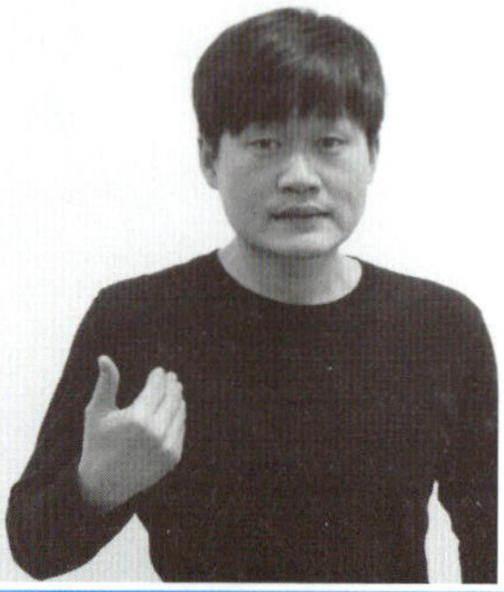	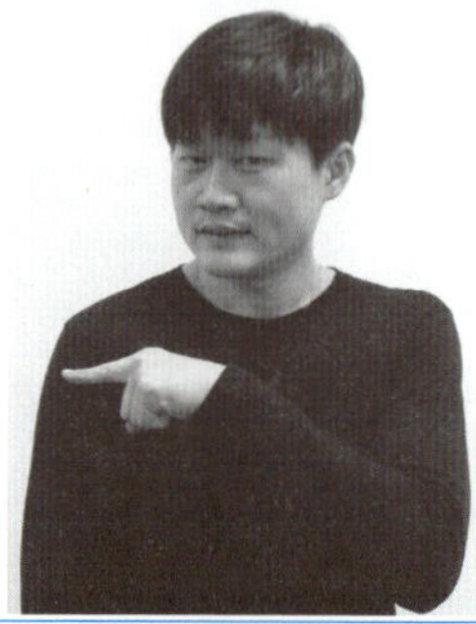
요리사		요리
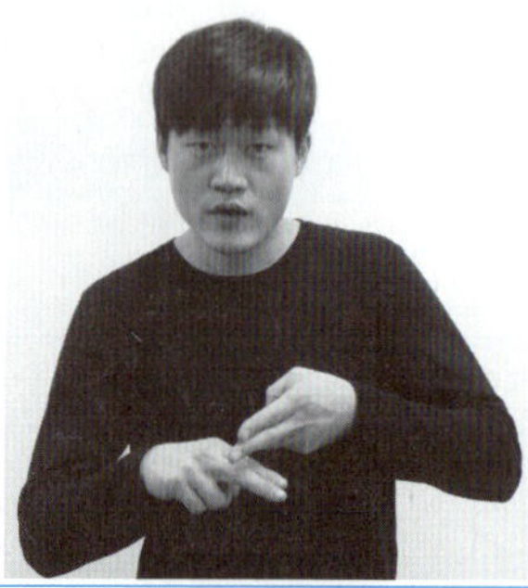	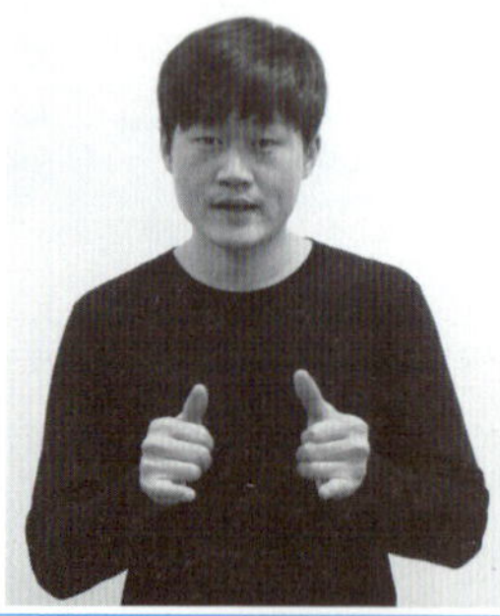	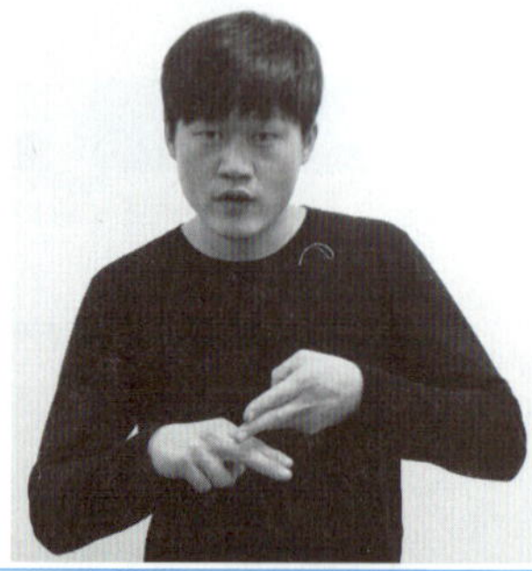
음식		스파게티
	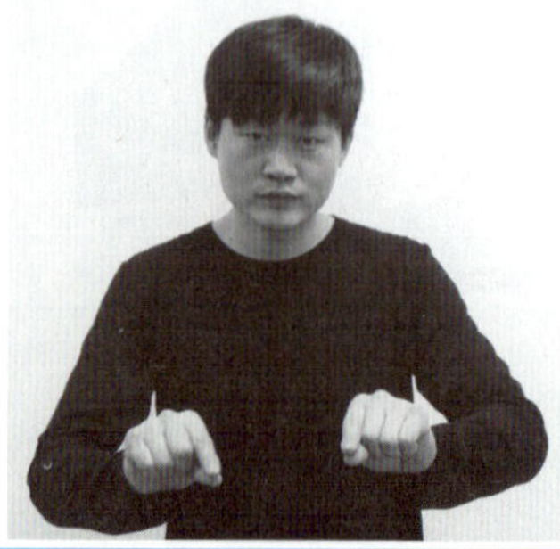	

대학교(2학년)

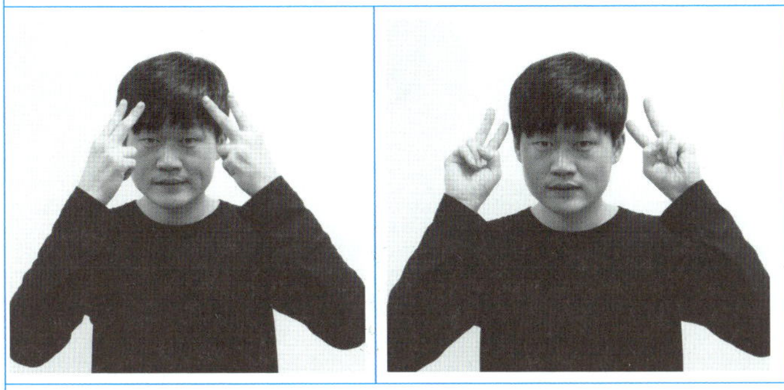

드리다

잘

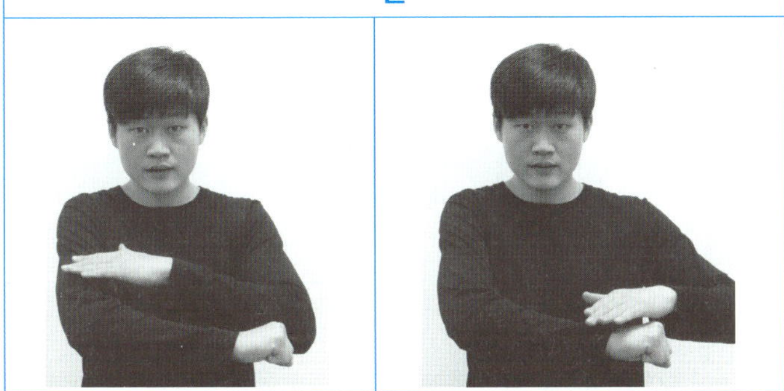

말다

이탈리아

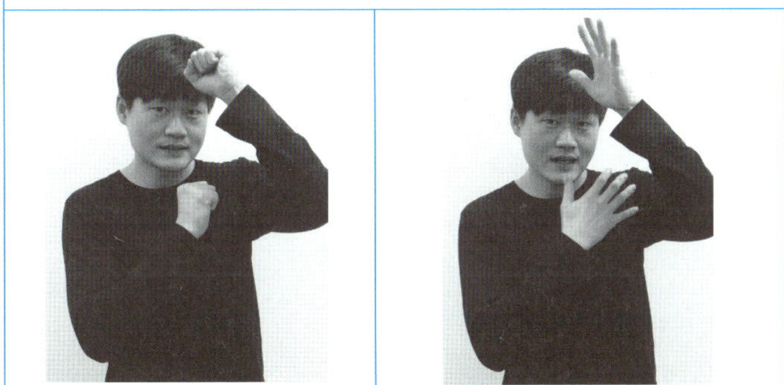

피자

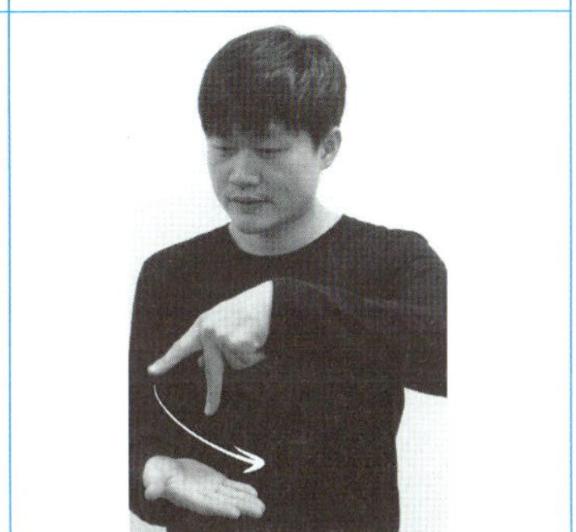

실망하다

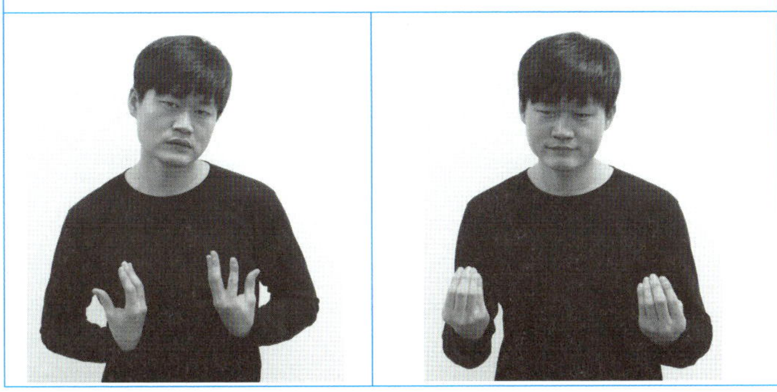

맛있다

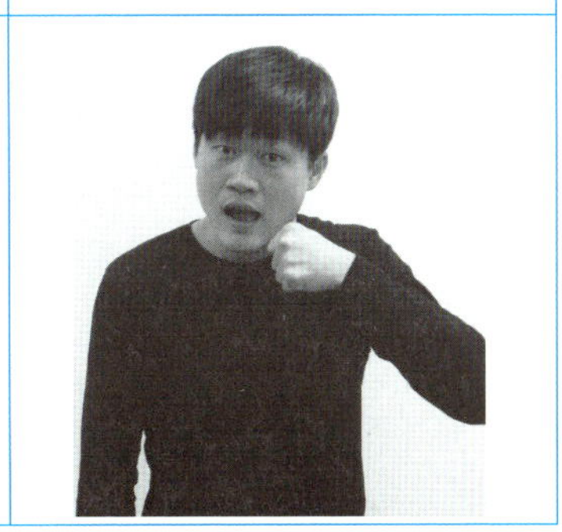

기대	크다

Step 2 대화 연습

A: 학생인가요?

B: 예, 대학교 2학년입니다. 당신도 학생이에요?

A: 아니에요. 직장인입니다.

B: 죄송해요. 어려 보여서 실례했어요.

A: 괜찮습니다. 그런 말 자주 들었어요.

B: 무슨 일 하세요?

A: 요리사입니다.

B: 아, 그러세요. 가장 자신 있는 요리가 뭐에요?

A: 이탈리아 음식을 잘 합니다.

B: 진짜요? 저도 피자와 스파게티를 좋아해요.

A: 그럼 언제 맛있게 만들어 드리겠습니다.

B: 감사해요. 정말 기대가 됩니다.

A: 아니에요. 기대가 크시면 실망도 큽니다.

B: 걱정하지 마세요. 저 아무거나 잘 먹어요.

Step 3 문법&표현

1. 직업을 물어보는 표현

직업을 물어 볼 때는 〈일+무엇〉이라고 하면 됩니다. 직업을 표현할 때는 보통 직업명 다음에 〈사람〉을 결합하면 됩니다. 만화가는 〈만화+사람〉, 화가는 〈그림+사람〉, 농부는 〈밭+사람〉입니다. 그러나 의사는 〈진찰+선생〉라고 하여 예외적인 경우도 있습니다.

직업이 뭐에요?

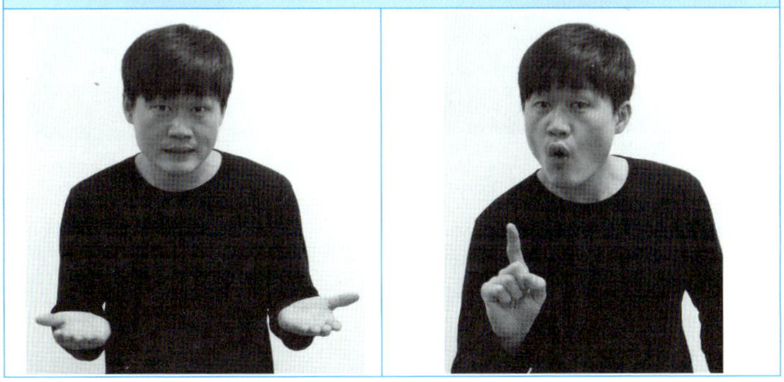

2. 그런 말 자주 들었어요.

'그런 말 자주 들었어요' 문장은 〈여러 사람들이 말하다+듣다+완료〉로 표현할 수 있습니다. 〈여러 사람들이 말하다〉는 〈나에게 말하다〉를 양손을 교대로 산출하여 '여러 사람들'이라는 복수의 의미를 나타냅니다.

그런 말 자주 들었어요.

3. 부정 표현: 단순 부정, 의지 부정

(1) 단순 부정

대화 상대자가 '학생이에요?'라고 물었을 때 그 사실을 부정할 때는 '아니요'라고 대답하면 됩니다.

A: 학생이에요?

B: 아니요.

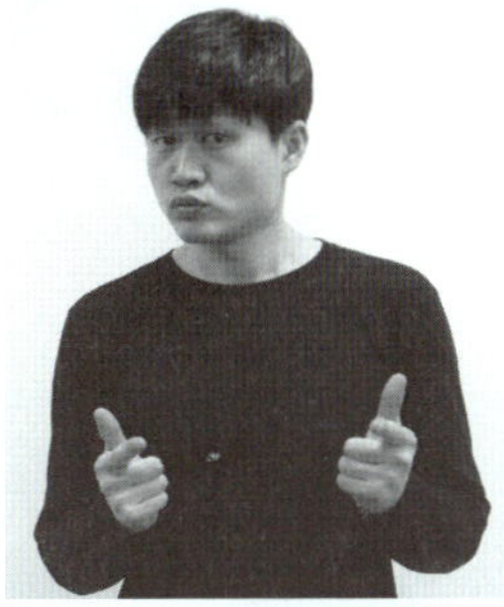

A: 당신은 농인인가요?

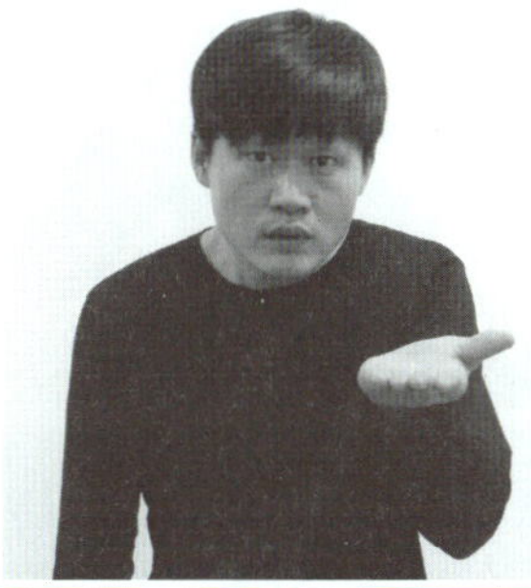

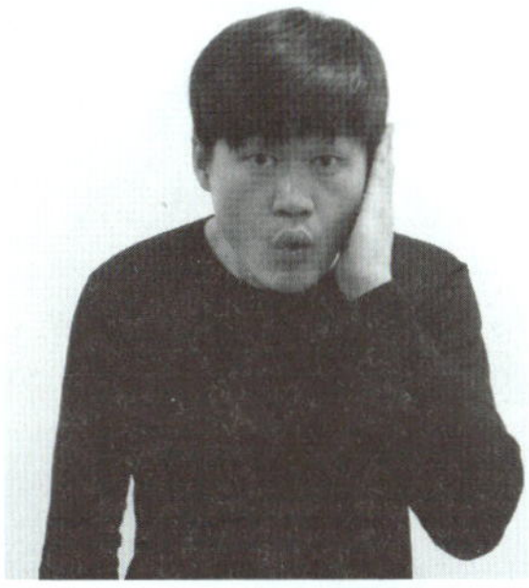

B: 아니요.

이것은 학생이라는 사실을 단순하게 부정하는 것입니다. 학생이 맞는다면 고개를 상하로 끄덕이거나 〈맞다〉로 대답하면 됩니다. 또한 '당신은 농인인가요?'라고 물어보면 '아니요'라고 답하면 됩니다.

(2) 의지 부정

대화의 마지막 부분에서 상대방이 자신의 요리에 큰 기대를 한다고 말할 때 그에 대한 대답으로 '아니요'라고 말할 수도 있고 또는 한 손을 흔들어 상대에게 그러지 말라고 말할 수 있습니다. 한손 흔들기는 '사양'의 의미로 사용합니다. 식사 자리에서 이제 배불러서 도저히 먹을 수 없을 때, 상대방이 음식을 더 권유했을 때 사용할 수 있습니다.

A: 더 드실래요?

B: 아니에요.

4. 사양 표현

농인과 청인사이에서 가끔씩 의사소통의 불통이 일어나는 경우가 있습니다. 농인에게 차를 마시겠냐고 권할 때 농인들은 보통 〈괜찮다〉라고 대답을 합니다. 이 말을 들은 청인은 마시지 않겠다는 사양의 의미로 해석하여 차를 내오지 않습니다. 그러나 농인은 차를 줄 거라고 생각하고 계속 기다려도 가져오지 않을 때 당

황하게 됩니다. 농인은 '차를 줘도 괜찮다'는 의미였습니다. ※ 차의 종류는 여러 가지가 있겠지만 〈커피〉로 표현해도 무난합니다.

A: 커피 드실래요?

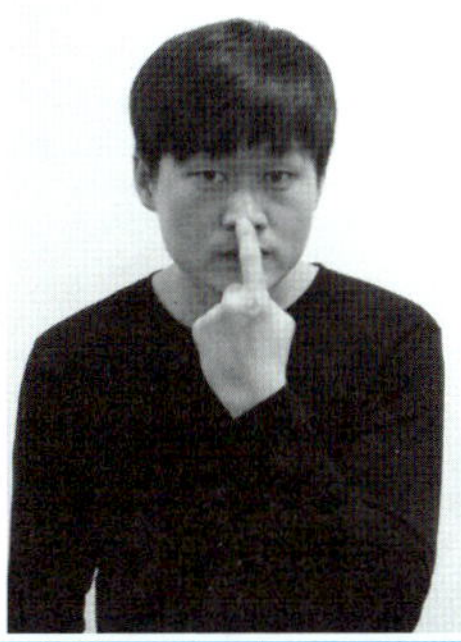

B: 괜찮아요.

5. 능력 표현

수어 능력을 나타내는 여러 표현들을 살펴볼까요?

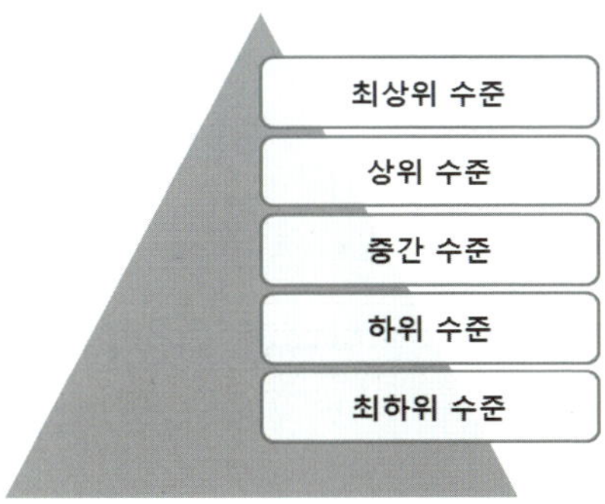

(1) 최상위 수준인 '수어를 정말 잘한다'고 할 때는 〈수어+고급(고등+최고)〉으로 표현합니다. 〈고등〉은 오른손을 엄지와 손끝을 모아 이마에서 반시계방향으로 두 번 돌립니다. 〈최고〉는 편 왼손 바닥에 편 오른손 손끝이 닿도록 합니다. 군계일학처럼 눈에 띄게 특출하게 잘할 때 이 표현을 사용합니다.

수어를 정말 잘한다.

(2) 상위 수준인 '수어를 잘한다'고 할 때는 오른손 주먹으로 왼손의 팔뚝 부위를 치는 동작으로 합니다.

수어를 잘한다.

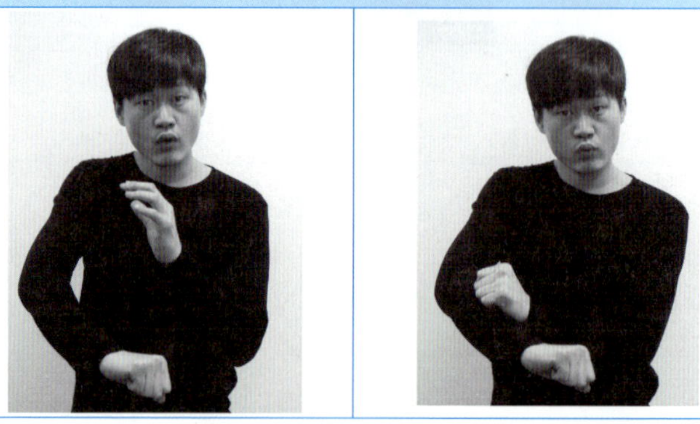

(3) 중간 수준인 '수어를 할 수 있다'는 〈수어+가능하다〉로 표현하면 됩니다. '수어를 할 줄 안다, 적당히 할 줄 안다' 정도의 의미가 됩니다. 이때 자신감 있는 표정과 절도 있는 동작을 한다면 '수어를 잘 한다'라고도 이해될 수 있기 때문에 얼굴 표정에 주의를 기울여야 합니다.

수어를 할 수 있다.

(4) 중간 수준인 '수어 실력이 보통이다'는 〈수어+보통〉으로 표현합니다.

수어 실력이 보통이다.

(5) 하위 수준인 '수어를 잘하지 못한다'는 〈수어+못하다1〉로 표현합니다. 〈못하다1〉는 오른손을 펴서 왼손 팔뚝 부위를 스칩니다. 어떤 일을 잘 하지 못할 때 빈번히 사용됩니다. 〈일+못하다1〉, 〈요리+못하다1〉 등입니다.

수어를 잘하지 못한다.

(6) 최하위 수준인 '수어를 정말 못한다'는 〈수어+꼴찌〉로 표현하면 됩니다. 이 표현은 아주 못한다는 의미입니다. 그 밖에도 〈공부+꼴찌〉라고 하면 '공부를 정말 못한다'는 뜻입니다.

수어를 정말 못한다.

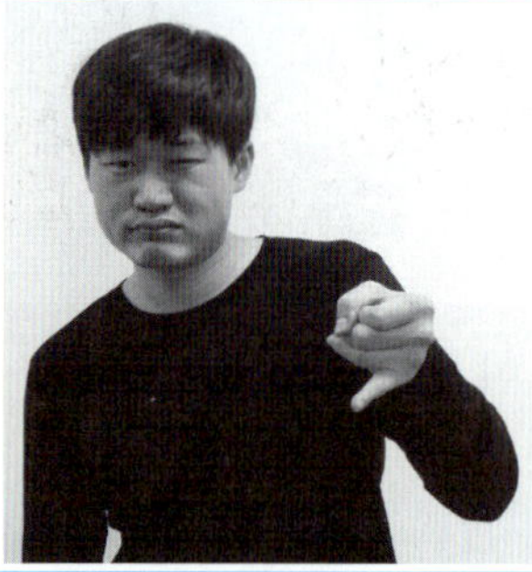

💡 〈못하다1〉 vs. 〈못하다2〉

한국수어 〈못하다1〉과 〈못하다2〉는 한국어로는 동일하게 '못하다'로 표현되지만 〈못하다1〉은 실력이나 수준이 어느 선에 미치지 못함을 의미합니다. 그러나 〈못하다2〉는 할 수 없거나(거절) 불가능함을 의미합니다. 〈못하다2〉는 오른손 1, 5지로 오른쪽 볼을 살짝 잡는 것으로 표현합니다. 아래 용례들을 보면 두 어휘의 차이가 확실해질 것입니다. 개인마다 소리를 들을 수 있는 정도의 차이는 있지만 농인이라고 할 때 전제되는 것은 소리를 전혀 들을 수 없다는 것이므로 〈농인+듣다+못하다2〉로 표현하는 것이 적절합니다.

모임에 참석하지 못해. 〈모임+참석하다+못하다2〉 ○

농인은 듣지 못해요.〈농인+듣다+못하다2〉 ○

모임에 참석하지 못해.〈모임+참석하다+못하다1〉 ×

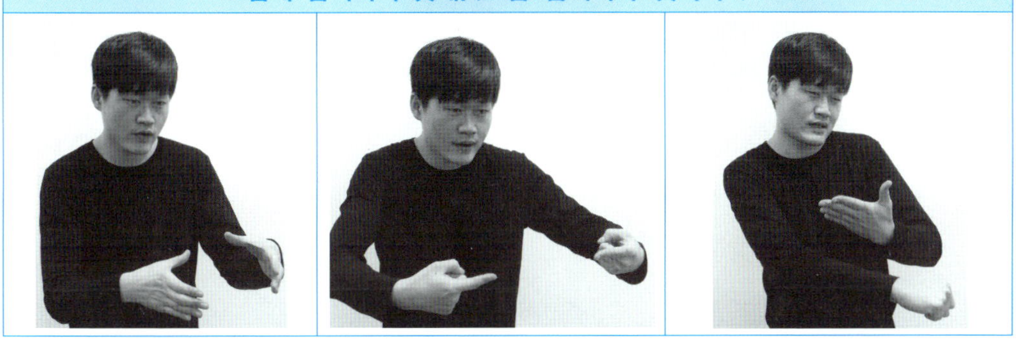

농인은 듣지 못해요.〈농인+듣다+못하다1〉 ×

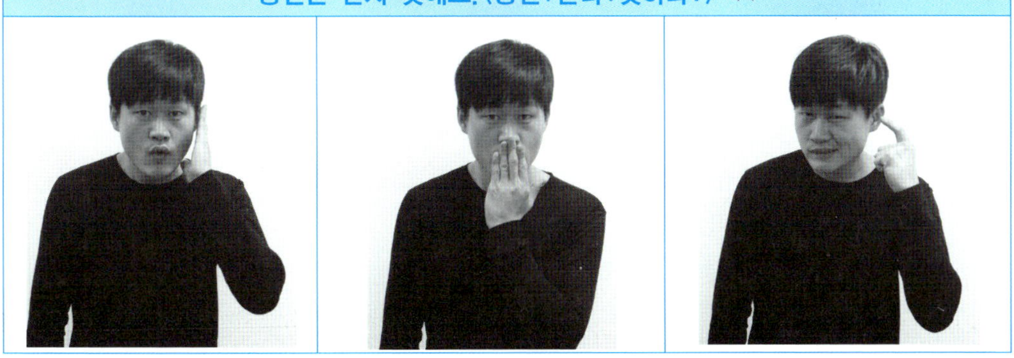

제 12 강

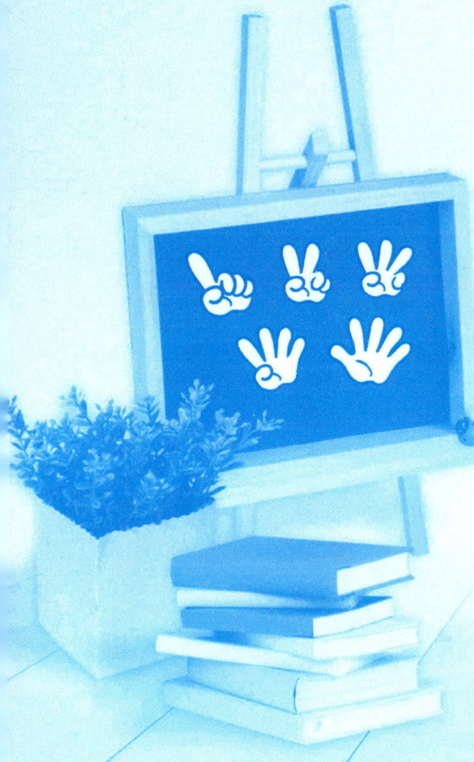

오늘은 비가 올까요?

제12강

오늘은 비가 올까요?

한국수어에서 가랑비, 소나기와 같이 내리는 비의 양이나 모습이 다를 때는 손의 움직임과 얼굴 표정에서 변화가 있습니다. 날씨와 계절, 그리고 비가 내리는 다양한 모습을 어떻게 표현할까요?

Step 1 오늘의 단어

정확하다		싫다
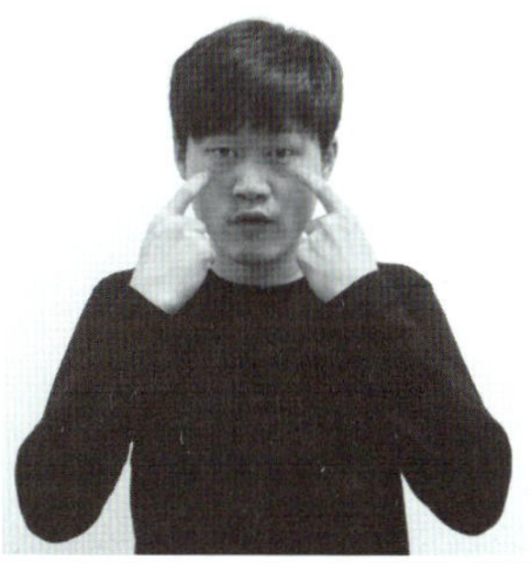	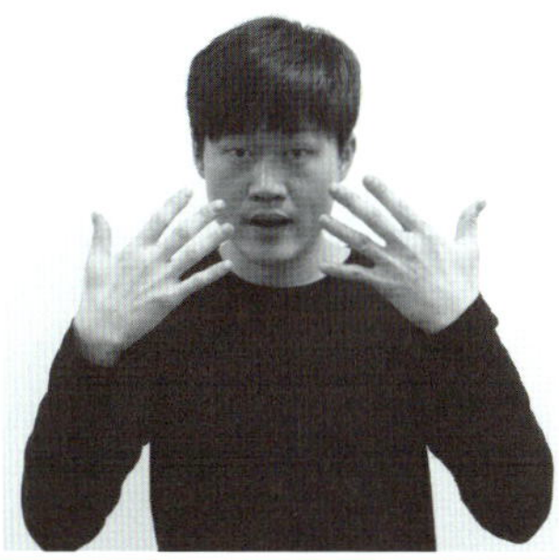	

점점		오늘
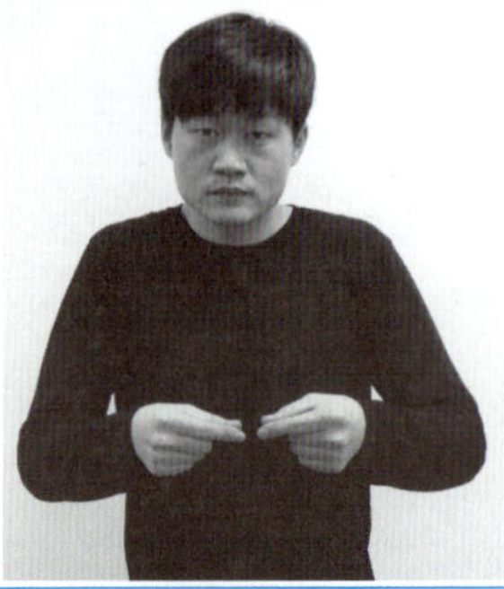	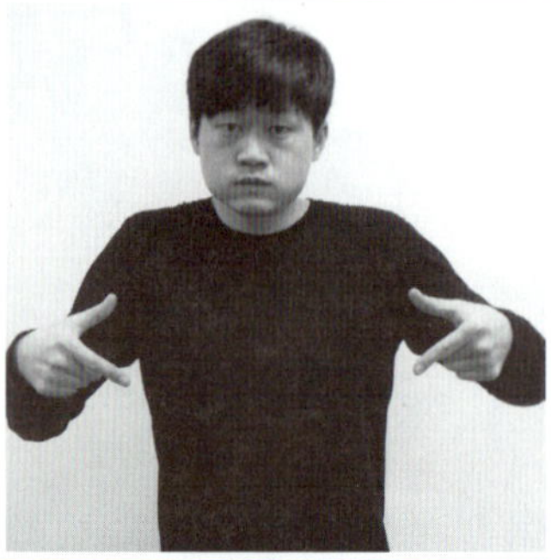	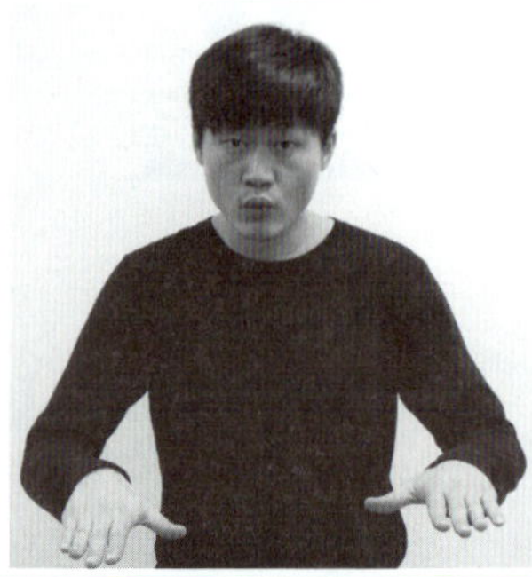
기온이 상승하다		**가지고 다니다**

시원하다		**계절**
		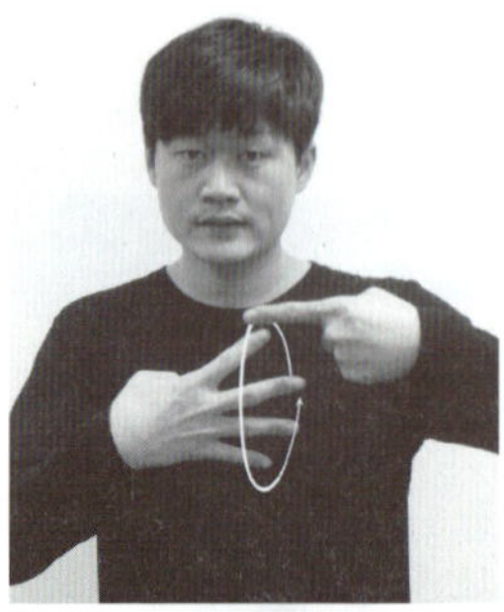
비		**가을**
	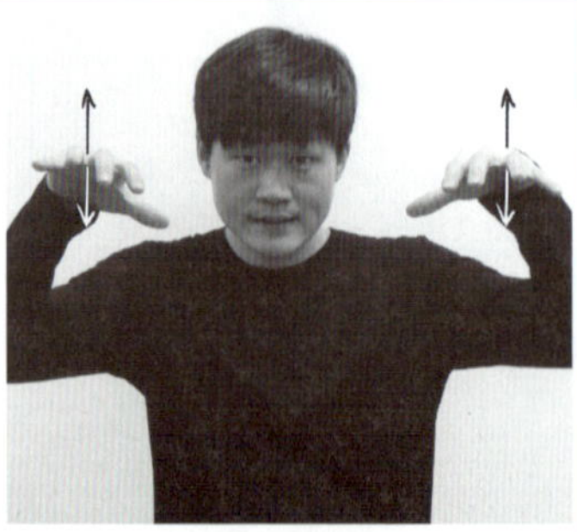	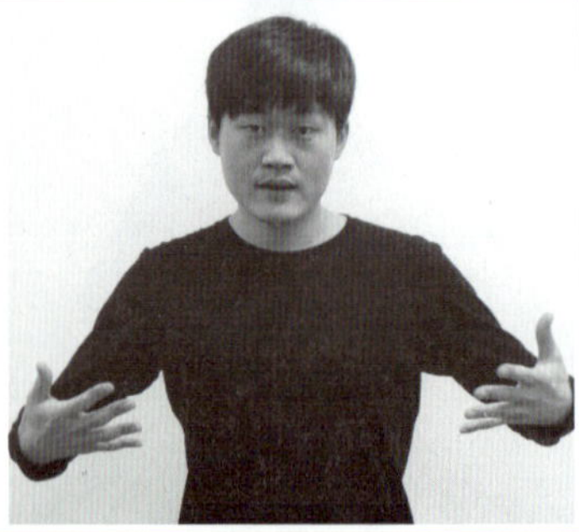

구별		여름(덥다)
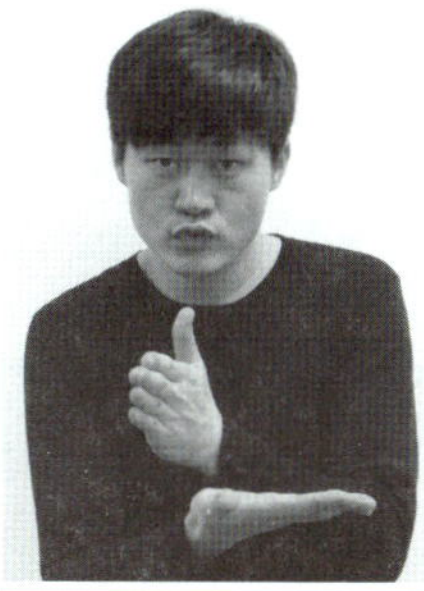		
옛날		산
	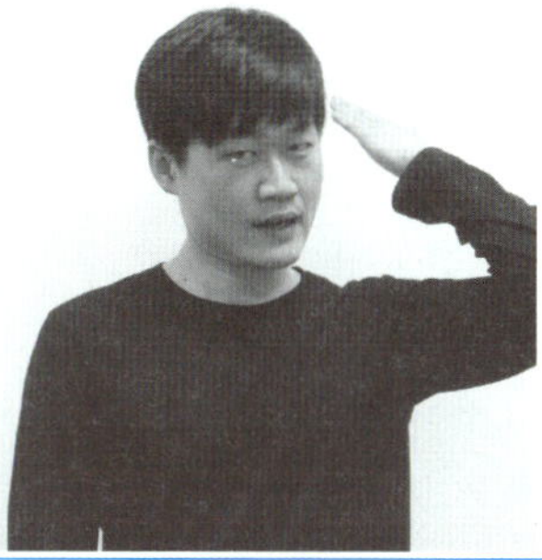	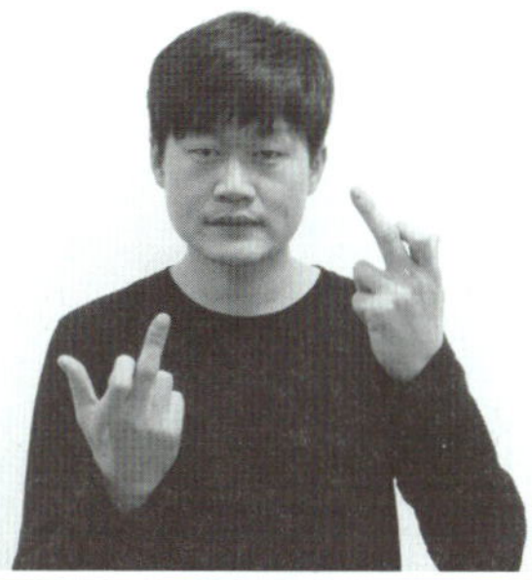
사라지다		지구
	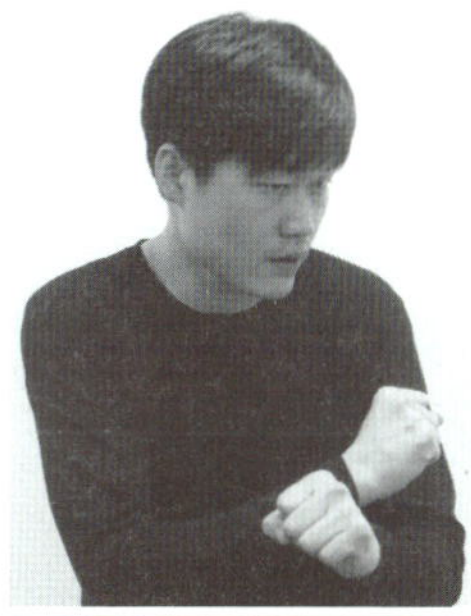	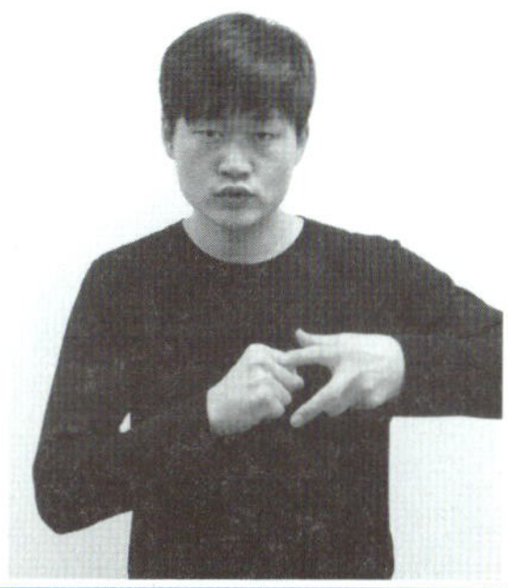
계획		다가오다
	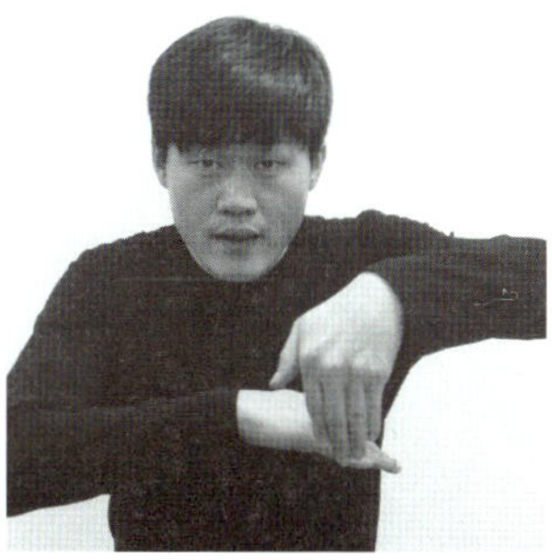	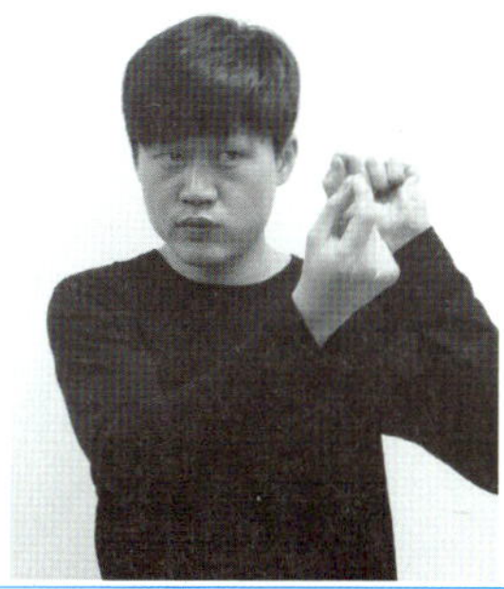

휴가

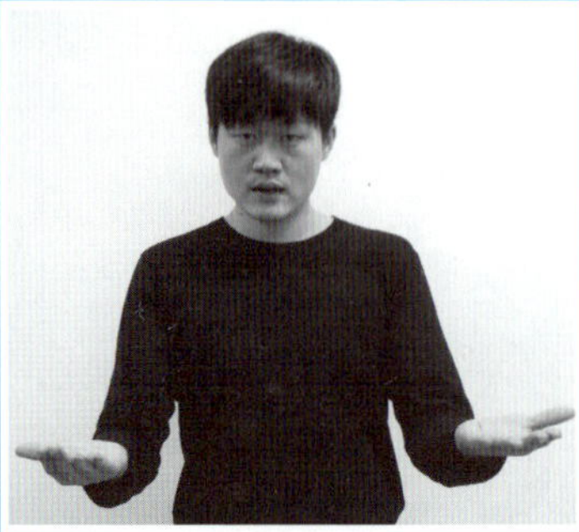

지금

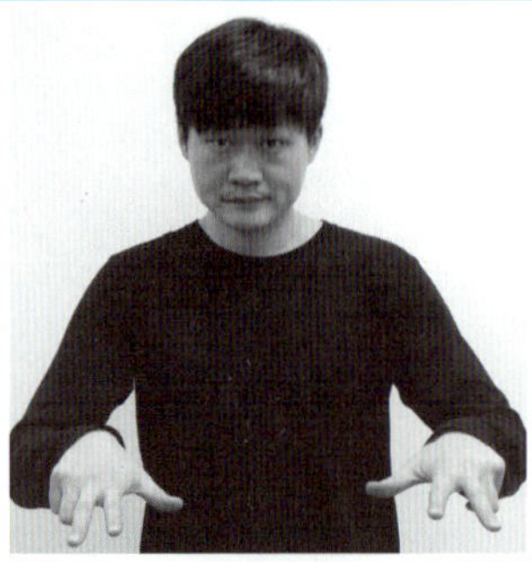

그러나

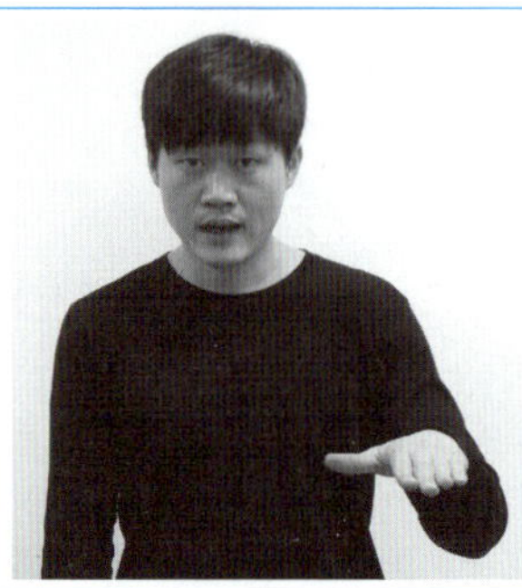

따뜻하다(봄)

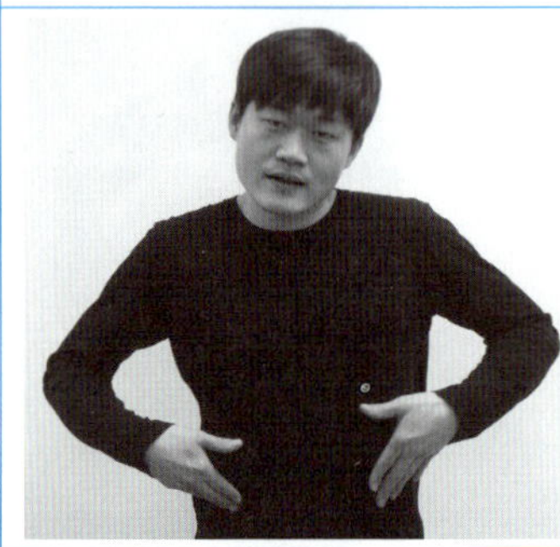

우산1

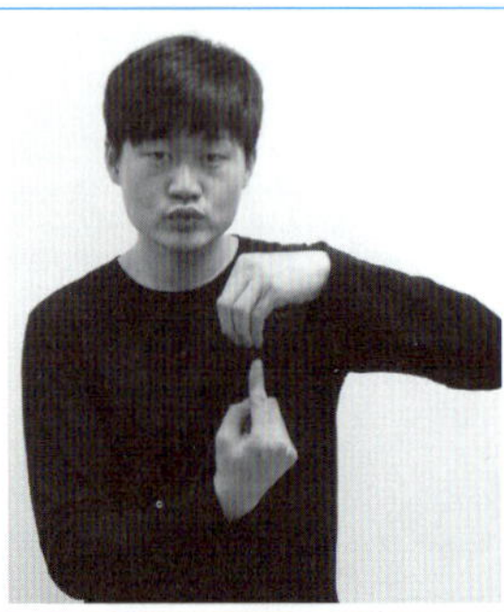

우산2

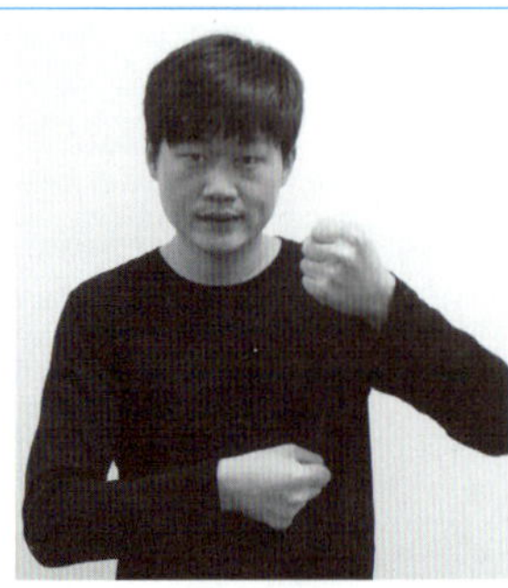

일기예보

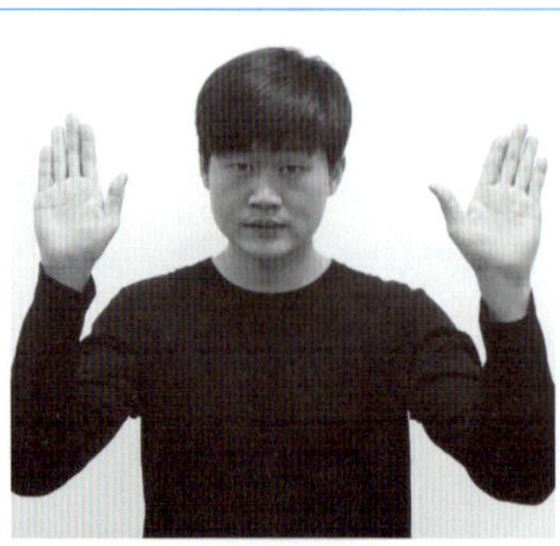

일기예보

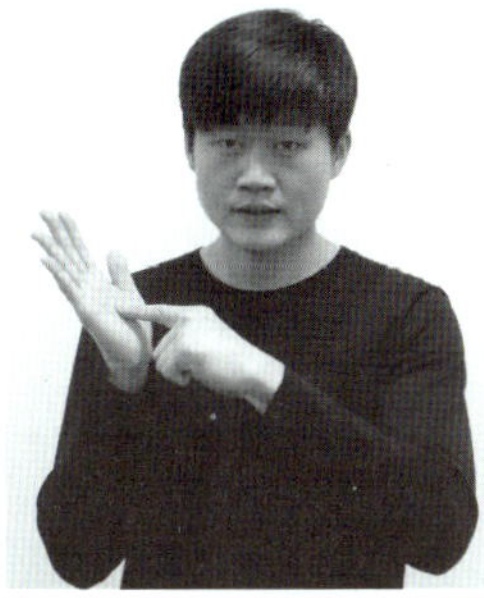

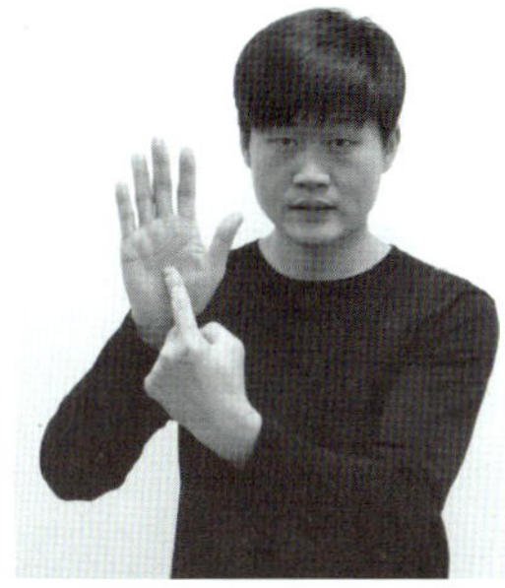

소나기

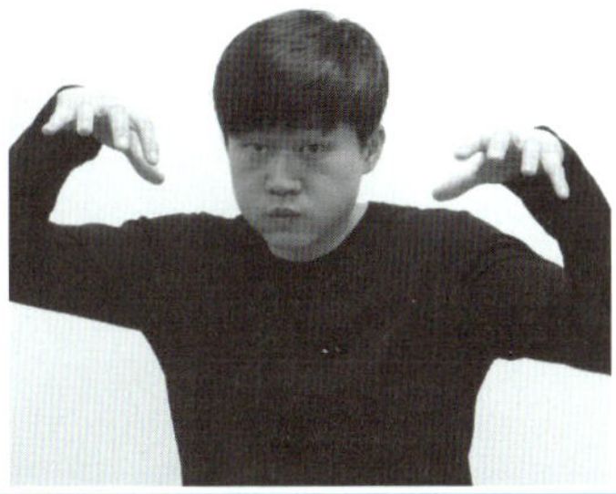

Step 2 대화 연습

A: 지금 비가 오나요?
B: 안 와요. 왜요?
A: 오늘 아침 일기예보에서 비가 온다고 했거든요.
B: 일기예보가 항상 정확하지는 않지요. 그래서 저는 늘 우산을 갖고 다녀요.
A: 그거 좋은 생각이네요. 어느 계절을 좋아하세요?
B: 여름을 좋아해요. 덥지만 소나기가 내리면 시원하잖아요.
A: 저는 여름은 더워서 싫어요. 봄과 가을을 좋아해요.
B: 옛날에는 4계절 구별이 뚜렷했는데 요즘은 가을과 봄이 사라져 가요.
A: 지구가 점점 따뜻해지는 거죠.
곧 여름이 다가오네요. 휴가 계획 있으세요?
B: 아직 없어요. 아마도 가까운 산으로 놀러 갈 것 같아요.

Step 3 문법&표현

1. 부정 표현

두 사람의 대화에서 비가 오냐고 물어봤을 때 '비가 오지 않는다'고 대답할 때 '아니요'라고 할 수 있지만 시각언어다운 부정의 표현으로 '없어요'를 사용하여 대답할 수도 있습니다. 이 부정 표현은 〈예쁘다+없다〉, 〈멋있다+없다〉에서처럼 직역하면 예쁜 것이 없다, 멋이 없다가 되어 '예쁘지 않아요', '멋지지 않아요'라는 부정의 의미를 나타냅니다. 또한 〈바쁘다+없다〉도 '바쁘지 않아요'라는 의미가 됩니다. 시각적으로 사물을 판단하는 농인들의 특성에서 본다면 아주 재미있는 표현입니다.

A: 비가 오나요?

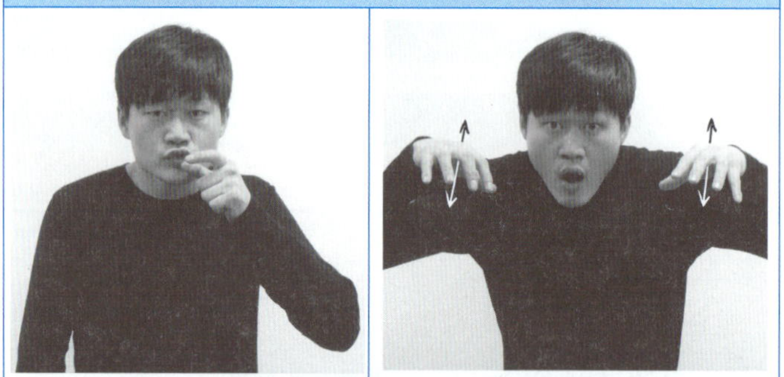

B: 비가 오지 않아요.

예쁘지 않아요.

멋지지 않아요.

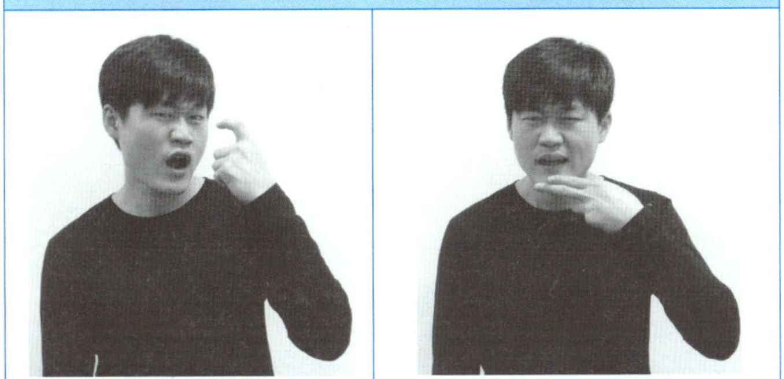

바쁘지 않아요.

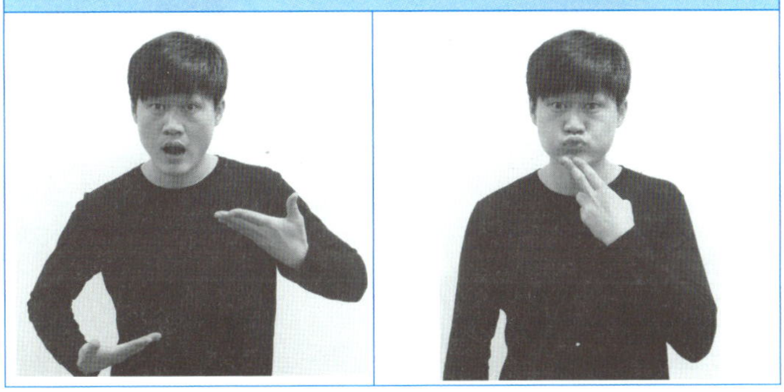

2. 비가 오는 양에 따른 표현

한국어는 비의 양에 따라 비를 지칭하는 이름이 다양합니다. 가랑비는 가늘게 내리는 비를 말합니다. 소나기는 세차게 내리다가 금방 그치는 비를 말합니다. 한국수어로는 어떻게 표현될까요?

비가 내리기 시작하다.

가랑비가 내리다.

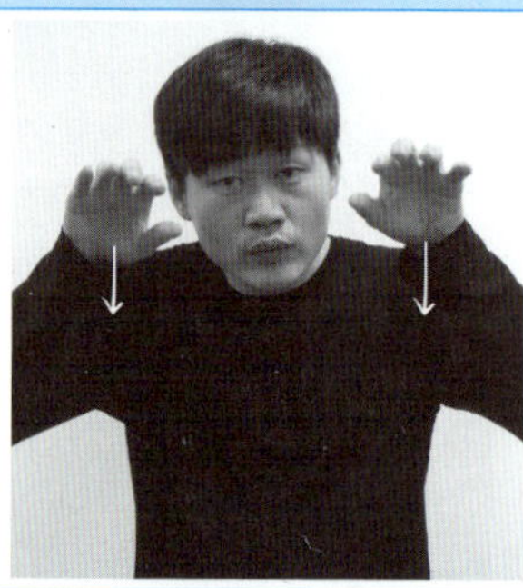

소나기가 내리다.

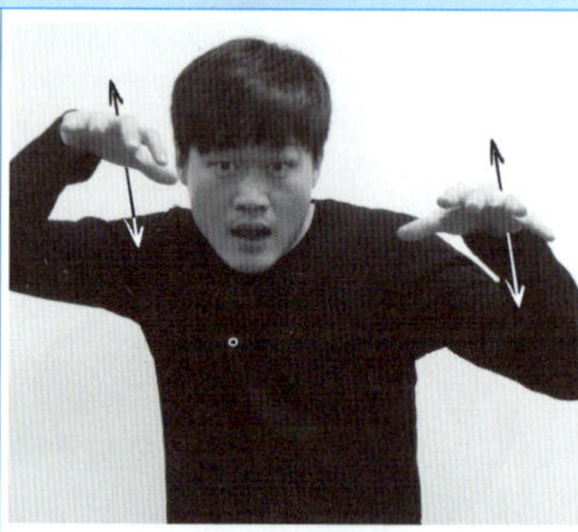

비가 그치다.

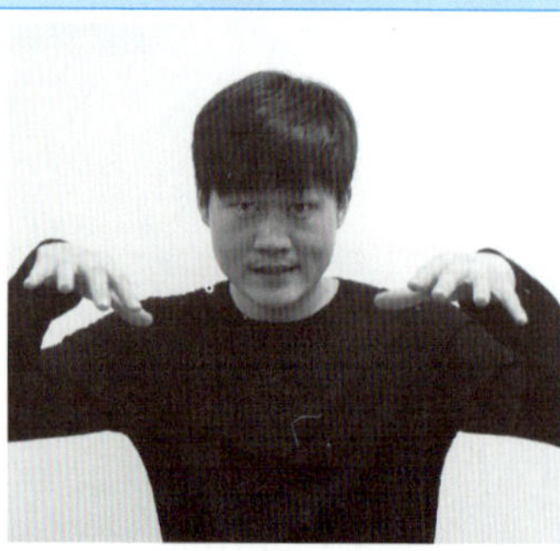

3. 거리 표현

일반적으로 '학교와 병원이 가깝다'와 같이 지리적으로 가깝다는 표현은 양손을 1, 5지 끝을 붙인 손을 떨어진 위치에서 가깝게 접근합니다. 〈학교+병원+장소a/장소b+가깝다〉입니다. 이와 반대로 '학교와 병원이 멀다'는 양손을 근접했다가 간격이 벌어지게 이동합니다. 또한 〈학교+병원+멀다〉로 간단히 표현합니다. 비교하는 대상인 '학교'와 '병원'을 왼쪽과 오른쪽에 각각 위치시켜 시각적으로 분명하게 표현합니다.

학교와 병원이 가깝다.

학교와 병원이 멀다.

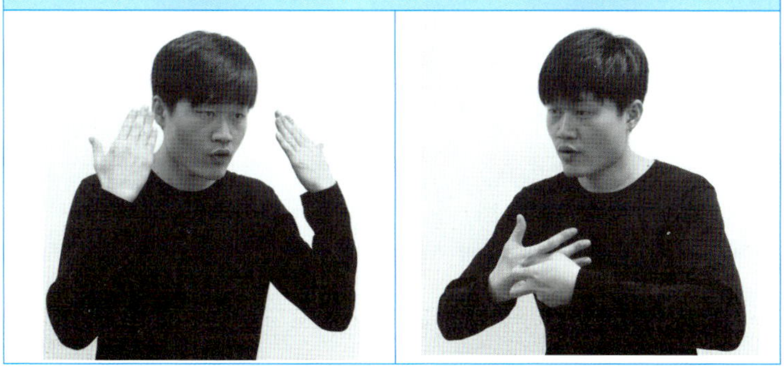

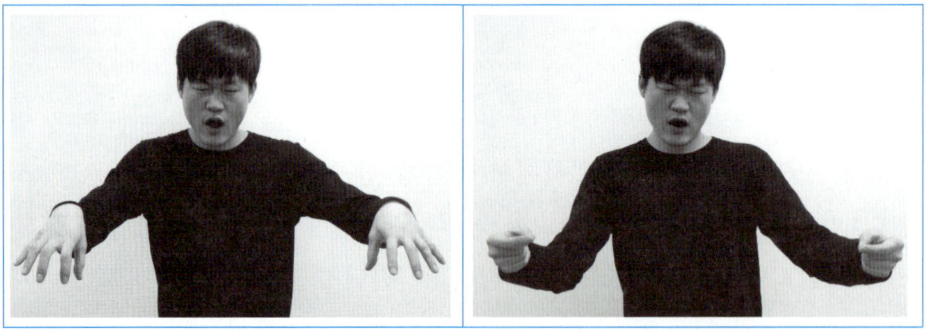

4. ~했거든요

'오늘 아침 일기예보에서 비가 온다고 했거든요'에서 '~했거든요'는 문장 끝에 〈(나에게) 말하다〉를 넣어 표현합니다.

오늘 아침 일기예보에서 비가 온다고 했거든요.

제 13 강

길 좀 물어봐도 될까요?

제13강

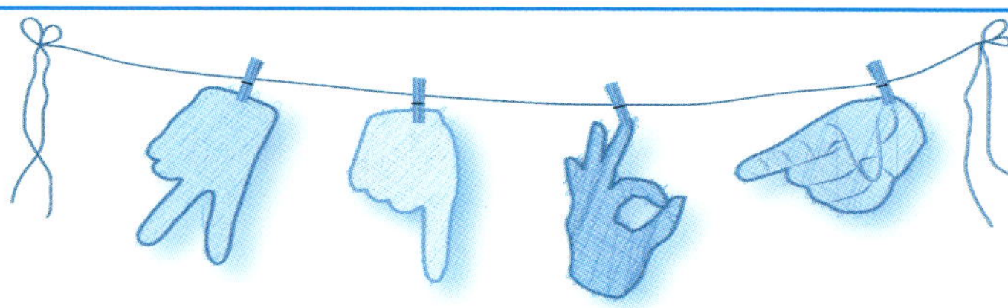

길 좀 물어봐도 될까요?

나이와 분(分)은 모두 턱에서 하지만 움직임에서 차이가 있습니다. 그 차이에 집중하면서 배워 봅시다.

Step 1 오늘의 단어

몇 년 전		
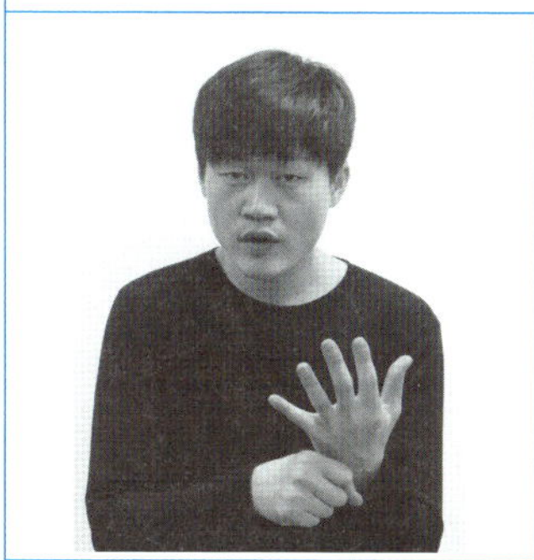	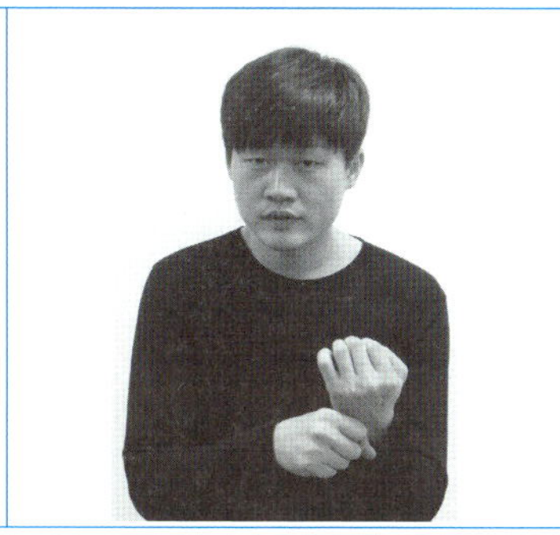	

약국

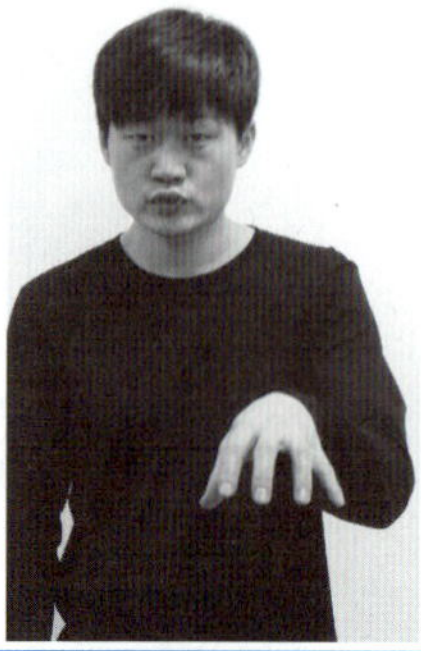

오른쪽

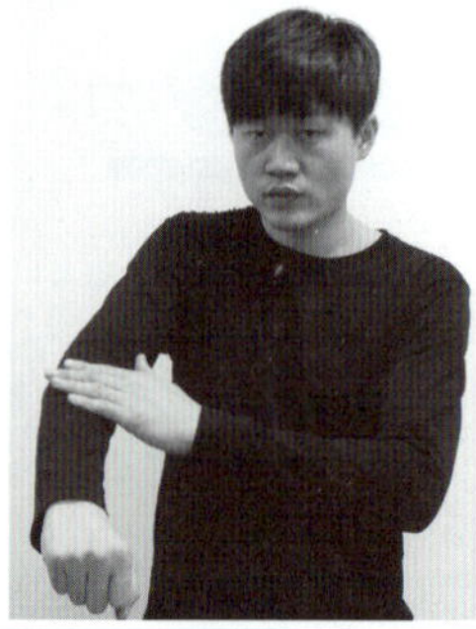

대략

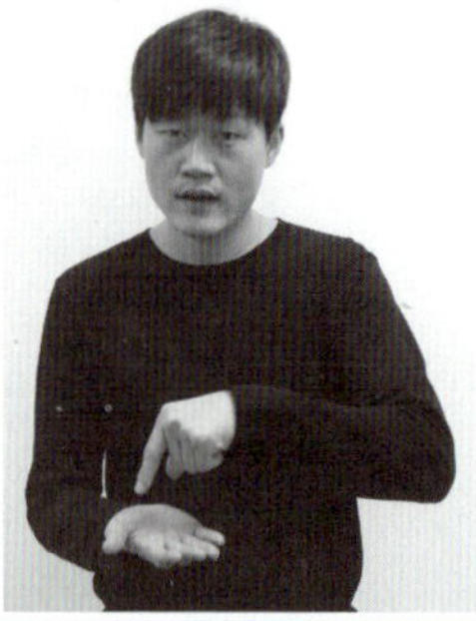

왼쪽

복잡하다

문

옮기다

여기

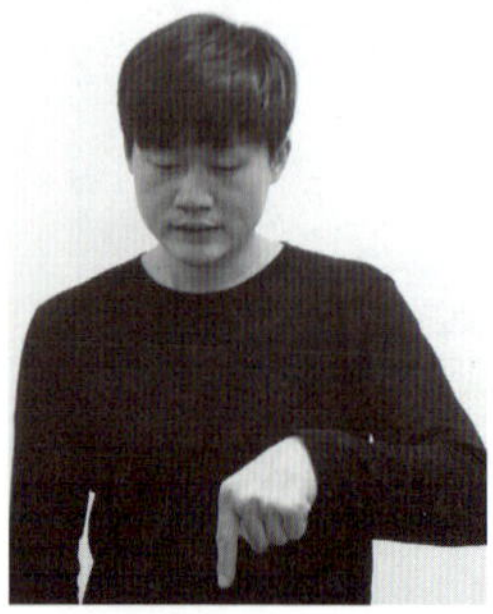

보이다		건물
		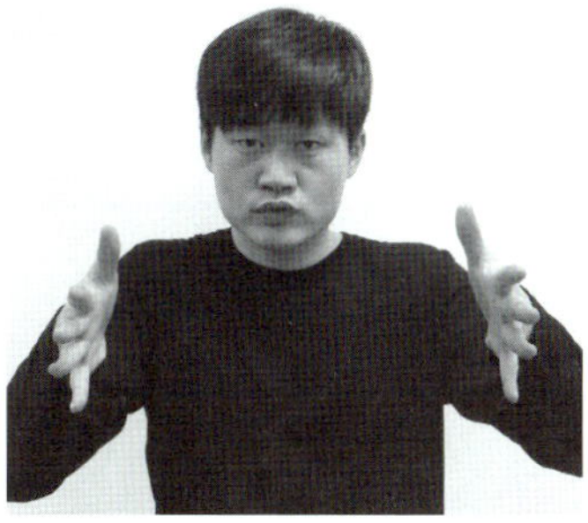
한국		나가다

신호등		건너다
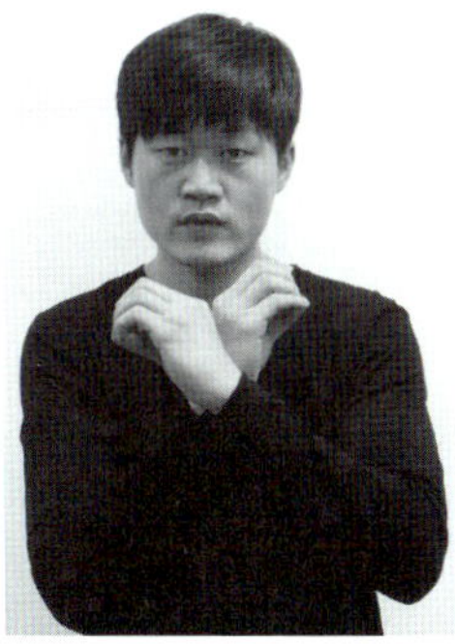	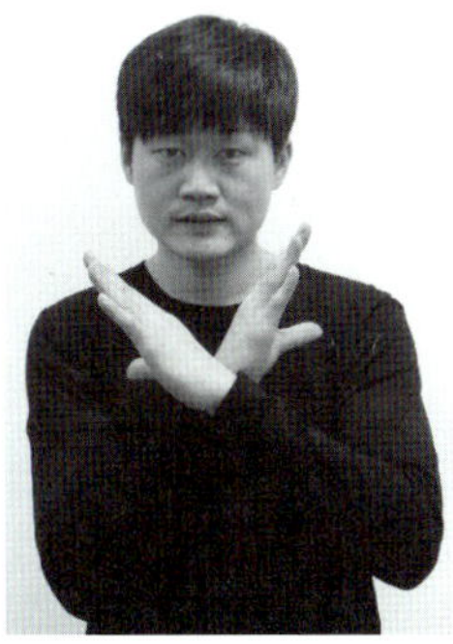	

Step 2 대화 연습

A: 근처에 약국이 있나요?
B: 가까운 곳에는 없고요, 좀 걸어가셔야 되요.
A: 얼마나 걸려요? 어떻게 가요?
B: 대략 5분에서 10분 정도 걸려요.
저 문을 나가셔서 오른쪽으로 쭉 걸어가시다가 신호등을 건너세요.
A: 신호등을 건너가요? 예전에는 이 건물 2층에 있었는데요.
B: 예, 맞아요, 몇 년 전에 옮겼어요.
A: 신호등을 건넌 다음에는요?
B: 신호등을 건너시면 은행이 보일 거예요.
A: 아, 한국은행이요? 여기에 올 때 봤어요.
B: 은행에서 오른편 말고 왼편으로 약국이 보일 거예요.
A: 복잡하지는 않네요.
B: 예, 쉬워요. 신호등까지 쭉 걸어가시면 되요.

Step 3 문법&표현

1. 시간의 소요

걸어서 얼마나 걸리는지 물어 볼 때 〈걷다+몇 분〉이라고 합니다. 몇 분은 턱에서 〈얼마〉를 수어로 표현합니다. 오른손으로 〈얼마〉를 할 경우 손바닥이 왼쪽을 향합니다.

얼마나 걸려요?

2. 나이 표현 vs. 분(分) 표현

〈몇 분〉을 왜 턱에서 할까요? 이것은 분(分) 표현과 관련이 있습니다. 5분은 오른손 5지만 펴서 턱을 스쳐 목 쪽 아래로 이동합니다. 5살은 오른손 5지만 펴서 턱 밑을 스치며 앞으로 이동합니다. 한 가지 유의할 점은 〈10살〉은 오른손 1, 5지를 붙인 10수형이고, 〈10분〉은 오른손 1지의 두 번째, 세 번째 관절을 구부린 수형입니다.

5분

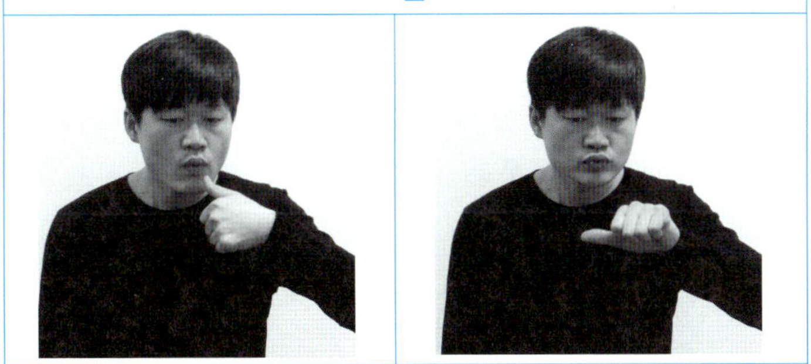

5살

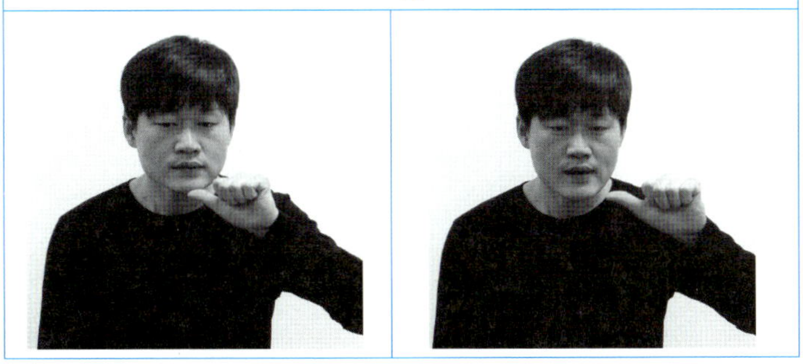

10분

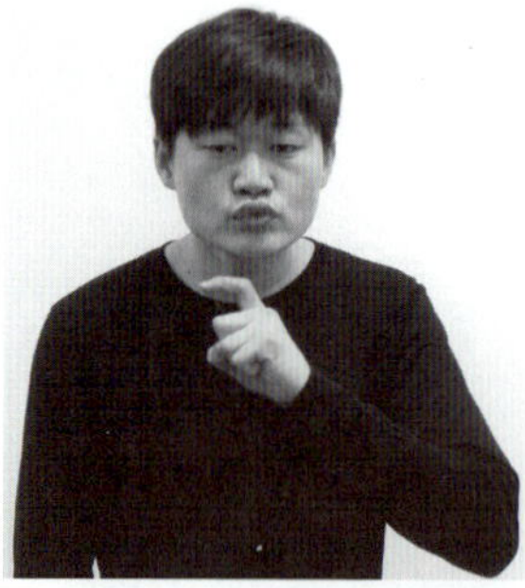

10살

3. 방향 표현

〈오른쪽〉은 왼손 손바닥으로 오른 팔의 팔뚝 부위에 댑니다. 〈왼쪽〉은 오른손 손바닥으로 왼팔의 팔뚝 부위에 댑니다. 대화 상대자들이 마주 보고 있을 때 수어자의 〈오른쪽〉은 대화 상대방에게 〈왼쪽〉으로 보입니다. 그러나 농인들은 방향을 혼동하지 않습니다. 수어자가 자신의 오른팔을 지시할 때 대화 상대방은 즉시 자신의 방향으로 전환하여 인식합니다.

> 💡 지시하는 방향과 동사의 방향을 일치시키세요.

청인들이 수어를 처음 배울 때 실수를 많이 하는 것은 방향 표시와 동사를 일치시키지 않는 것입니다. '저기로 가세요'라고 말할 때 〈저기〉라고 지시하는 방향으로 동사 〈가다〉의 이동 방향을 일치시키도록 주의하세요.

저기로 가세요. ○

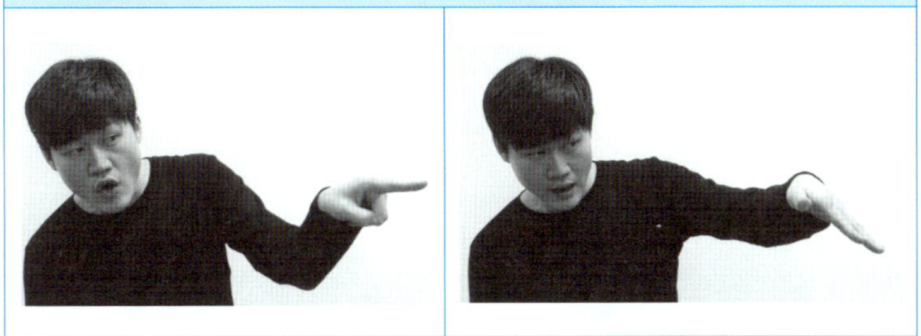

저기로 가세요. ×

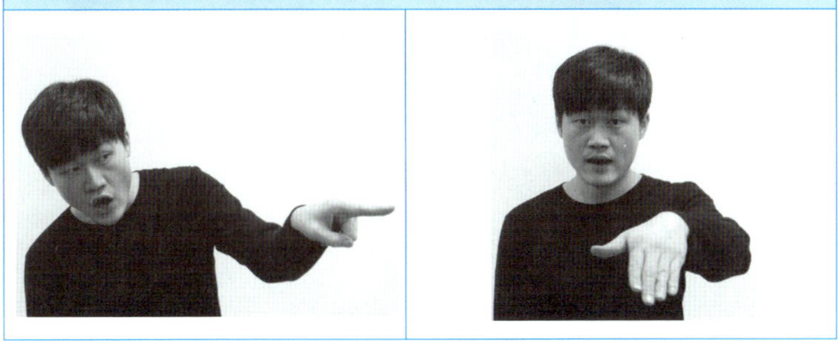

4. 건물의 층수

층수는 바닥을 나타내는 동작과 숫자를 동시에 표현합니다. 〈1층〉은 1지만 편 양손을 나란히 위치했다가 반대 방향으로 이동합니다. 〈2층〉, 〈3층〉, 〈4층〉은 숫자를 2, 3, 4로 바꿉니다. 움직임은 같습니다.

> 다음의 건물 층수를 표현해 볼까요?

'몇 층이에요?'는 층수가 미정이므로 양손을 나란히 위치했다가 양쪽으로 멀어지면서 손가락을 1부터 4지까지 차례로 폅니다. 특히 아파트와 같이 고층 건물의 층수를 물어볼 때는 손가락을 차례대로 펴면서 수평 이동이 아닌 수직 이동으로 할 수도 있습니다. '12층이에요'는 양손을 12로 합니다. 마찬가지로 '50층이에요'는 양손을 50으로 합니다.

A: 몇 층이에요?

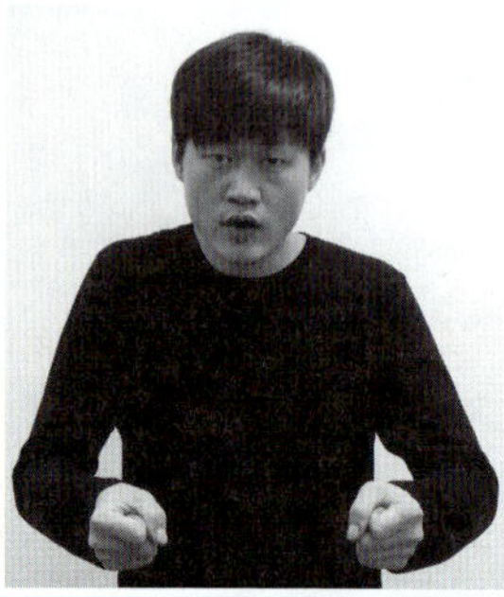

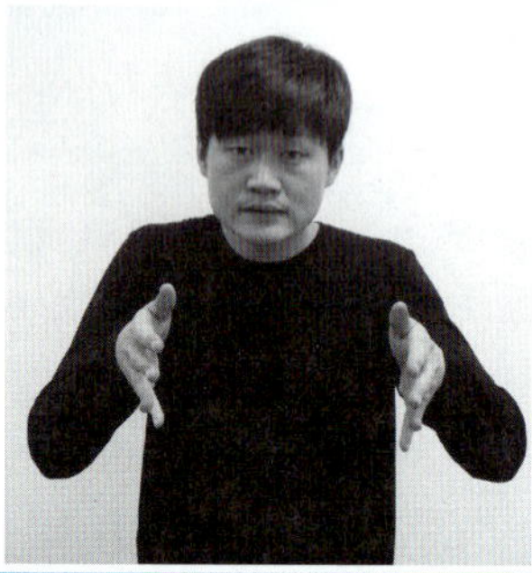

B: 12층이에요.

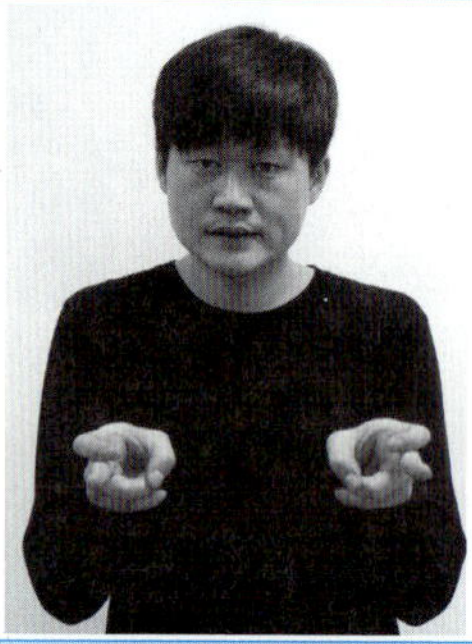

B: 50층이에요.

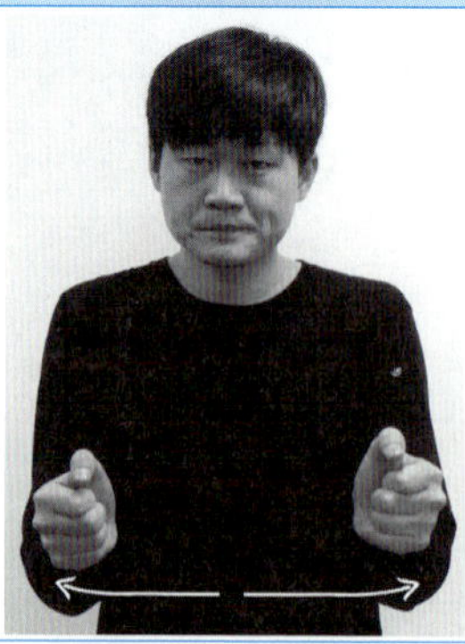

제 14 강

여행 계획 짜고 있어요

제 14 강

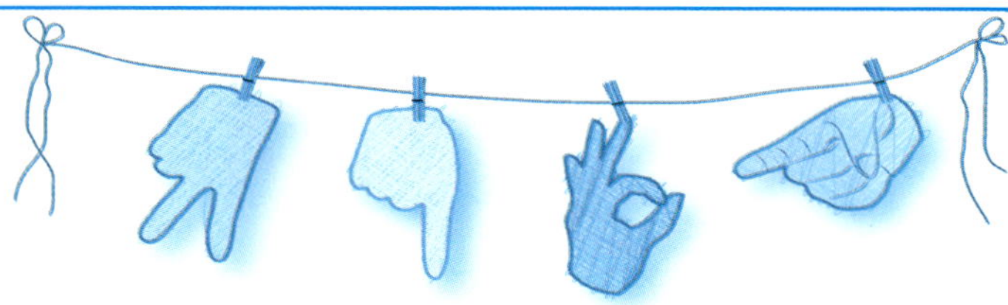

여행 계획 짜고 있어요

세상에서 일어나는 일들은 진행되고 있을 수도 있고 이미 끝났을 수도 있습니다. 한국수어로 동작이나 상황이 진행되는 것을 어떻게 표현할까요?

Step 1 오늘의 단어

이유		–중
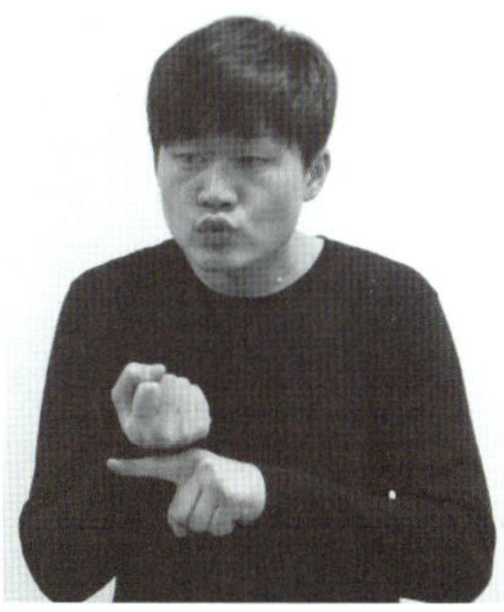	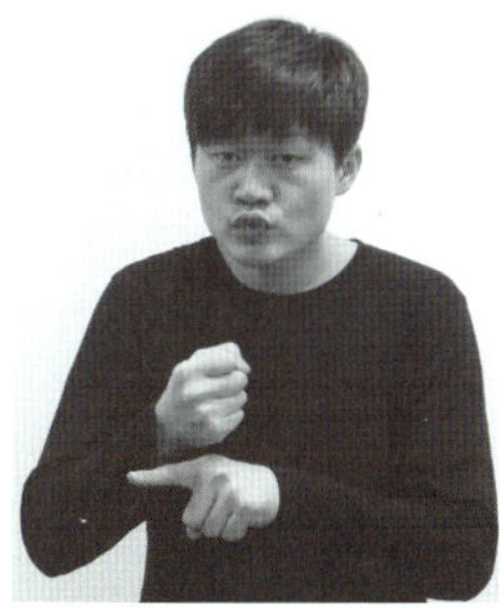	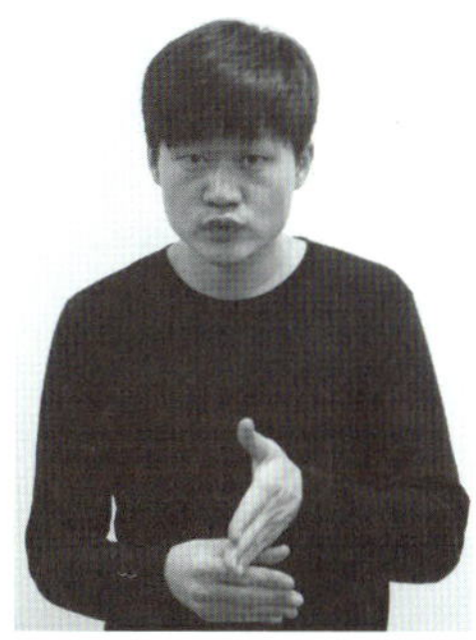

<table>
<tr><th colspan="2">기회</th><th>미국</th></tr>
<tr><td>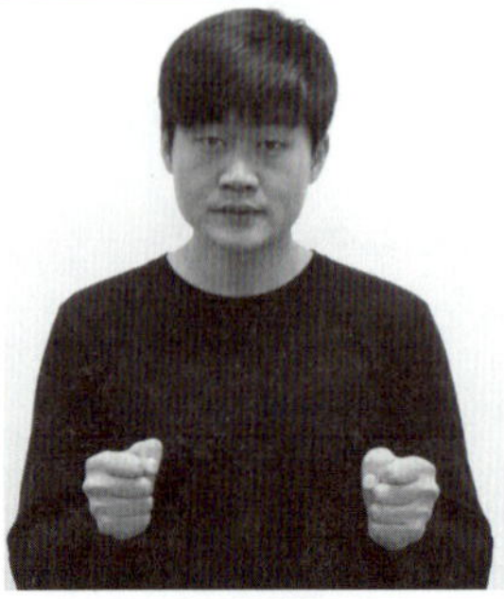</td><td></td><td>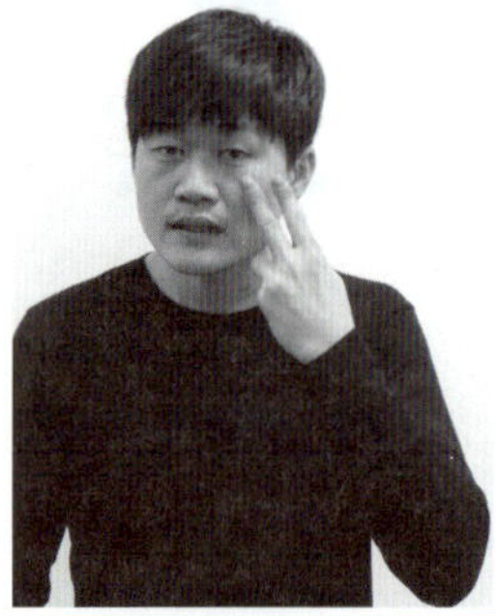</td></tr>
<tr><th colspan="2">행사</th><th>유럽</th></tr>
<tr><td>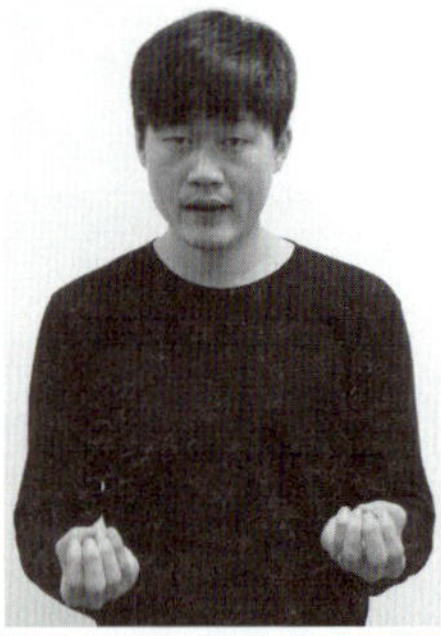</td><td></td><td>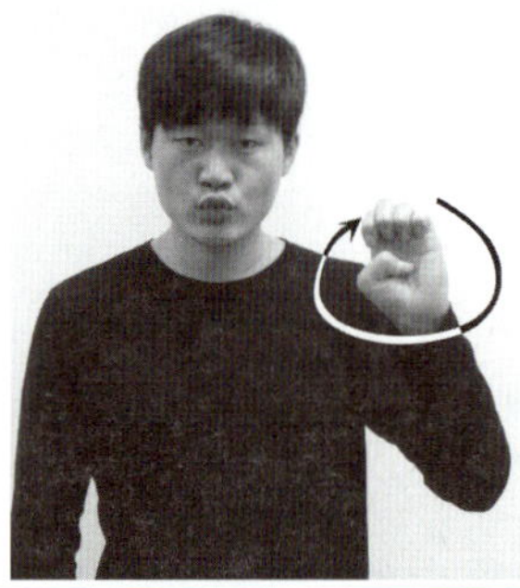</td></tr>
<tr><th colspan="2">전세계</th><th>대단하다</th></tr>
<tr><td>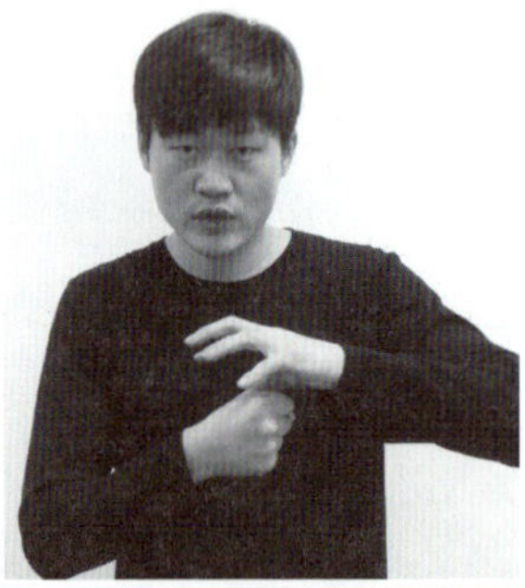</td><td>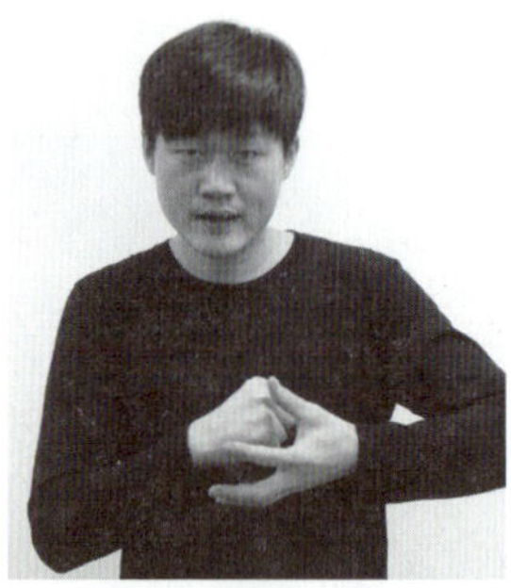</td><td>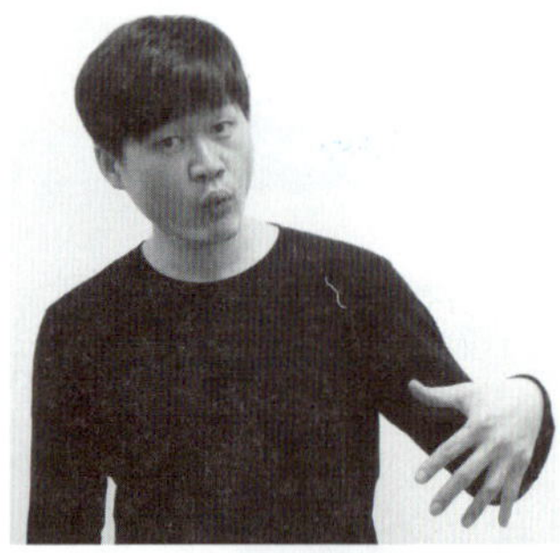</td></tr>
<tr><th colspan="2">내년</th><th>다르다</th></tr>
<tr><td>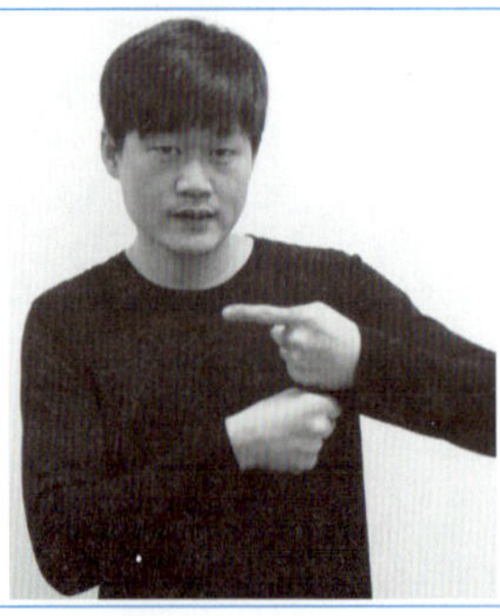</td><td>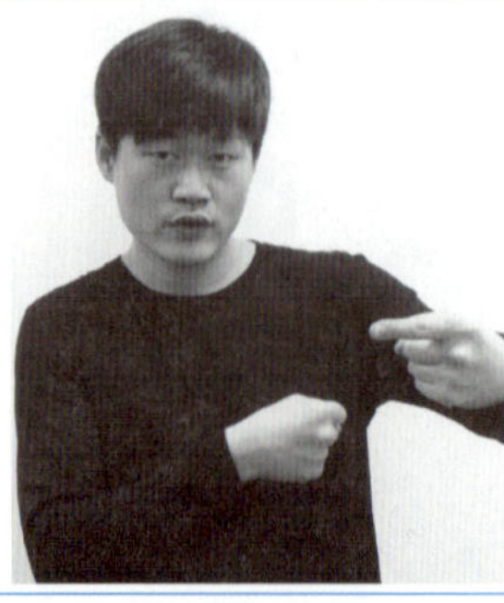</td><td></td></tr>
</table>

모이다

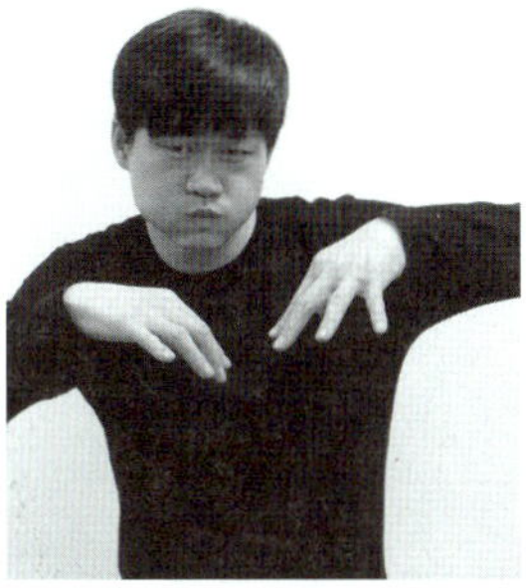

기차

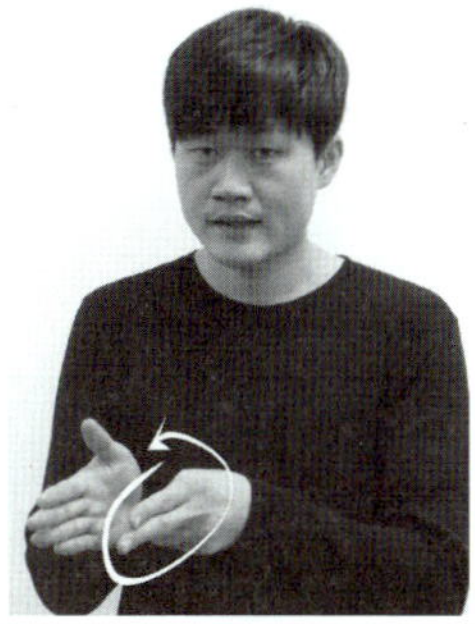

마다

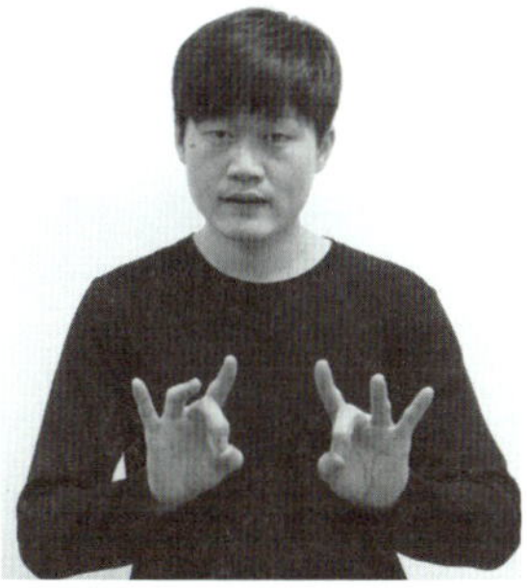
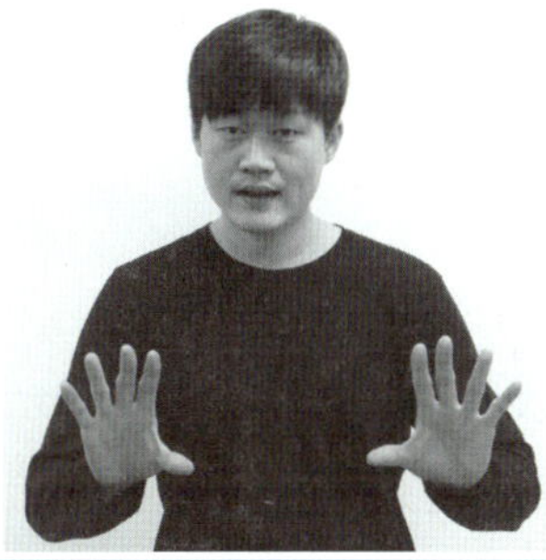

나라

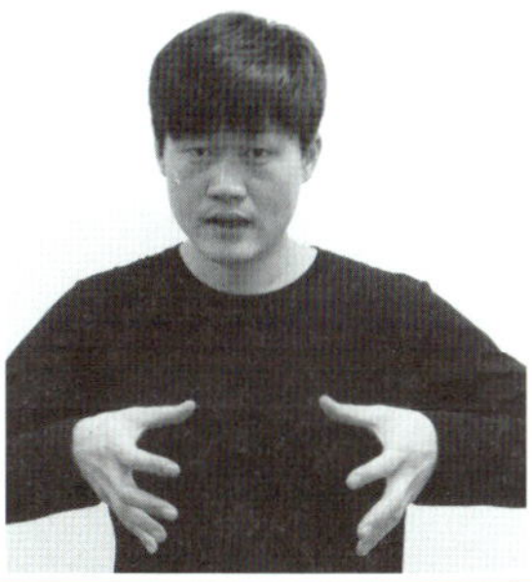

벌써

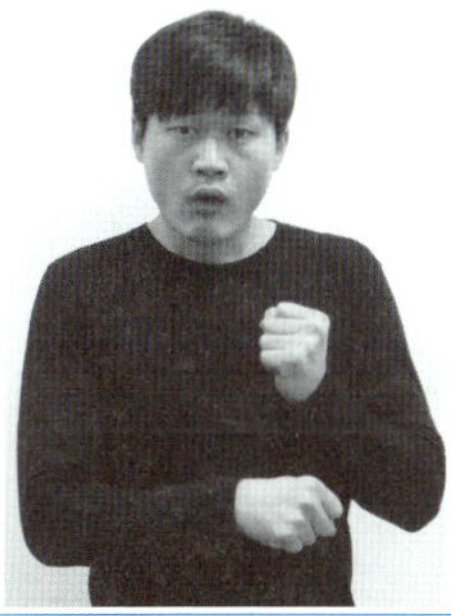
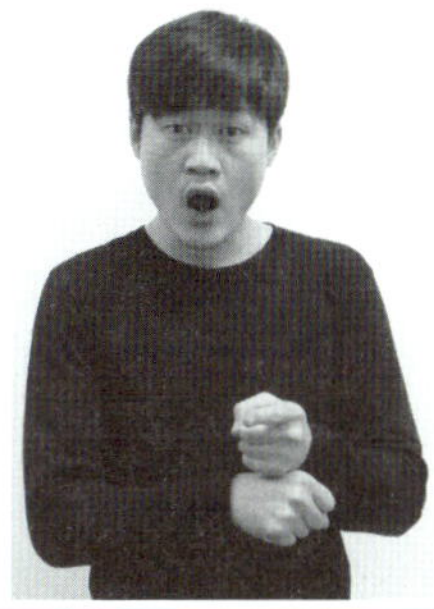

전국일주

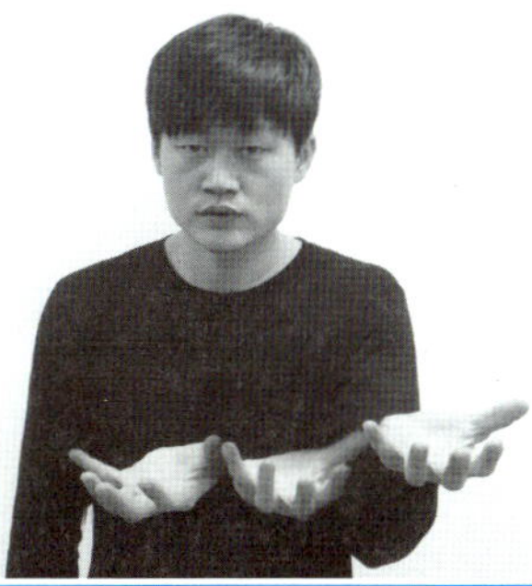

국제수어
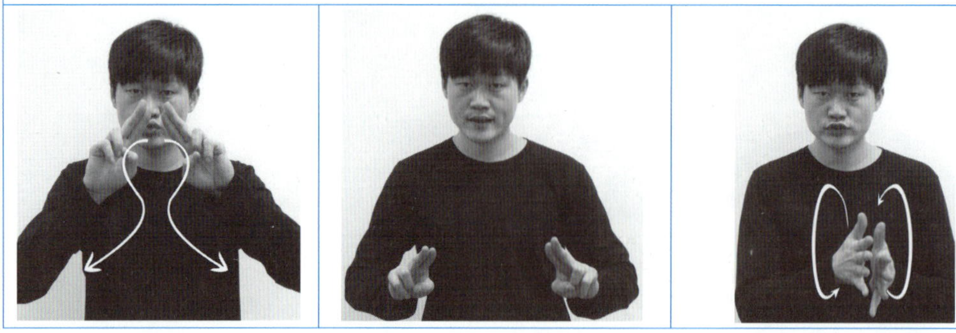

Step 2 대화 연습

A: 뭐하고 있어?

B: 여행 계획을 짜고 있어.

A: 벌써? 어디 갈 계획이야?

B: 전국 일주를 해볼까 생각 중이야.

A: 우아, 대단하다. 나도 기회가 되면, 전국을 기차와 버스로 다녀보고 싶어.

B: 너는 여행 계획 있니?

A: 미국이나 유럽을 가보고 싶어.

B: 왜 미국이나 유럽을 가려고 하는데?

A: 내년에 미국과 유럽에서 큰 행사가 있는데, 전 세계 농인들이 모이거든.

B: 방학마다 국제수어를 배운 이유가 있었구나.

A: 응, 다른 나라의 농인들을 만나고 대화도 나눠보고 싶어.

B: 전 세계 농인들이 모인다고? 나도 참석해 보고 싶다.

Step 3 문법&표현

1. 국제수어(Internation Sign: IS)

국제수어는 세계농아인연맹(WFD)의 국제회의, 세계농아인올림픽(Deaflympics)과 같은 행사, 그리고 여행이나 사교를 위한 비공식적인 활동에서 사용하는 보조적인 언어입니다. 국제수어는 자연수어처럼 복잡하거나 관습화되지 않았으며 제한된 어휘를 가져서 어느 면에서는 피진수어로 볼 수 있습니다. (위키피디아 참조)

2. 뭐하고 있어?

상대방에게 무엇을 하고 있는지 물어볼 때는 〈무엇+하다〉라고 물어봅니다. '여행 계획 짜고 있어'는 〈여행+계획〉으로 간단히 표현할 수 있습니다. 〈계획〉 단어에서 표정과 동작을 통해 지금 계획을 짜고 있다는 의미를 표현할 수 있습니다.

A: 뭐하고 있어?

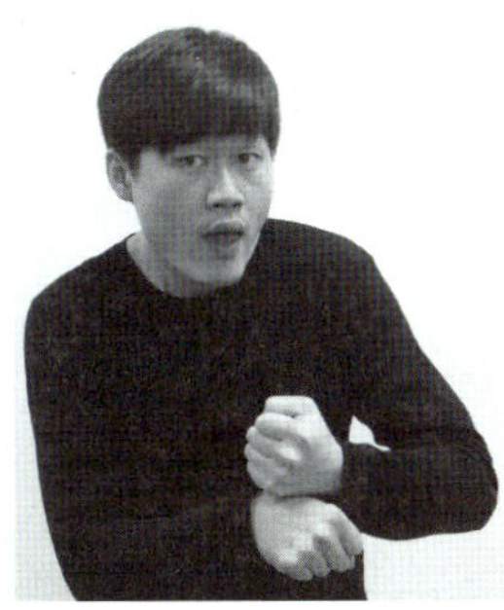

B: 여행 계획 짜고 있어.

3. 진행형 표현 : <-중>

한국어 '-하고 있다'라는 진행형은 한국수어로 보통 〈-중〉으로 표현됩니다. 〈-중〉은 양손으로 글자 '中'(중)을 구성하는 동작으로 동사 다음에 옵니다. 〈공부+-중〉, 〈취업+준비+-중〉이 가능합니다. 또한 누군가가 '철수 지금 뭐하고 있어?' 라고 물었을 때 '책 읽고 있어'라고 대답할 때는 〈책+읽다+(-중)〉라고 합니다. 누군가가 '철수 지금 앉아 있어?'라고 물을 때 대답하는 사람은 〈앉다〉를 하면서 '어' 입모양을 함께 합니다. '어' 입모양은 존재한다는 의미가 있습니다.

철수가 공부하고 있다.

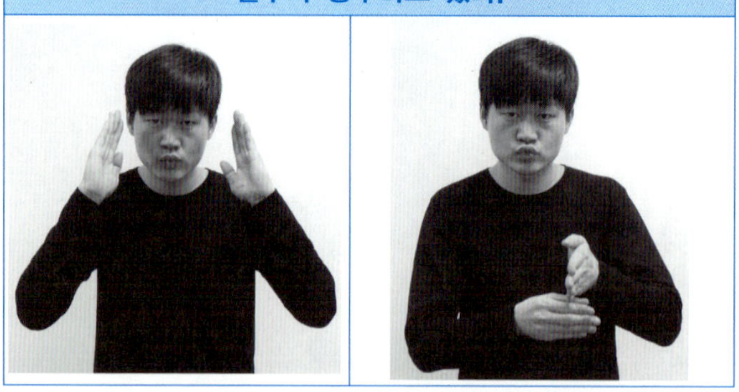

철수가 취업을 준비하고 있다.

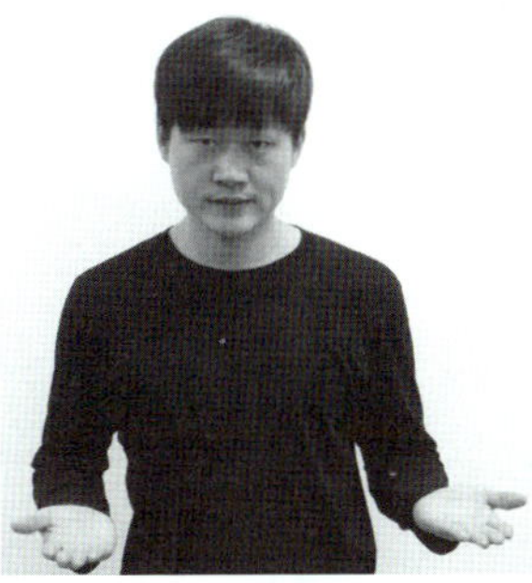

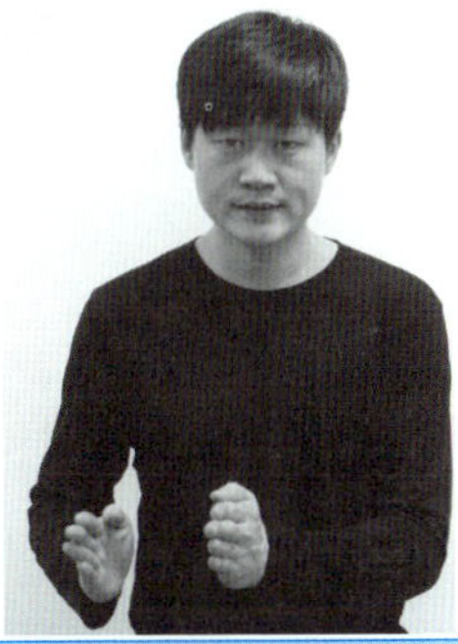
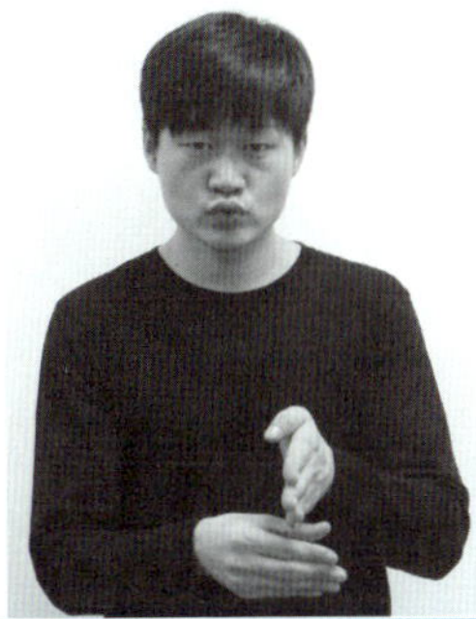

(A: 철수 지금 뭐하고 있어?)
B: 책 읽고 있어.

(A: 철수 지금 앉아 있어?)
B: 앉아 있어.

제 15 강

어떤 운동이 좋을까요?

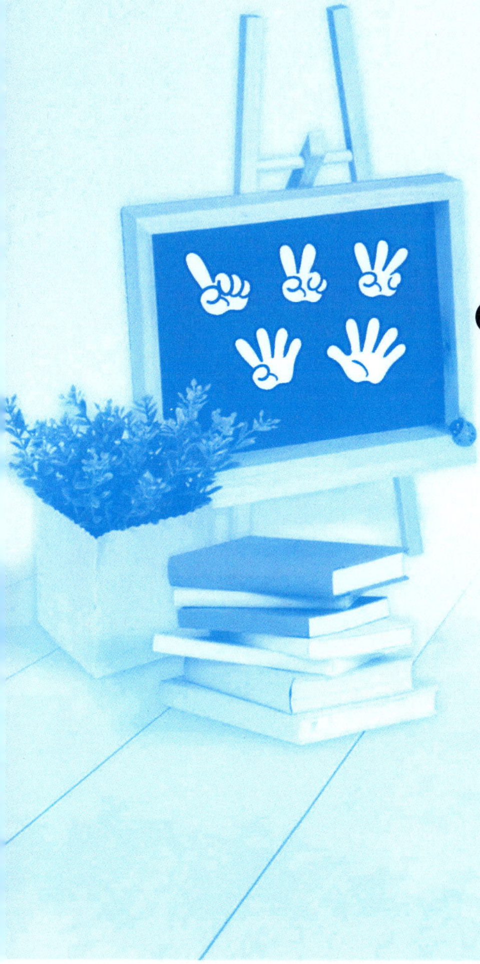

제 15 강

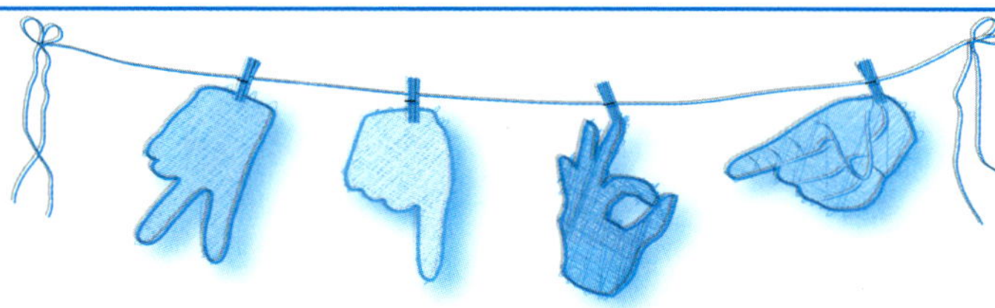

어떤 운동이 좋을까요?

수어는 3차원의 공간에서 이루어집니다. 특히 동사는 신체에 접촉하거나 가까이에서 만들어지거나 혹은 신체에서 떨어진 공간 안에서 움직일 수 있습니다. 동사가 수어 공간에서 움직이기 때문에 행위를 하는 사람과 행위를 받는 사람의 구분이 명확합니다. 의미에 따른 동사의 움직임 변화를 살펴볼까요?

Step 1 오늘의 단어

운동		수영
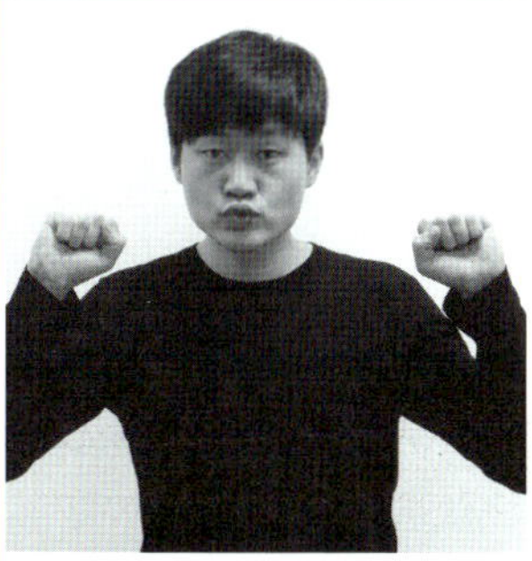		

등산		물
	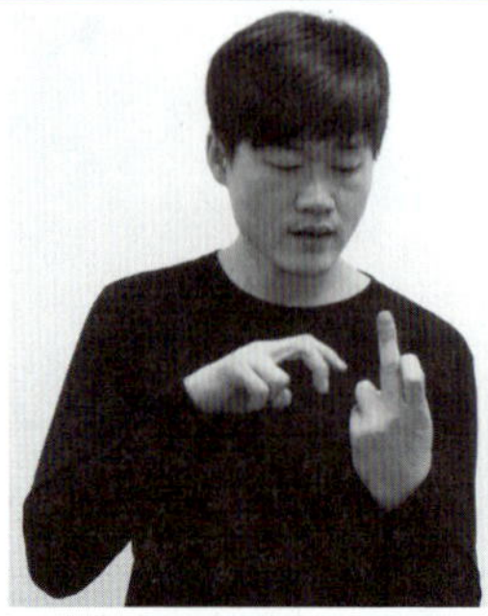	
신선하다(깨끗)		무섭다

(공기를)마시다		공기

평소(보통)		스트레스
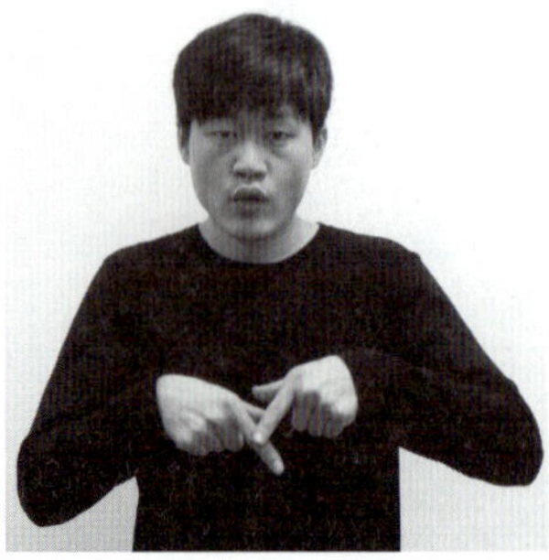	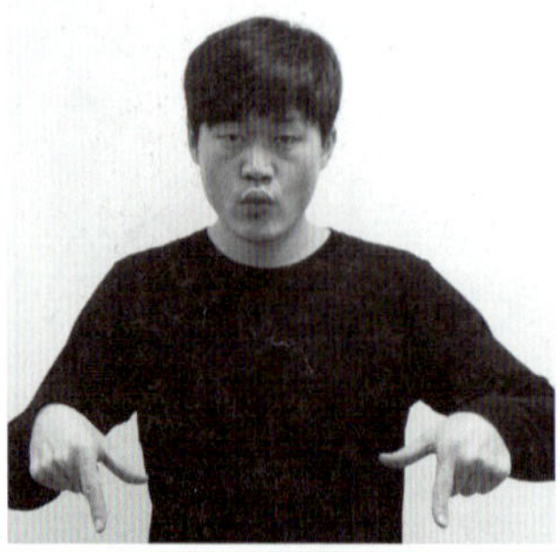	

풀다		일주일
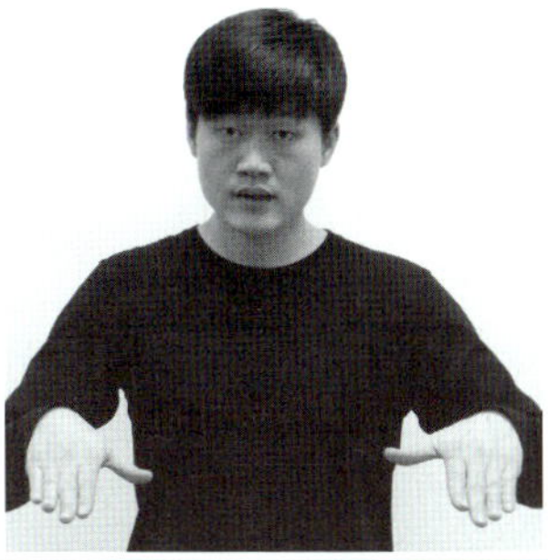	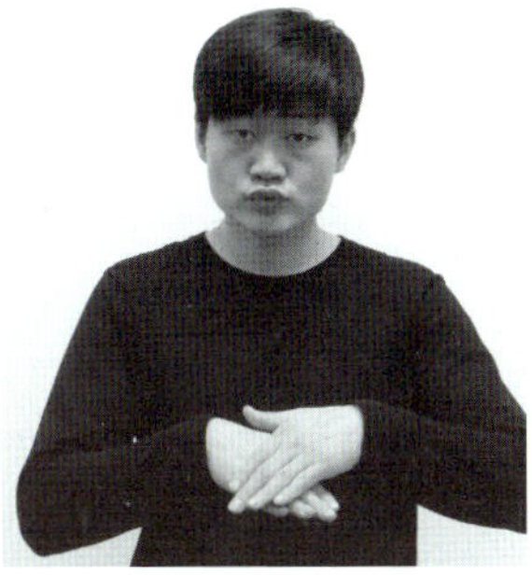	
레슨비		자전거
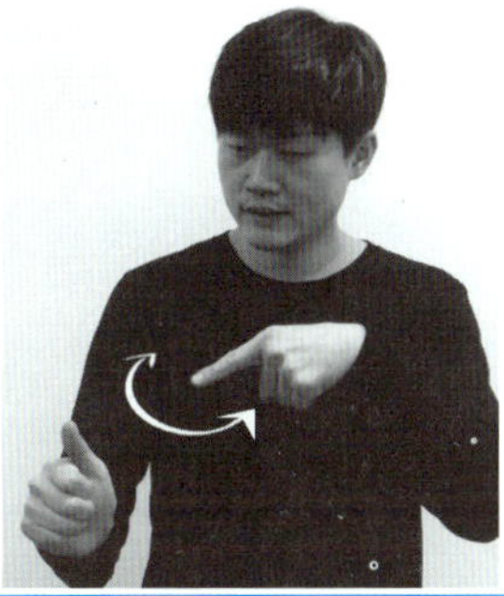	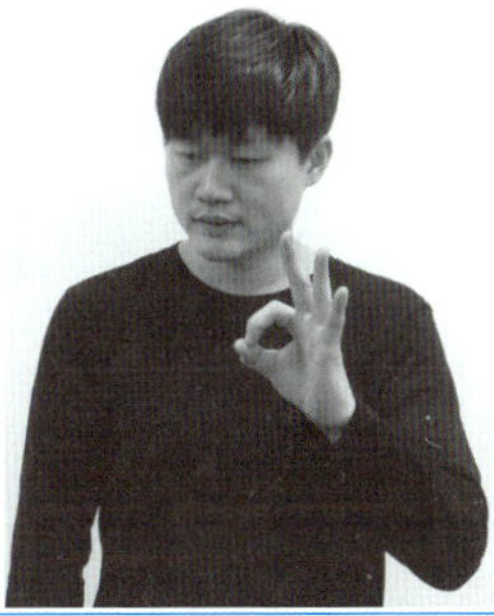	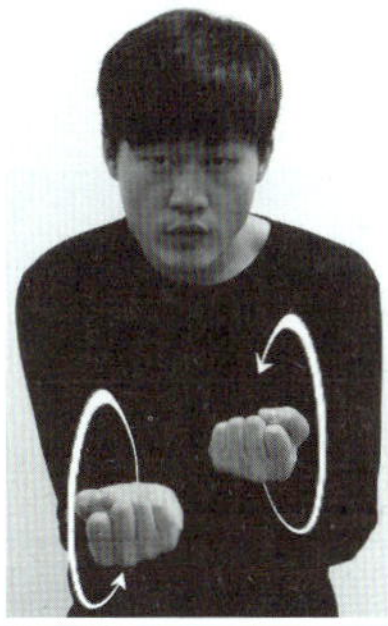
기분	농담	가르치다
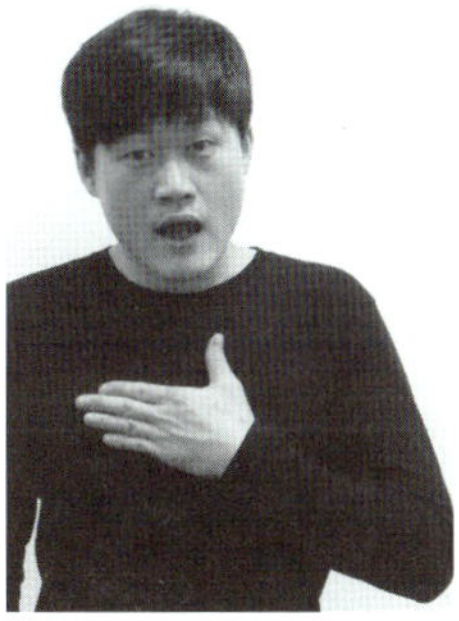	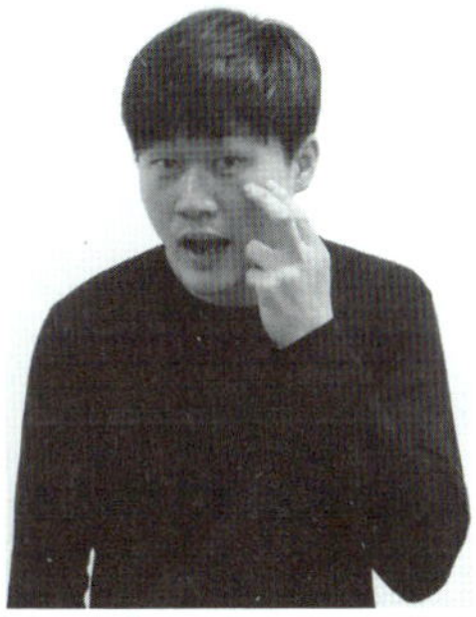	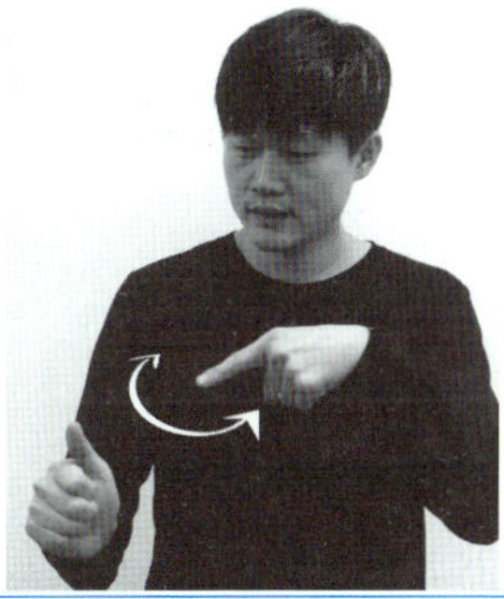
상쾌하다		비싸다
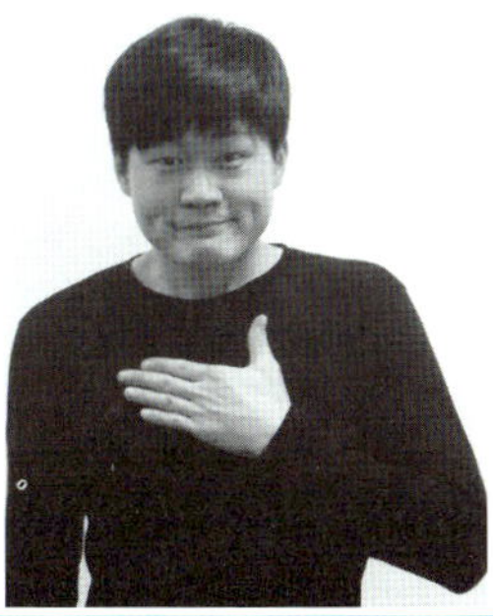		

대접
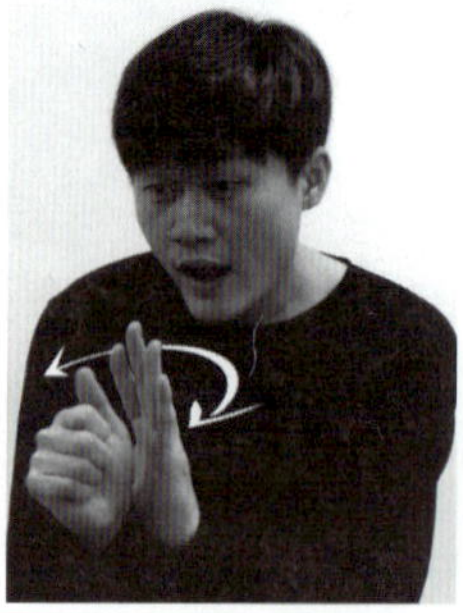

Step 2 대화 연습

A: 운동을 하고 싶은데 무엇이 좋을까요?

B: 글쎄요. 수영이 어떨까요?

A: 저는 물이 무서워서 수영을 못해요.

B: 음, 그럼 등산이 좋을 것 같아요. 신선한 공기도 마실 수 있고요.

A: 등산 괜찮네요. 평소에 무슨 운동 하세요?

B: 저는 일주일에 2-3번씩 자전거를 타요.

A: 스트레스도 풀리시겠네요.

B: 맞아요. 보통 3-4시간 타는데 기분이 상쾌해져요.

A: 자전거를 못타는데 가르쳐 주실래요?

B: 제 레슨비 비싸요. 농담이에요.

A: 제가 잘 타게 되면 맛있는 것 대접해 드릴게요.

B: 이번 주말에 가르쳐 드릴게요.

Step 3 문법&표현

1. 동사의 방향성

〈가르치다〉는 왼손을 5지만 편 주먹으로 세우고 오른손을 1지만 편 주먹으로 하여 왼손 앞에서 좌우로 손목을 움직입니다. 이것이 기본 형태입니다. 그러나 〈가르치다〉는 방향성을 가집니다. 두 사람의 대화에서 '가르쳐 주실래요?'라고 물을 때 상대가 나를 가르치는 것이므로 자신을 향해 동사가 움직입니다. 반대로 '가르쳐 드릴게요'라고 할 때는 동사가 상대를 향해 움직입니다. 마찬가지로 '대접해 드릴게요'도 방향성을 띠는데 동사가 상대를 향합니다. 이때 '-드리다'라는 봉사의 의미를 한국수어에서는 〈대접+드리다〉로 표현할 수 있지만 동사의 방향성만으로 충분합니다.

가르쳐 주실래요?	가르쳐 드릴게요.	대접해 드릴게요.
	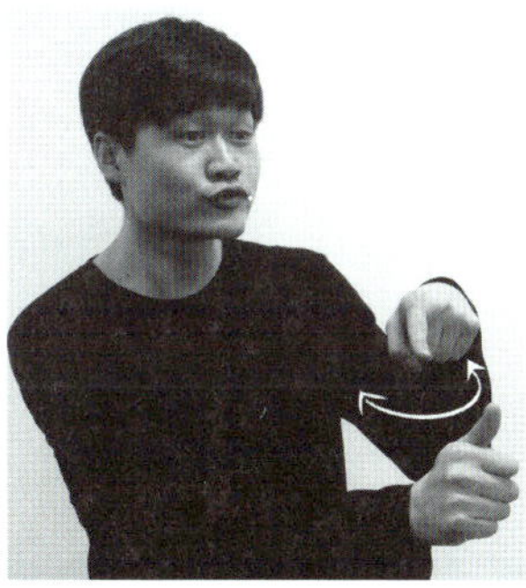	

2. 명사의 단수와 복수 표현

한 사람을 가르칠 때와 많은 사람을 가르칠 때 동사는 어떻게 다를까요?

'한 사람을 가르치다'에서는 〈가르치다〉의 기본 형태와 차이가 없습니다. 그러나 '많은 사람을 가르치다'에서는 왼손을 변화시킵니다. 왼손은 5지와 손가락을 모두 펴서 손가락 사이를 쫙 벌리고 1지만 편 오른손을 좌우로 움직입니다. 이때 왼손의 모든 손가락은 '5명'이 아니라 '많은 사람들'이라는 복수의 의미를 나타냅니다.

한 사람을 가르치다.	많은 사람을 가르치다.
	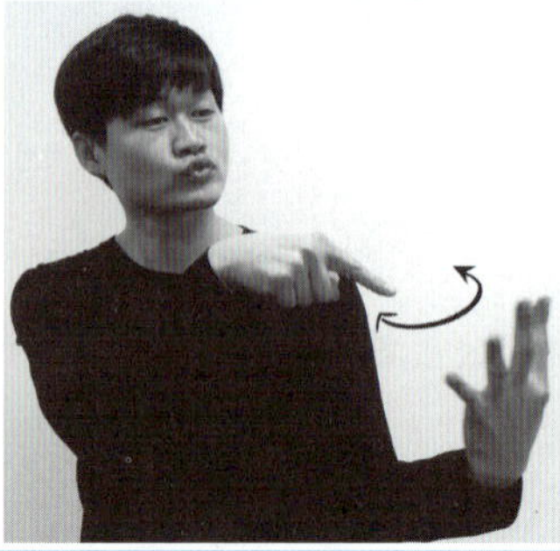

3. 시간 표현

'몇 시간이요?'는 시간이 결정된 게 아니므로 원형으로 움직이면서 오른손 손가락을 차례로 폅니다. 이때 의문을 표현하는 얼굴 표정을 짓습니다. 〈1시간〉, 〈2시간〉 등 시간의 양을 표현할 때는 1, 2와 같은 숫자를 나타내는 오른손을 왼손 손목 위에서 원을 그리면서 움직입니다. 시계의 시침이 한 바퀴 돌면 1시간이라고 하는 것처럼 〈1시간〉은 원형으로 한번 움직입니다. 그러나 〈2시간〉, 〈3시간〉을 두 번, 세 번 반복해서 움직이지는 않습니다. 이렇게 하면 〈10시간〉은 열 번 움직여야 하는데 그 횟수를 세는 것은 매우 어려운 일입니다.

A: 몇 시간이요?	
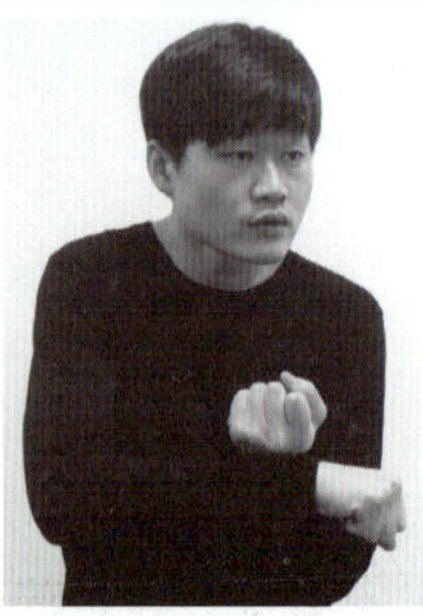	

B: 1시간이요.	C: 2시간이요.

4 신선한 공기를 마시다

'신선한 공기도 마실 수 있고요'를 〈공기+마시다〉로 직역하면 곤란합니다. 이때는 코로 공기를 들이마시는 표현으로 해야 합니다.

물을 마시다		

공기를 마시다		
	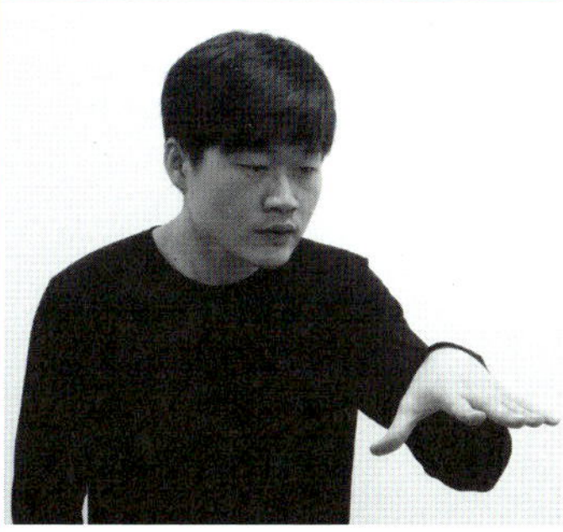	

제 16 강

한국수어 문법 다지기

제16강

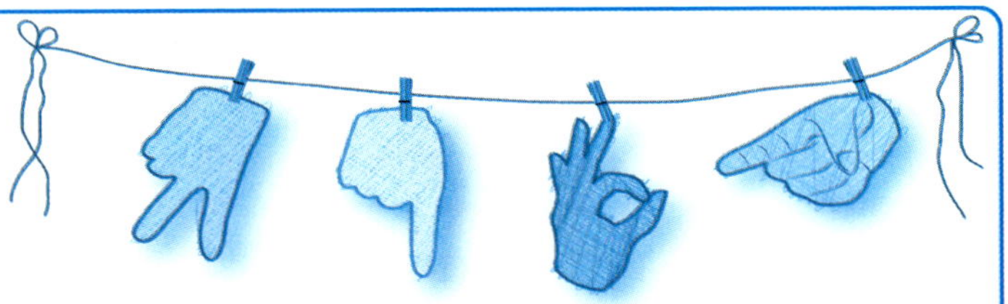

한국수어 문법 다지기

한국어를 말하면서 한국수어를 구사하면 한국어의 문법을 따라가게 됩니다. 이때 수어를 하고 있지만 진짜 한국수어(Korean Sign Language)를 하는 것이 아니라 수지 한국어(Signed Korean)를 하고 있는 것입니다. 한국수어와 한국어의 차이를 살펴보면서 수어다운 표현이 무엇인지 알아볼까요?

(1) 한국수어는 주어-목적어-동사(SOV)의 어순입니다.

〈쥐+고양이+잡다〉는 '쥐가 고양이를 잡다'라는 의미가 되고, 〈고양이+쥐+잡다〉는 '고양이가 쥐를 잡다'라는 의미가 됩니다. 주어는 문장 맨 앞에 위치하고 그 다음 목적어가 오고 마지막에 동사가 옵니다. 특히 손바닥의 방향을 바꾸지 않거나 수어 공간에서 이동하지 않는 동사의 경우는 어순이 매우 중요합니다. '나는 너를 사랑해'와 '너는 나를 사랑해'는 어순으로 누가 누구를 사랑하는지 파악됩니다. 한국수어에는 '-는', '-를'과 같은 조사가 없습니다.

고양이가 쥐를 잡았어요.

쥐가 고양이를 잡았어요.

나는 너를 사랑해.

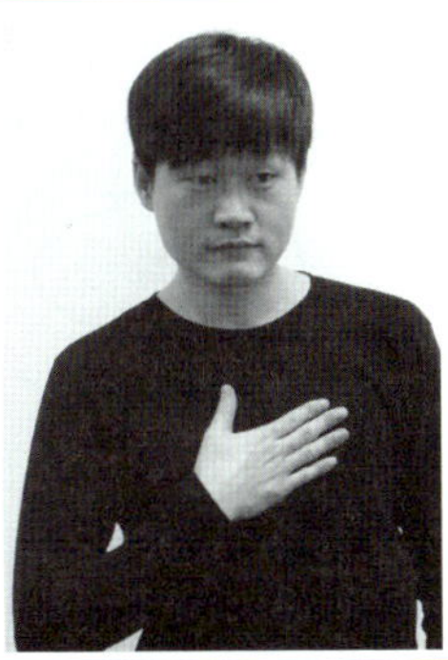 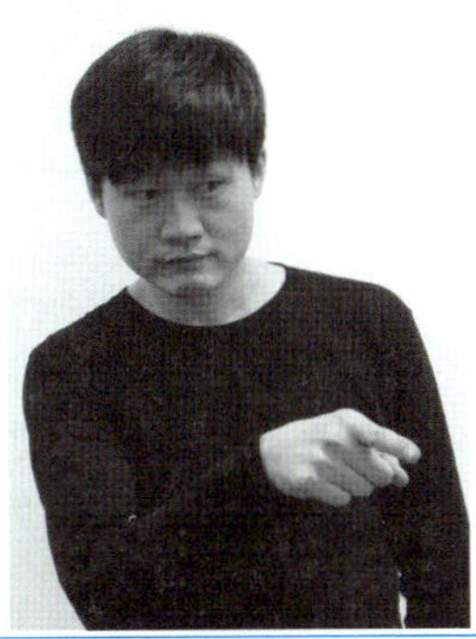 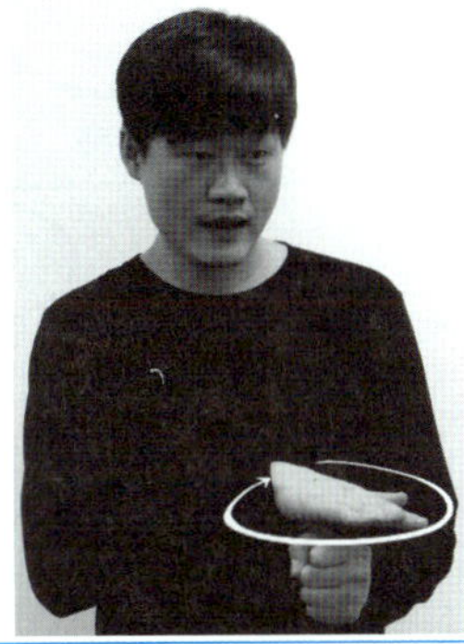

너는 나를 사랑해.

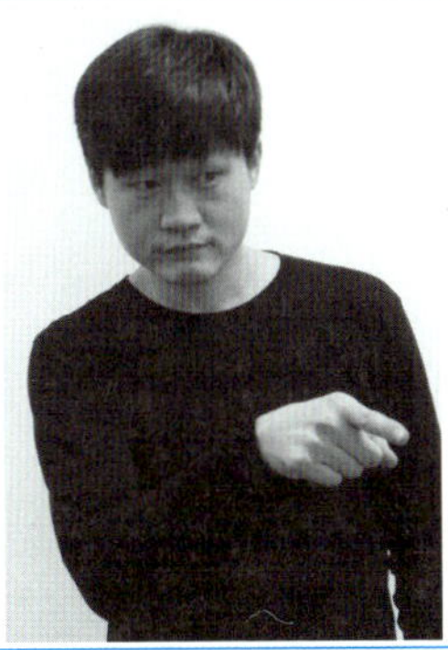 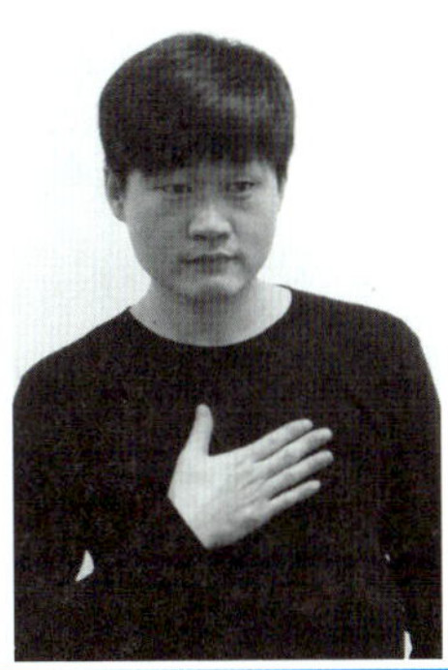 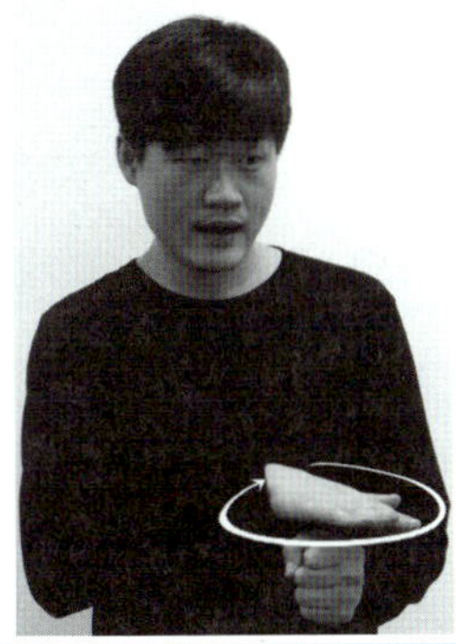

(2) 수어는 공간을 이용합니다.

수어는 공간을 이용하는 언어입니다. 아래 그림에서 ①, ②, ③번호는 수어를 산출하는 순서입니다. 왼쪽 그림에서 〈고양이+쥐〉를 수어 공간에 각각 위치한 다음에 〈잡다〉를 고양이의 위치에서 쥐의 위치로 이동하면 '고양이가 쥐를 잡다'를 의미합니다. 그러나 오른쪽 그림에서 〈쥐+고양이〉를 수어 공간에 각각 위치한 다음 〈잡다〉를 고양이 위치에서 쥐의 위치로 이동하면 같은 의미가 됩니다. 문장의 의미를 결정하는 것은 어순이 아니라 동사가 이동하는 경로입니다. 두 그림에서 〈고양이+쥐+잡다〉, 〈쥐+고양이+잡다〉 어순은 달랐지만 의미는 동일합니다.

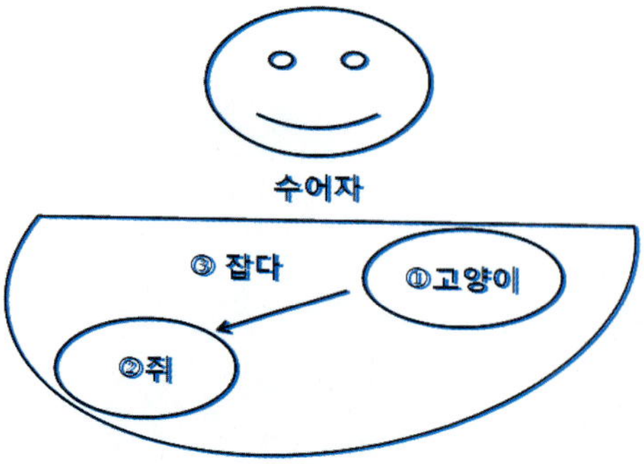

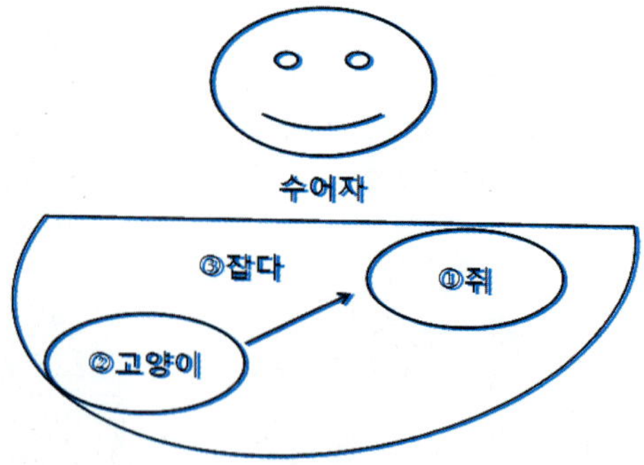

(3) 화제화를 통해 강조를 합니다.

한국수어는 주어-목적어-동사가 기본 어순이지만 강조하고 싶을 때는 목적어가 주어 앞에 올 수도 있습니다. 강조를 하고자 하는 목적어 〈책〉을 문장 앞으로 이동시키고 두 눈을 크게 뜨고 얼굴을 앞으로 내미는 비수지 신호를 함께 합니다. 그리고 잠시 쉬고(휴지, pause) 〈나+사다〉를 이어서 합니다. 이를 화제화(topicalization)라고 합니다.

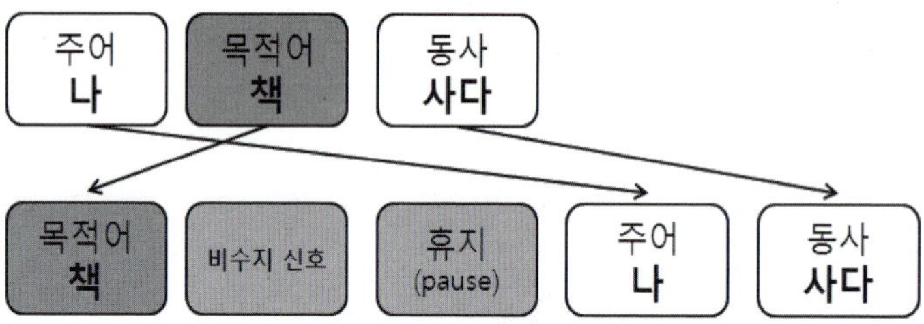

화제화를 위한 두 번째 방법은 〈무엇〉을 화제화시키는 대상 다음에 위치시키는 것입니다. 이 문장은 '내가 산 것은 책이에요'라는 의미입니다.

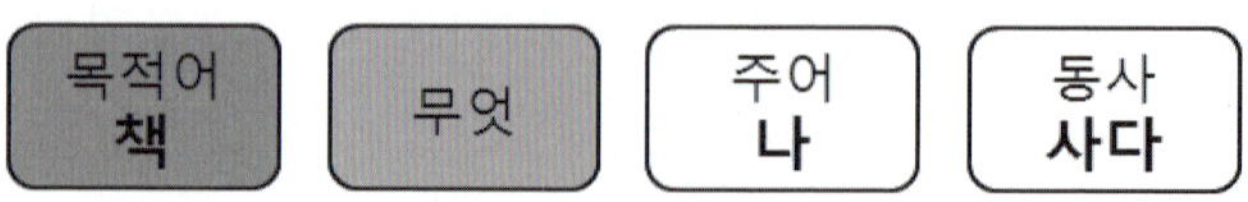

내가 산 것은 책이에요.

내가 산 것은 책이에요.

(4) 피동문을 피하고 능동문으로 표현합니다.

'쥐가 고양이에게 잡혔어요'는 문장의 주어인 쥐가 고양이에 의해 잡힌 행위를 나타내는 피동문입니다. '고양이가 쥐를 잡았어요'는 문장의 주어인 고양이가 쥐를 잡은 행위를 표현한 능동문입니다. 한국수어는 피동문보다는 능동문을 선호합니다.

한국어 문장을 한국수어로 직역이 가능하다고 생각하기 쉽습니다. 예를 들어 '이 글씨는 잘 지워지지 않는다'라는 한국어 문장에서 '지워지다'는 피동의 의미를 가진 서술어입니다. 〈글씨+지우다+아니다〉로 표현할 수도 있는데 이는 '이 글씨를 지우지 않는다'는 의미가 됩니다.

이 글씨는 잘 지워지지 않는다. ×

정확한 의미의 전달을 위해 〈글씨+지우다+불가능하다〉로 해야 됩니다. 〈지우다〉라는 능동의 의미를 가진 서술어 다음에 〈불가능하다〉를 이어 표현합니다. 행위의 주체가 글씨를 지우려고 노력했지만 지워지지 않았다는 의미가 됩니다. 한국수어는 한국어처럼 조사가 발달된 언어가 아니므로 능동문으로 구사함으로써 의미의 혼동을 피합니다.

이 글씨는 잘 지워지지 않는다. ○

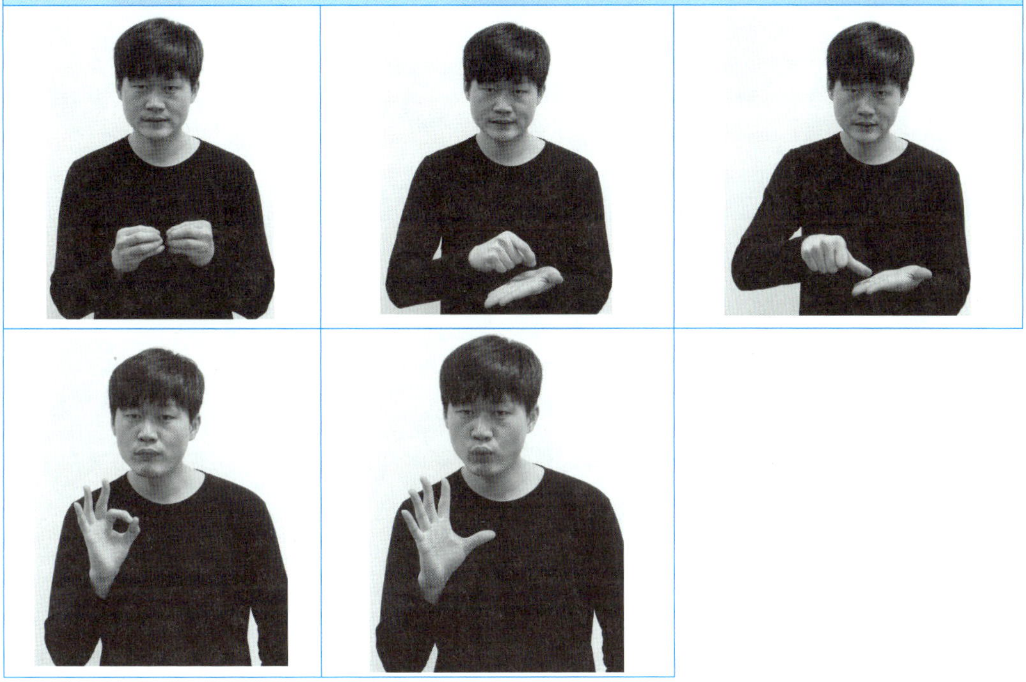

(5) 한국수어에서 일부 피동문과 능동문은 어휘로 구별합니다.

'저기 은행이 보여요'는 〈저기+은행+보이다〉로 표현합니다. 〈보이다〉는 대상이 시야에 들어오는 것을 형상화한 것입니다. 내가 보려는 의지가 없어도 자연스럽게 내 시선 속으로 어떤 대상이 들어오는 경우입니다. 이 문장을 〈저기+은행+보다〉로 한다면 주어가 행위를 하는 능동문이 됩니다. '저기 은행을 보다'에서 〈보다〉는 내가 의지를 가지고 은행을 바라보는 것입니다.

저기 은행이 보여요.

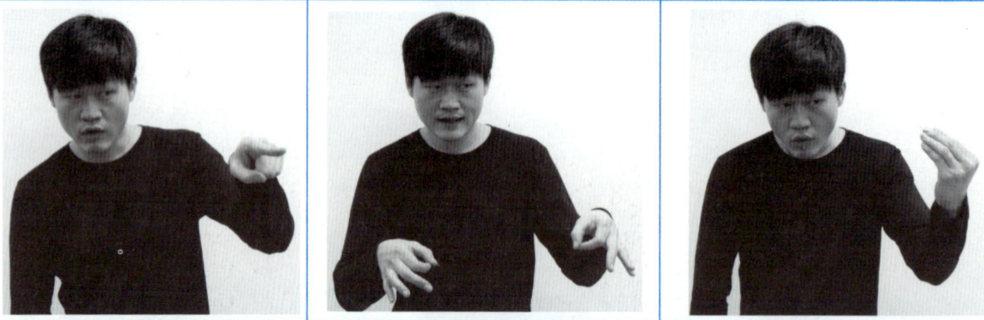

저기 은행을 보다.

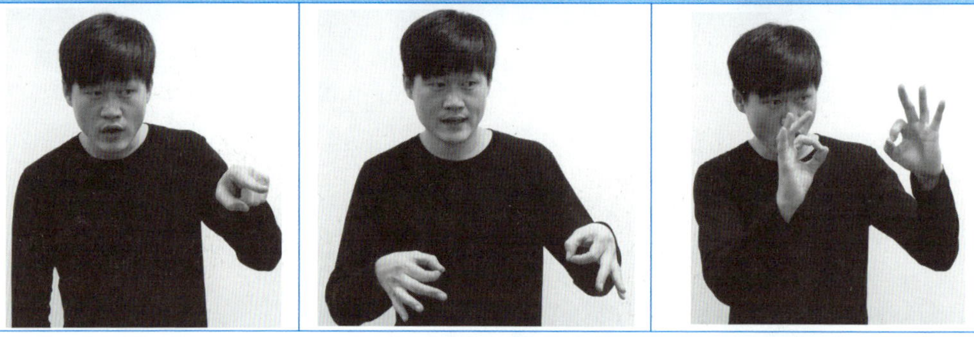

(6) 한국어에서 '시도'의 의미를 나타내는 보조용언 '–어(아, 여)보다'는 생략합니다.

한국수어로는 〈가다+보다+-적 없다〉가 아니라 〈가다+-적 없다〉로 표현합니다. 〈먹다+보다+-적 없다〉가 아니라 〈먹다+-적 없다〉로 표현합니다.

나는 미국에 가본 적이 없다.

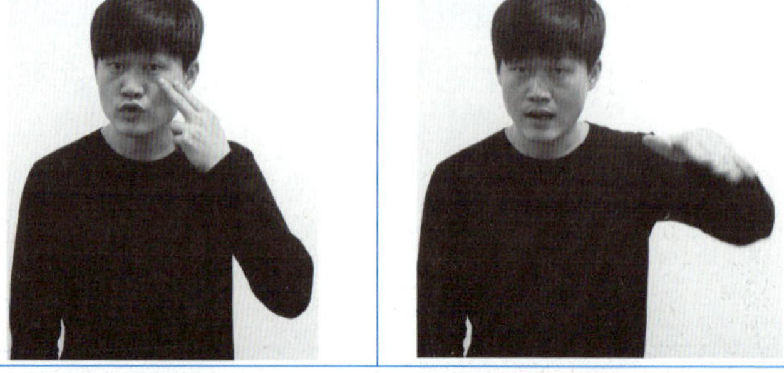

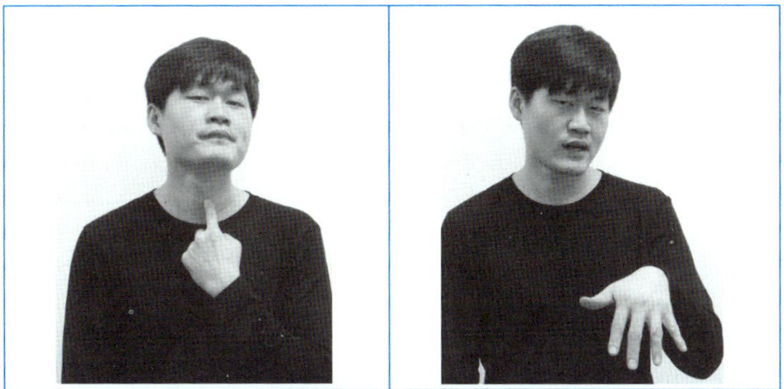

나는 피자를 먹어 본 적이 없다.

(7) 특정 명사와 동사가 결합하는 경우에는 명사의 손 모양으로 움직여서 동사를 표현합니다.

특정 명사와 동사가 결합된 경우에는 명사의 손의 모양을 손의 움직임으로 연결시켜 동사를 표현합니다. 아래 예문에서 '비행기'라는 명사의 손의 모양을 그대로 움직여서 '비행기가 날아가다'라는 동사를 나타냅니다. 사물을 나타내는 손의 모양과 사물의 움직임을 나타내는 손의 동작이 동시에 일어납니다.

- 비행기가 날아가다 〈비행기+비행기가 날다〉 ×
- 피아노를 치다 〈피아노+피아노를 치다〉 ×
- 자전거를 타다 〈자전거+자전거를 타다〉 ×
- 비가 내리다 〈비+내리다〉 ×
- 해가 지다 〈해+지다〉 ×

비행기가 날아가다.

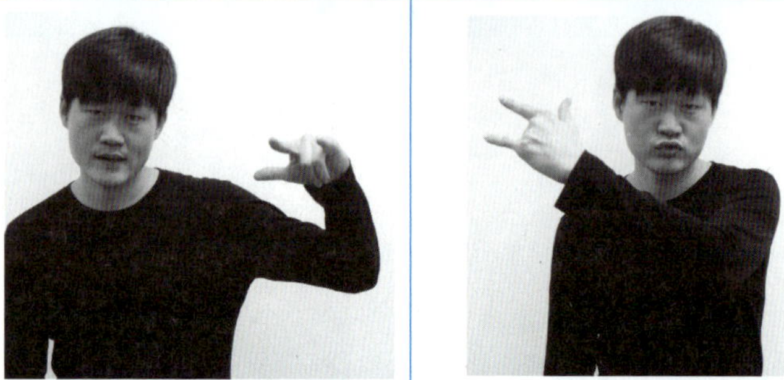

피아노를 치다.

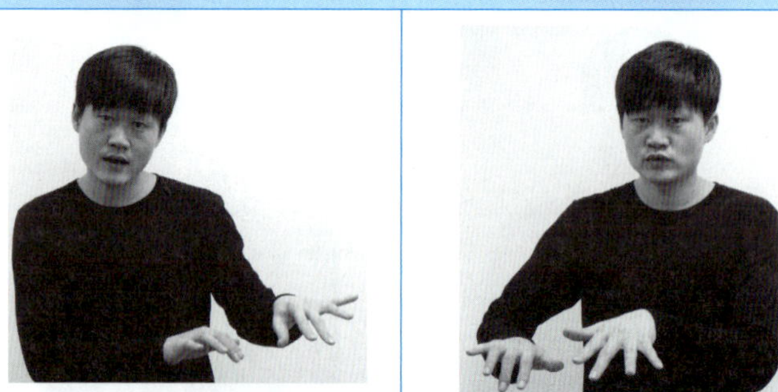

자전거를 타다.

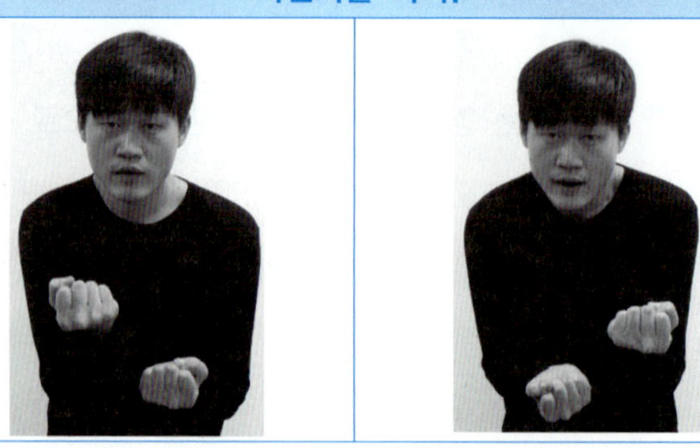

비가 내리다.

해가 뜨다.

(8) 한국수어는 명사를 수식할 때 명사 앞보다는 뒤에서 수식합니다.

'멋진 자동차'보다는 '자동차가 멋지다'가 '빠른 기차'보다는 '기차가 빠르다'가 더 선호됩니다. 물론 앞에서 수식하는 것이 전혀 불가능한 것은 아닙니다.

자동차가 멋지다.

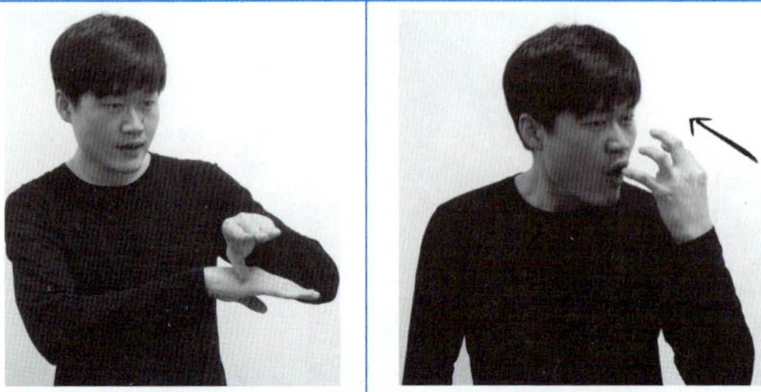

기차가 빠르다.

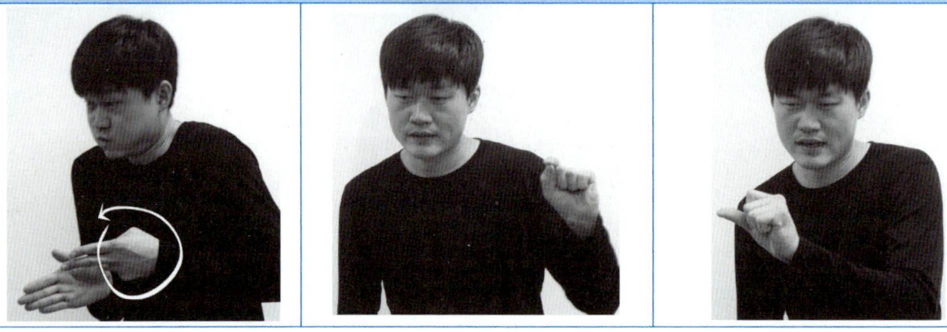

(9) 한국어의 관용 표현을 한국수어로 단어 대 단어로 직역하면 의미의 왜곡이 일어납니다.

'나쁜 버릇은 오래 간다'라는 문장을 한국수어로 직역하면 〈나쁘다+버릇+오래+가다〉입니다. 그러나 버릇이라는 것은 스스로 이동할 수 있는 생명체가 아닙니다. 여기서 '오래 가다'는 '고치기 어렵다'는 의미입니다. 마찬가지로 '독감을 옮기다'를 〈독감+옮기다〉로 직역하면 마치 독감이 한 장소에서 다른 장소로 옮길 수 있는 사물처럼 여겨집니다. 이때는 〈전염〉이라는 단어를 사용하는 것이 적절합니다. 한국어와 한국수어는 다른 언어입니다. 똑같다고 생각하여 단어 대 단어로 직역하는 것은 곤란합니다. 따라서 의미의 왜곡이 없는 범위 내에서 의역하는 것이 필요합니다.

나쁜 버릇은 오래 간다. ×

독감을 옮기다. ×

나쁜 버릇은 오래 간다. ○

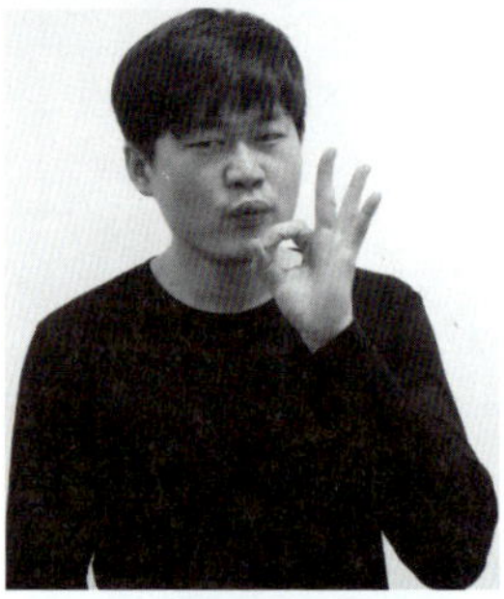

독감을 옮기다. ○

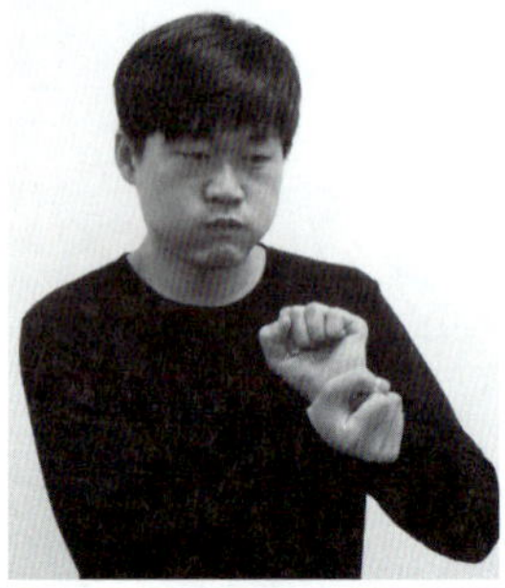

찾아보기

ㅣㅇㅣ

| ㅈ |

ㅊ

ㅋ

ㅌ

ㅍ

·남 기 현

국가공인 수화통역사
고려대학교 언어학과 박사 졸업
한국복지대학교, 연세대학교 강사

·김 태 욱

나사렛대학교 재활복지대학원 국제수화통역학 석사 졸업
서울특별시농아인협회 송파구지부 청각장애인통역사

장애인 의사소통 및 교육 시리즈 · 4

[개정판] **농인과 함께하는 한국수어**

2014년 2월 25일 초 판 발행
2023년 6월 5일 개정판 2쇄 발행

저 자 / 남기현 · 김태욱
사진촬영 / 이 준
발 행 자 / 오판근
발 행 처 / 교우사

주 소 / 서울 동대문구 제기2동 148-19 교우빌딩 2층
전 화 / 925-2861~2, 편집부 / 925-2825
팩 스 / 925-2860

E-mail / kyowoo@kyowoo.co.kr
http://www.kyowoo.co.kr

등록 / 1994. 3. 24 제6-0256호

ISBN 979-11-251-0019-5 (94370)
978-89-8172-973-8 (세트)

값 **20,000** 원